REFLEXION CRITIQUE SUR LE PROMETHEE

DE L'ABBE CALDERON

Joseph MEREL

Réflexion critique sur le

PROMÉTHÉE

de l'abbé Calderón,

et mise en évidence de la solidarité
entre surnaturalisme, conspirationnisme et
antinationalisme.

Éditions Chrysalide

Introduction

Tout catholique conserve la mémoire de la célèbre formule de Chesterton : « ôtez le surnaturel, il ne reste même plus le naturel ». C'est, pour qui jouit des yeux de la foi, une évidence que l'homme, depuis la Chute, est doté d'une nature blessée qui, de manière invincible, le fait tendre, s'il est livré à lui-même, vers le mal, sans pour autant l'innocenter de ses actes mauvais : l'homme naît pécheur, et l'usage de son libre arbitre posé dans l'existence et soutenu par une nature blessée le rend responsable de ses actes que la blessure de sa nature ne peut pas ne pas, tôt ou tard, rendre peccamineux. La simple raison, jusqu'à un certain point, atteste l'existence d'une telle blessure : « video meliora proboque, deteriora sequor » (je vois le bien, je l'approuve et je fais le mal), fait dire Ovide à Médée amoureuse de Jason. Contre le mensonge rousseauiste fondateur de notre effrayante modernité, il faut dire que l'homme est congénitalement mauvais. On peut même affirmer sans exagération que notre monde contemporain a pour différence spécifique de déclarer le mal aimable et bon, et d'inviter à le choisir et à le vivre sur le mode de l'innocence. La grâce, ou le surnaturel, est ce qui, donnant à l'homme de vivre de la vie même de Dieu, le surélève et en même temps le soigne. Si l'erreur naturaliste, d'inspiration pélagienne, consiste à croire que la nature humaine pourrait s'exercer droitement — selon toutes les exigences de la morale naturelle — par ses seules forces, soit parce qu'elle ne serait aucunement blessée, soit parce qu'elle jouirait des moyens de se guérir sans aide extérieure et supérieure, le surnaturalisme est cette erreur, symétrique de l'autre, qui consiste à soutenir que l'introduction du surnaturel dans la nature ne se pourrait accomplir que moyennant une frustration des appétits de la nature, non seulement de ses appétits déviés producteurs d'actes peccamineux (ce qui est vrai), mais encore de ses aspirations droites ; il en est ainsi parce que, dit-on, il y a incommensurabilité entre nature et surnature. L'acte d'exister, pour le vivant, n'est autre que son acte même de vivre ; si la grâce fait vivre de la vie de Dieu, c'est que la créature recevant la grâce est en quelque sorte déiformée. Si, par une telle déiformation, elle devenait Dieu, il ne resterait que Dieu, et la créature serait résorbée en Dieu et ne subirait plus la limite d'une existence finie la distinguant de Dieu mais, corrélativement, elle ne posséderait plus cet acte d'exister propre à elle lui donnant de jouir de Dieu et d'abord de l'honorer en contribuant à sa gloire. Aussi la grâce ne donne-t-elle pas à l'homme de devenir Dieu, mais de contracter un mode de subsister qui est déiforme. Il y a là évidemment quelque chose qui ressemble à un mystère : la forme divine est Dieu même qui est son essence et son acte d'exister ; il semble incompréhensible que l'on puisse contracter cette forme divine sans devenir Celui qui est cette forme. De plus, ce qui surélève infiniment l'homme au-dessus de sa condition de créature est aussi ce qui le restaure et le restitue à lui-même, l'habilite à coïncider de nouveau avec lui-même, accusant par là sa différence d'avec son Principe, recomposant ses limites qui le définissent et le font être, cependant que cette correction du désaxement peccamineux, cette amélioration qui le renvoie à lui-même, est aussi ce qui l'infinitise : ce qui le défait est ce qui le restaure. Mais le mystère — si mystère il y a — n'est pas ce qui récuse toute intelligibilité, il est ce qui nous dépasse par excès d'intelligibilité, de sorte qu'il excède, quand elle s'ouvre à lui, les pouvoirs de compréhension de la raison, mais sans jamais la violenter en tant que raison, et bien au contraire en la fortifiant jusque dans son ordre propre. Il reste que la tendance demeure forte, quand on manque de patience et de modestie, ou bien quand on est animé de pieuses intentions — mais l'enfer en est pavé —, de verser dans l'un ou l'autre excès quand on est confronté au problème du rapport entre nature et surnature : par crainte de rationaliser la Révélation, c'est-à-dire de la réduire à la mesure de notre intellect créé, on en vient à fuir toute intelligence de la foi. Le courant catholique traditionaliste, hostile de manière générale à l'enseignement du concile Vatican II, nous semble, dans toutes ses composantes, tendre, à des degrés divers, à nourrir, peut-être par une aversion en soi bien légitime pour le naturalisme conciliaire, des points de vue théologiques et des comportements qui relèvent du surnaturalisme. Aussi est-il éminemment instructif de tenter de saisir les raisons qu'il invoque pour se justifier, dans la mesure précise où, en nos temps troublés, il entend être le gardien fidèle du dogme catholique rendu flou, voire contesté par les plus hautes autorités de Rome. C'est ce à quoi nous nous attacherons dans une première partie.

Nous montrerons ensuite en quoi le surnaturalisme en religion conditionne, en politique et dans le domaine de l'étude de l'histoire, une mentalité dite « complotiste », ou « conspirationniste », en général solidaire d'une pathologie « apparitionniste », afin de cerner les limites et les dangers de cette attitude d'esprit. Instruments des puissances d'argent elles-mêmes mises au service d'une propagande lancinante et systématique d'inspiration judéo-maçonnique, les médiats actuels mentent de manière éhontée et désinforment méthodiquement les populations auxquelles ils s'adressent, ce qui suscite une méfiance bien compréhensible à leur égard. Néanmoins, ce tour d'esprit « complotiste » n'est pas sans les dangers propres à tout réductionnisme.

En dernier lieu, parce que l'idée nationaliste est diversement taxée, par les catholiques, de naturalisme, nous nous interrogerons sur le bien-fondé de cette accusation. Autant le déclarer tout de suite : Marcel Clément (auteur de la célèbre *Enquête sur le nationalisme*, Nouvelles Editions latines, 1957) semble fondé à déclarer que le nationalisme aurait été condamné, dans son essence même, par Pie XII dans son message pontifical de Noël 1954. Cela ne signifie pas que le nationalisme serait, à nos yeux, intrinsèquement condamnable. Bien au contraire, si certaines acceptions du terme désignent, indubitablement, une réalité mauvaise, il en est au moins une qui est selon nous foncièrement bonne et qui n'est enveloppée dans la réprobation papale que parce que cette dernière se fonde sur des prémisses ayant des affinités avec celles sur lesquelles repose la position théocratique, et que nous avons identifiées en première lecture comme relevant de l'augustinisme : un pape n'est pas toujours infaillible. Cette condamnation du nationalisme n'est pas sans lien avec le radio-message du même pape, daté du 24 décembre 1944, qui n'est pas moins qu'un plaidoyer — pour le moins déconcertant — pour la démocratie :

« Béni soit le Seigneur ! Des lugubres gémissements de la douleur, du sein même de l'angoisse déchirante des individus et des pays opprimés, se lève une aurore d'espérance. Dans une partie toujours croissante de nobles esprits surgissent une pensée, une volonté de plus en plus claire et ferme : faire de cette guerre mondiale, de cet universel bouleversement, le point de départ d'une ère nouvelle pour le renouvellement profond, la réorganisation totale du monde. A cet effet, tandis que les armées continuent à s'épuiser en luttes meurtrières, avec des moyens de combat toujours plus cruels, les hommes de gouvernement, représentants responsables des nations, se réunissent pour des conversations, pour des conférences, en vue de déterminer les droits et les devoirs fondamentaux sur lesquels devrait être reconstruite une communauté des États, de tracer le chemin vers un avenir meilleur, plus sûr, plus digne de l'humanité.

Antithèse étrange, cette coïncidence d'une guerre dont l'âpreté tend au paroxysme, et du remarquable progrès des aspirations et des projets vers une entente pour une paix solide et durable ! On peut bien discuter sans doute la valeur, l'applicabilité, l'efficacité de tel ou tel projet, le jugement à porter sur eux peut bien rester en suspens ; mais il n'en est pas moins vrai que le mouvement est en cours.

En outre — et ceci est peut-être le point le plus important — à la lueur sinistre de la guerre qui les emporte, dans la chaleur cuisante de la fournaise où ils se trouvent emprisonnés, les peuples se sont comme réveillés d'une longue torpeur. Ils ont pris en face de l'État, en face des gouvernants, une attitude nouvelle, interrogative, critique, défiante. Instruits par une amère expérience, ils s'opposent avec plus de véhémence au monopole d'un pouvoir dictatorial, incontrôlable et intangible, et ils réclament un système de gouvernement qui soit plus compatible avec la dignité et la liberté des citoyens.

Ces multitudes inquiètes, bouleversées par la guerre jusqu'en leurs assises les plus profondes, ont acquis aujourd'hui l'intime persuasion — auparavant peut-être vague et confuse, mais désormais incoercible — que, si la possibilité de contrôler et de corriger l'activité des pouvoirs publics n'avait pas fait défaut, le monde n'aurait pas été entraîné dans le tourbillon désastreux de la guerre, et qu'afin d'éviter à l'avenir qu'une pareille catastrophe se répète, il faut créer dans le peuple lui-même des garanties efficaces.

Dans cet état d'esprit, faut-il s'étonner que la tendance démocratique envahisse les peuples et obtienne largement le suffrage et le consentement de ceux qui aspirent à collaborer plus efficacement aux destinées des individus et de la société ? (...) Et si maintenant, à l'aveu de cette immoralité <des guerres dites d'agression>, s'ajoute la menace d'une intervention juridique des nations et d'un châtiment infligé à l'agresseur par la Société des États, en sorte que la guerre se sente toujours sous le coup de la proscription et toujours sous la surveillance d'une action préventive, alors l'humanité pourra sortir de la nuit obscure où elle est restée si longtemps submergée ; elle pourra saluer l'aurore d'une nouvelle et meilleure époque de son histoire (...).

En un temps où les peuples se trouvent en face de devoirs comme ils n'en ont peut-être jamais rencontré aux tournants de leur histoire, ils sentent bouillonner en leurs cœurs tourmentés le désir impatient et comme inné de prendre les rênes de leur propre destin avec plus d'autonomie que par le passé ; ils espèrent réussir ainsi plus facilement à se défendre contre les irruptions périodiques de l'esprit de violence qui, comme un torrent de lave incandescente, n'épargne rien de tout ce qui leur est cher et sacré ».

De cette citation — dont la fastidieuse longueur est rendue nécessaire par le souci de faire attester, par le lecteur, la pertinence problématique des observations désabusées qu'elle inspire à l'auteur —, nous retenons les points suivants :

1) La fin de la dernière guerre mondiale, qui vit la victoire des judéo-américains et des judéo-soviétiques au détriment de la race blanche européenne et des peuples enracinés, inspirait au pape le sentiment de la levée d'une aurore d'espérance.

2) La chute des forces de l'Axe autorisait Pie XII à prophétiser l'avènement d'une ère de paix et d'ordre universels fondée sur le principe de l'élaboration d'une communauté — et même d'une Société — des États, en laquelle il n'est pas difficile de reconnaître l'O. N. U. maçonnique, succédant à la non moins

maçonnique S. D. N., en préfiguration de l'État mondial qui est aujourd'hui en train de se constituer sur la ruine des nations, des races et des cultures traditionnelles.

3) Cette organisation internationale est censée être capable de conjurer les guerres, de régler pacifiquement et selon la justice les différends entre nations.

4) Les périodes qui ont précédé l'avènement de cet État mondial en gestation, c'est-à-dire toute l'histoire de l'humanité jusqu'à la chute d'Adolf Hitler, doivent être qualifiées de « nuit obscure » ; aussi est-il permis d'attribuer au pape l'idée selon laquelle l'État mondial a raison de fin objective de l'histoire, en prenant le mot « fin » en son sens téléologique d'abord, chronologique ensuite[1].

5) A ce bouleversement des relations internationales correspond une aspiration légitime et universellement répandue,

---

[1] On dira peut-être qu'une société des nations et des États telle que l'entend Pie XII n'est pas un État mondial mais un collège formé de délégués de chaque État, chargés de décider d'instaurer des règles communes démocratiquement définies et choisies. On dira que les États y conservent leur souveraineté et qu'il ne s'agit que d'élaborer un droit international en lui adjoignant les moyens concertés de le faire appliquer, que donc les États-nations n'obéissent qu'à eux-mêmes en s'y soumettant puisqu'ils sont les auteurs de ce qui les oblige. Mais on sait bien qu'il n'en est rien, et qu'il ne se peut pas que les choses soient comme on les rêve. Eviter la guerre à tout prix ne constitue pas une fin suffisante pour définir un bien commun international ; la paix réduite à l'absence de guerre n'est pas la paix entendue comme repos de l'ordre, lequel dit la disposition des choses en vue d'une fin, qui est le bien commun. Or les États-nations, dans les organismes internationaux, ne sauraient viser un bien commun universel auquel ils se subordonnent (ce que requiert tout vrai bien commun) puisque chacun se veut souverain comme les individus se veulent souverains dans une société fondée sur les droits de l'homme, par définition contractualiste (chacun n'entre en société que pour son intérêt privé) : le but de toute association est la défense des droits naturels de l'homme, la société est pour l'individu et le bien de la société est pour le bien de l'individu ; ces organismes internationaux, fondés sur la philosophie des droits de l'homme, sont les instruments des intérêts privés de chacun des États qui y participent, aussi se réduisent-ils à une concertation entre États qui masque des rapports de pure force, de nature commerciale ou guerrière. Chaque État viole au reste les règles qu'il s'est engagé à respecter chaque fois qu'il est en son pouvoir et dans son intérêt de le faire. Aujourd'hui, les organismes internationaux constituent l'appareil d'un État mondial dirigé par l'État-nation le moins soucieux qui soit du bien commun universel, le plus incapable de le rechercher et même de le concevoir par l'indigence de sa vision du monde, à savoir les États-Unis dont la tâche essentielle en politique extérieure est d'abaisser ses rivaux potentiels par tous les moyens, et de les exploiter autant que faire se peut.

dans les peuples, à la démocratie et à ses vertus, parce que les peuples, riches de l'expérience passée des guerres d'agression et des iniquités diverses liées au pouvoir d'un seul ou de quelques-uns sur tous, se sont réveillés d'une longue torpeur et ainsi sont devenus sages, plus sages que leurs gouvernants passés, et que leur aptitude à se gouverner eux-mêmes est fondée sur un désir inné, ainsi naturel.

L'histoire du monde depuis 1945 juge sans complaisance le jugement supposé éclairé de Pie XII, qui mêlait l'irénisme le plus plat (croire à la sagesse des peuples mûrs pour la démocratie) à l'opportunisme le moins glorieux (être toujours du côté du plus fort). Depuis la fin de la dernière guerre mondiale, il y eut beaucoup plus de guerres meurtrières (en nombre de victimes) que pendant tout le cours de la guerre de 39-45. L'ONU et autres organismes mondialistes n'ont nullement freiné les guerres, ils ont au contraire permis aux agresseurs, essentiellement anglo-saxons ou communistes, de mener des entreprises d'agression sous faux drapeaux, ou bien par l'interposition d'idiots utiles manipulés ou achetés. Les peuples n'ont jamais autant manqué de sagesse et même de bon sens qu'aujourd'hui ; ils sont, de manière à vue d'homme irréversible, dénaturés, déracinés, désinformés, avilis, littéralement abrutis. Les lois morales relevant de l'ordre naturel n'ont jamais été aussi transgressées qu'aujourd'hui, au point que l'homme moyen en est venu à ignorer jusqu'à la différence réelle du bien et du mal : destruction de la famille et pratique devenue ordinaire des avortements, incitations à la débauche et aux mœurs infâmes des invertis, etc. Pour le moins, Pie XII n'a pas été bon prophète, il a même endossé au moins en partie la responsabilité de l'actuelle effroyable décadence en attribuant au peuple une capacité de discernement qu'il ne possède pas, en le détournant au nom de la religion des solutions douloureuses mais nécessaires de l'acceptation de dictatures, en l'enfermant dans son subjectivisme au nom de la dignité de la personne humaine. Or c'est ce même Pie XII qui, fustigeant les guerres d'agression qu'il dénonçait telles les causes de tous les désordres planétaires, condamnait le nationalisme — auquel il opposa l'esprit démocratique et une version inchoative du mondialisme — en le frappant dans son essence, ou dans ce qu'il croyait être tel ; il le fit « en sa qualité de Docteur commun de l'Église universelle dans le cadre du magistère ordinaire » (Marcel Clément, o. c. p. 8), ce qui au passage oblige à déclarer incohérent tout engagement nationaliste de la part d'un sédévacantiste, puisque ce dernier tient pour toujours infaillible l'enseignement du magistère ordinaire. Qu'enseignait là Pie XII ?

« On a trop vite oublié l'énorme accumulation de sacrifices de vies et de biens extorqués par ce type d'État < « l'État nationaliste, fermé sur lui-même, concentrant ses forces et instable dans le choix de ses alliances, qui, de ce fait, n'est pas moins pernicieux que celui qui fut en honneur au siècle dernier »>, ainsi que les charges économiques et spirituelles écrasantes qu'il imposait. Mais le fond de l'erreur consiste à confondre la vie nationale au sens propre avec la politique nationaliste : la première, droit et gloire d'un peuple, peut et doit être développée ; la seconde, source de maux infinis, ne sera jamais assez rejetée. La vie nationale est, de sa nature, l'ensemble actif de toutes les valeurs de civilisation qui sont propres à un groupe déterminé, le caractérisent et constituent comme le lien de son unité spirituelle. Elle enrichit en même temps, par sa contribution propre, la culture de toute l'humanité. Dans son essence, par conséquent, la vie nationale est quelque chose de non politique ; c'est si vrai que, comme le démontrent l'histoire et l'expérience, elle peut se développer côte à côte avec d'autres, au sein d'un même État, comme elle peut aussi s'étendre au-delà des frontières politiques de celui-ci. La vie nationale ne devient un principe dissolvant pour la communauté des peuples que lorsqu'elle commence à être exploitée comme moyen pour des fins politiques, à savoir quand l'État dominateur et centralisateur fit de la nationalité la base de sa force d'expansion. On eut alors l'État nationaliste, germe de rivalités et source de discordes » (Message pontifical de Noël 1954).

En considérant d'un même regard les deux textes qui viennent d'être cités, il est aisé de comprendre que, pour le pape, les maux qu'il entendait conjurer par le recours à la démocratie (comme mode de gouvernement à l'intérieur de chaque État, et comme type de relation entre les États au sein d'une Société des États) n'étaient autres que ces États coupables de guerres d'agression, en tant qu'animés par une conception nationaliste de leur politique.

A l'aune de ce que nous aurons compris de notre étude des ressorts théologiques du surnaturalisme, nous nous efforcerons à mettre en évidence la prémisse celée, que nous croyons surnaturaliste elle aussi, du raisonnement par lequel Pie XII condamne le nationalisme. Il nous sera alors possible, ayant montré que le nationalisme n'est pas condamnable dans son essence, d'évoquer les caractères d'un nationalisme échappant aux accusations de naturalisme, non toujours injustes, dont il a fait et continue de faire l'objet.

CHAPITRE PREMIER

Le surnaturalisme,
maladie congénitale de la Tradition catholique.

La thèse de l'abbé Calderón.

§ 1. Un ouvrage important par son contenu, paru en 2010 aux éditions Oeste (Buenos Aires), a été édité en 2024 par les éditions françaises « Clovis », sous le titre suivant : *Prométhée, la religion de l'homme, essai pour une herméneutique du concile Vatican II*. Son auteur, Argentin, est Monsieur l'abbé Alvaro Calderón (« Fraternité sacerdotale Saint-Pie-X »), professeur de théologie dogmatique et morale au séminaire de La Reja de Buenos Aires. Il a été dit par divers hispanisants que la traduction française serait mauvaise. Notre jugement est donc suspendu à la valeur de cette traduction. Suivons pas à pas la démarche de l'abbé Calderón.

§ 2. Son propos est de montrer que Vatican II (rédigé selon l'auteur dans un certain code accessible aux seuls initiés) s'inscrit dans un processus qui a commencé à la Renaissance. La tiédeur chrétienne, explique-t-il, a permis au libéralisme de se répandre dans les veines du catholicisme, ce qui produisit ultimement Vatican II. Le Prométhée d'Eschyle, titan (ainsi personnage de nature divine), frère d'Atlas et de Typhon, a eu pour vertu, contrairement à eux, d'user de l'astuce et non de la force brutale, d'où son nom : Προμηθεύς, le Prévoyant. Il rendait à l'origine un culte à Zeus puis, pris d'amour pour l'espèce humaine (qu'il aurait selon certains façonnée), il la sauva du déluge dans lequel Zeus en colère voulait la noyer. Puis il déroba le feu divin au milieu des roseaux pour le donner à l'homme. Dans le sacrifice d'un bœuf, il déçut Zeus en attribuant à l'homme la meilleure part, fut alors enchaîné sur un rocher où un aigle lui dévorait le foie. Pandore, femme d'Epiméthée, ouvrit le coffre des biens et des maux lâchés sur l'humanité, puis Hercule libéra Prométhée et le réconcilia avec Zeus. Hercule libérant l'Église serait, selon l'abbé Calderón, le thomisme faisant retour à Rome. Un tel retour du thomisme dans la Ville éternelle (mais il s'agit du thomisme de l'abbé Calderón, qui n'est, semble-t-il, ni celui de Cajetan ni celui de Gilson) permettrait d'en finir avec l'héritage gangrené de la Renaissance et de réinstaurer, pour notre temps apocalyptique, une Chrétienté analogue à celle qui fleurit au XIIIème siècle, et dont les exhortations de saint Pie X (« omnia instaurare in Christo ») et de Pie XI (celui de *Quas Primas*, encyclique sur la royauté sociale de Notre Seigneur Jésus-Christ) se voulurent les fondements.

L'oxymore de l'« humanisme catholique ».

§ **3.** Ainsi Vatican II est-il, selon notre abbé, l'officialisation d'un humanisme catholique. Ce qui l'illustre, c'est l'allocution de Paul VI, lors de la session de clôture du concile Vatican II (7 décembre 1965) (*Documentation catholique*, 1462 p. 63), s'adressant aux humanistes modernes qui ont renoncé à la transcendance : « nous aussi, nous plus que quiconque, nous avons le culte de l'homme ». Cet humanisme catholique doit être entendu telle une orientation de la religion au service et pour la promotion de l'homme moderne. Page 24, notre théologien déclare : « L'humanisme conciliaire a constamment tempéré ses nouveautés pour les maintenir dans les limites du dogme catholique et a défendu avec ténacité sa liaison avec les doctrines traditionnelles » ; Jacques Maritain serait le vrai père de ce concile, l'inventeur du concept de « philosophie chrétienne ». Page 28 : la double finalité de l'Église, selon la doctrine traditionnelle, est la glorification de Dieu et le salut des âmes, le chemin le plus sûr vers l'amour de Dieu étant l'amour du prochain. Dans un raccourci saisissant, notre théologien dégage ce qui selon lui fait l'essence de la révolution conciliaire (p. 28) ; ce concile procède tout simplement à une inversion des deux fins ultimes de l'homme correspondant aux deux finalités de l'Église : on ne glorifie Dieu que pour sanctifier les âmes, on met Dieu au service de l'homme au lieu de mettre l'homme au service de Dieu ; incidemment amorcée à la Renaissance selon l'auteur, cette tendance à l'inversion des fins ultimes de l'homme ne pouvait pas ne pas se consommer dans ce modernisme systématisé par le concile Vatican II, élaboré de manière assez savamment équivoque pour diffuser une pensée humaniste (ainsi anthropocentrique et non plus théocentrique) objectivement porteuse, en son achèvement ultime, d'une déification satanique de l'homme, mais sans heurter de front les exigences par trop évidentes du dogme catholique ; une telle « mesure » dans l'erreur n'était nullement inspirée par quelque scrupule résiduel ; elle était nécessaire au projet de donner l'illusion d'une continuité entre la Tradition et le modernisme, afin de faciliter l'accoutumance à l'erreur, ainsi en évitant tout rejet.

§ **4.** Ce que l'abbé Calderón entend par « humanisme » (p. 55-56 de son ouvrage), c'est un mouvement de rejet de l'autorité. Né au XIVème siècle sous les traits d'une « libération » de l'autorité doctrinale de l'Église, il a « libéré » la foi par le recours aux sources de l'Ecriture sainte délestée de la glose des théologiens ; il a « libéré » la raison par le retour à la philosophie et à la littérature païennes ; libéré les chefs politiques de l'autorité disciplinaire de l'Église ; « libéré » l'esprit humain — par la vulgarisation du doute méthodique — de tout respect révérenciel à l'égard de tout héritage philosophique et théologique ; « libéré », par la Révolution jacobine, les peuples de l'autorité disciplinaire propre à l'ordre politique chrétien.

Si ce diagnostic nous paraît dans l'ensemble assez exact, nous observerons de manière liminaire que *l'auteur ne voit de remède à ces « libérations » tyranniques que dans la théocratie et le cléricalisme. C'est sur cette conclusion que nous ne le suivons pas.* Mais nous noterons avec lui, sans nous y attarder ici, que l'affirmation d'une continuité entre le contenu de Vatican II et tout l'enseignement magistériel qui le précède est un élément constitutif de Vatican II, et que les rédacteurs de ce contenu ont été assez astucieux pour rendre possible — non certes sans de grandes difficultés — une lecture de cet enseignement qui fût compatible avec la Tradition, cependant que l'intention évidente des responsables révolutionnaires — une minorité agissante — des « nouveautés » de ce concile était de promouvoir des thèses modernistes, ou de disposer les esprits à les rendre recevables.

Le « finis cujus » et le « finis quo ».

§ 5. Avant que de procéder à la démonstration, étayée de citations, de sa thèse, l'auteur (pp. 29 à 33) éclaire son lecteur en rappelant, de manière quelque peu technique mais nécessaire, certains principes généraux relativement au concept de finalité. Pour ce faire, il se propose d'exposer et de commenter le contenu d'un passage de la *Somme théologique* (IIᵃ IIᵃᵉ qu. 83 a. 9), lequel est une explication des deux premières demandes du *Pater*.

On y demande d'abord la fin (« Que Votre Nom soit sanctifié »), ensuite seulement les moyens (« Que Votre règne arrive »). Ici, la fin consiste à demander la gloire de Dieu ; le moyen consiste à parvenir à la gloire de son règne. Cela dit, notre fin est Dieu, et notre volonté tend vers cette fin de deux manières : en tant que nous voulons la gloire de Dieu, et en tant que nous entendons jouir d'elle. La première de ces deux manières de tendre vers la fin se réfère à l'amour par lequel nous aimons Dieu en Lui-même ; la seconde se réfère à l'amour par lequel nous nous aimons en Dieu. Une telle distinction peut être analogiquement illustrée de diverses façons, tel le rapport entre le lieu et l'acte de s'arrêter dans ce lieu ; en effet (Iᵃ IIᵃᵉ qu. 1 a. 8), il est expliqué que le mot « fin » a deux sens, à savoir d'une part la fin proprement dite, et d'autre part celui pour qui elle est une fin, à savoir, techniquement nommés, le « finis cujus » et le « finis quo »[2]. La fin convoitée, pour et par le mobile, et dans la

---

[2] « Respondeo dicendum quod, sicut philosophus dicit *in II Physic. et in V Metaphys.*, finis dupliciter dicitur, scilicet cuius, et quo, idest ipsa res in qua ratio boni invenitur, et usus sive adeptio illius rei. Sicut si dicamus quod motus corporis gravis finis est vel locus inferior ut res, vel hoc quod est esse in loco inferiori, ut usus, et finis avari est vel pecunia

perspective aristotélicienne d'une causalité qualitative du lieu propre, est en effet le lieu lui-même ; mais, parce que l'acte du moteur et celui du mobile sont un seul et même acte, cet acte du lieu en acte est aussi l'acte exercé par le mobile s'acheminant vers son lieu et se reposant en lui. Le bien d'un être, qui est son acte (il perfectionne une puissance), peut donc effectivement être considéré du côté de l'objet aimé (« finis cujus ») et du côté du sujet aimant (« finis quo »). La fin ultime de l'homme (« finis cujus ») est donc Dieu, et l'acte par lequel l'homme atteint une telle fin (« finis quo ») est aussi sa fin. On peut encore illustrer cet enseignement par l'analogie suivante : en tant qu'il est un bien aimé, l'argent est « finis cujus », mais la possession de l'argent (« finis quo »), par celui qui l'aime, a aussi raison de fin. Et la pensée scolastique définira encore le « finis cujus » comme finalité *simpliciter*, et le « finis quo » comme finalité *secundum quid*. Ce qui a raison de moyen pour atteindre la fin de celui qui tend vers elle a aussi raison de fin pour ce dernier. Par un appétit naturel, toutes les créatures ont même fin : la gloire de Dieu, le « finis cujus » ; il est clair que, Dieu étant absolument parfait, Dieu est fin de Sa création qui n'est et ne peut sans injustice être posée que pour Sa

---

ut res, vel possessio pecuniae ut usus. Si ergo loquamur de ultimo fine hominis quantum ad ipsam rem quae est finis, sic in ultimo fine hominis omnia alia conveniunt, quia Deus est ultimus finis hominis et omnium aliarum rerum. Si autem loquamur de ultimo fine hominis quantum ad consecutionem finis, sic in hoc fine hominis non communicant creaturae irrationales. Nam homo et aliae rationales creaturae consequuntur ultimum finem cognoscendo et amando Deum, quod non competit aliis creaturis, quae adipiscuntur ultimum finem inquantum participant aliquam similitudinem Dei, secundum quod sunt, vel vivunt, vel etiam cognoscunt ». (D'après le Philosophe, la fin s'envisage sous un double aspect : comme objet et comme acte, c'est-à-dire quant à la chose en laquelle se réalise la raison de bien, et quant à l'acquisition ou l'usage qu'on en fait. Ainsi l'on dira que la fin du mouvement, pour le corps lourd, est le lieu bas comme réalité atteinte, ou, comme usage, le fait d'être en bas. Ou bien encore que la fin de l'avare, c'est l'argent, comme chose, ou la possession de l'argent, comme usage. Donc, si nous parlons de la fin ultime de l'homme quant à la réalité même qui est sa fin, alors tous les autres êtres rejoignent l'homme dans la même fin ultime ; car Dieu, fin ultime de l'homme, l'est aussi de tous les autres êtres. Mais si nous parlons de la fin ultime quant à l'obtention de cette fin, en ce cas les créatures privées de raison ne participent pas à la fin humaine. Car l'homme et les autres créatures raisonnables atteignent leur fin ultime par la connaissance et l'amour de Dieu, ce qui n'appartient pas aux créatures inférieures. Celles-ci parviennent à leur fin ultime en participant, chacune à sa manière, d'une certaine ressemblance avec Dieu, pour autant qu'elles existent, qu'elles vivent, ou même sont douées de connaissance).

Gloire : tout ce qui procède de Dieu fait retour vers Dieu comme vers sa fin dernière, de sorte que, d'une certaine façon, Dieu ne peut vouloir à titre de fin que Lui-même ; tout ce qui tend objectivement vers Dieu ne fait au fond qu'épouser l'acte par lequel Dieu se veut et veut sa gloire dans et par ses créatures. Si l'on évoque la fin à propos de l'acte par lequel la créature atteint cette fin, si donc nous évoquons le « finis quo » ou « finis secundum quid », on doit alors observer que les créatures ont des fins différentes ; pour l'homme, doté de raison, cette fin est de contempler Dieu ; pour l'oiseau, c'est de chanter. A ce stade de son explication, l'auteur introduit alors une précision supplémentaire qui complique des choses déjà difficiles à entrevoir.

§ **6.** Exercer l'action par laquelle on atteint la fin ultime, cela suppose que l'opérant ait atteint sa perfection, celle de son être propre et de ses capacités d'opérer. Aussi, nous déclare l'abbé Calderón, une autre distinction s'impose, qui diffère légèrement de la précédente (celle du « finis cujus » et du « finis quo »). Il entend nous familiariser avec la distinction entre finalité intrinsèque et finalité extrinsèque.

Comme toute créature, l'homme a Dieu pour fin ultime extrinsèque, cette finalité qu'il atteint par sa conduite. Mais, avons-nous dit, l'homme est en demeure, pour atteindre une telle fin, de posséder l'ultime perfection qui rendra possible cette action, et la perfection ultime intrinsèque de la créature est de trouver la perfection ultime de sa propre nature ; par analogie, si le Bien extrinsèque de l'univers est Dieu entendu comme Moteur premier, le bien intrinsèque de cet univers est son ordre immanent, bien commun à toutes les parties d'un tel univers. L'auteur peut dès lors préciser :

La fin ultime intrinsèque de l'homme est sa perfection définie comme image de Dieu, virtuellement parfaite sous l'effet des vertus théologales, et actuellement parfaite dans la Vision béatifique, acte de contemplation de Dieu. En d'autres termes, la perfection intrinsèque de l'homme est la sainteté qui s'accomplit dans la gloire (de l'homme) par laquelle cette perfection ultime est atteinte comme Vision.

Si les choses sont considérées *secundum rem*, la fin ultime intrinsèque n'est autre que le « finis quo ». En revanche, si elles sont considérées selon leur raison formelle, on doit dire que ces deux fins diffèrent. Autrement dit, l'état de celui qui est parfait pour bien agir (fin ultime intrinsèque) et l'acte (le « finis quo ») par lequel est atteinte la fin ultime extrinsèque doivent être distingués. En résumé, la fin ultime extrinsèque est Dieu ; le « finis quo » est l'acte par lequel Dieu est atteint ; la fin intrinsèque est l'état (de sainteté et de gloire) de celui qui sait parfaitement exercer cet acte ; le « finis quo » et la fin intrinsèque définissent la fin ultime *secundum quid*. L'auteur peut alors préciser (page 31) : « la fin intrinsèque ultime est en effet la considération *absolue* du bien de la créature tandis que la fin « quo » est une considération *relative* à la fin ultime extrinsèque ».

Nous comprenons ceci : la perfection intrinsèque est l'acte d'être rendu parfait pour bien agir ; elle est donc l'acquisition de la puissance parfaite de bien agir ; mais cette puissance n'est elle-même parfaite dans son ordre de puissance qu'en tant qu'elle s'exerce ; dès lors, n'ayant sa perfection en acte qu'en tant qu'il agit effectivement, le « finis quo » et la fin intrinsèque peuvent être considérés comme une seule et même chose, mais envisagée sous deux rapports différents ; considérée dans son rapport avec le désir humain de se rendre parfaitement adéquat à sa nature, une telle chose est la fin intrinsèque ; considérée dans son rapport à la fin ultime extrinsèque (ou « finis cujus »), c'est-à-dire comme action par laquelle le « finis cujus » est atteint, cette même chose est « finis quo ».

En revanche (pp. 31-32), si l'on considère les choses du point de vue de Dieu, il est aisé de comprendre que la bonté, la sainteté, la gloire et la béatitude s'identifient à l'essence divine, s'identifient donc *secundum rem* et *secundum rationem*. Mais si l'on considère Dieu comme créateur, il faut dire que les différences sont réelles, car Dieu a pour fin sa propre Bonté incréée, et atteint cette fin, ayant librement décidé de créer, par la perfection de son œuvre. Dès lors, de ce point de vue, la perfection *simpliciter* et ultime est le Bien intrinsèque incréé, et la gloire et la sanctification que Dieu atteint par sa création est un bien extrinsèque, créé, constituant pour Dieu une fin *secundum quid* : la gloire qu'obtient Dieu en faisant participer sa béatitude par des créatures est pour Lui un bien extrinsèque et *secundum quid*, essentiellement subordonné à son Bien intrinsèque qui est sa propre déité.

§ 7. Pourquoi de tels développements quand il est question de proposer une herméneutique de Vatican II ? Dans le but de nous rappeler que l'ordre des choses voulu par Dieu est que nous tendions vers notre fin intrinsèque sur le mode d'un souci de l'exercer comme un « finis quo » lui-même foncièrement subordonné au « finis cujus » ; et dans le but de nous montrer que Vatican II a insinué que le « finis cujus » serait désormais subordonné au « finis quo » lui-même réduit à la perfection intrinsèque de la créature. L'auteur entend de surcroît établir que cette erreur définitionnelle de Vatican II, qui subordonne Dieu à l'excellence de l'homme, s'enracine dans un tour d'esprit qui aurait éclaté à la Renaissance. Si son diagnostic est exact, c'est à l'avant de la Renaissance qu'il conviendrait de faire retour, à l'esprit théocratique des papes du Moyen Âge. Qu'on en juge :

Humanisme catholique contre paganisme.

§ 8. L'œuvre de Dante (1265-1321) est, pour l'abbé Calderón, une réaction *catholique* face à la tendance antichrétienne et anticléricale, franchement païenne, produite par la Renaissance (pp. 53 et 74). Mais cette réaction est celle d'une *Renaissance* catholique contaminée par ce qu'elle prétendait combattre. Aussi une telle réaction n'empêcha-t-elle pas deux siècles plus tard l'avènement de la Réforme. Il y eut bien une réaction catholique avec Francisco de Vitoria (1483-1546), mais elle ne fit qu'inhiber la véritable résistance catholique que l'abbé Calderón appelle de ses vœux, et cet échec de résistance catholique se solda par l'avènement de la Révolution française. Pour pallier ces abus, survint le « nouvel humanisme » du catholicisme libéral (qu'illustrerait Rosmini selon l'abbé Calderón), et un tel remède n'aboutit qu'à l'humanisme marxiste. L'optimisme renaissant se solda par la Guerre de Cent ans, l'optimisme de la Réforme engendra les guerres de religion, celui des Lumières engendra la Révolution française et les guerres napoléoniennes, l'optimisme socialiste produisit les deux guerres mondiales ; l'optimisme maçonnique global systématisé dans le mondialisme engendrera dans le futur la guerre nucléaire. Le vrai chrétien est et doit être pessimiste ; plus il est pessimiste plus il est chrétien. S'appuyant sur l'enseignement de saint Thomas dans la *Somme théologique* (I^a qu. 23 a. 7 ad 3), l'auteur rappelle avec une évidente complaisance, voire avec délectation, que, selon l'Aquinate, il y a peu d'élus ; la grande majorité des hommes est destinée à l'enfer. Quand la nature est saine, le bien se trouve dans le plus grand nombre et le mal dans le petit. Mais quand elle est blessée, c'est le contraire qui se produit : le bien proportionné à la condition commune de la nature se réalise le plus souvent, mais le bien qui excède l'état commun des choses se trouve réalisé seulement dans le petit nombre. La Vision excède le niveau commun de la nature ; surtout, du fait que cette nature est blessée, privée de la grâce par le péché originel, « il y a peu d'hommes sauvés » ; « et en cela même apparaît la miséricorde de Dieu, qui élève certains êtres à un salut que manque le plus grand nombre, selon le cours et la pente commune de la nature » (saint Thomas). Donc : être catholique consiste, pour notre auteur thomiste, à être pessimiste, et ce pessimisme doit consister à se défier à tous égards de la nature en tant que nature blessée. Toute complaisance à l'égard de ce qui lui reste de beauté et d'excellence est déjà quelque chose de peccamineux et mène directement en enfer. L'abbé Calderón précise (p. 266) que la grâce, à nous dispensée par les mérites du Christ, modifie la nature, et ainsi elle l'*altère*. Pour dire les choses crûment, l'homme est sommé, pour être sauvé, de s'ouvrir à la grâce dont l'intromission se fera au détriment des déterminations — même non corrompues — de la nature humaine ; aussi l'homme doit-il se défier non seulement de la nature en tant que blessée, mais même de la nature en tant que nature. C'est que, pour notre auteur, depuis l'avènement du Christ, il n'existe plus (la chose est explicite p. 150) qu'une seule fin en l'homme, à savoir sa fin surnaturelle, qui s'est proprement *substituée* à sa fin naturelle. Que la nature aspire à atteindre sa fin proportionnée ou naturelle est déjà coupable puisque, sommée de n'aspirer plus qu'à une fin surnaturelle, il lui est interdit de poursuivre sa fin naturelle. Et puisqu'il est dans la nature d'un être naturel de tendre vers sa fin que lui prescrit sa nature, l'intromission de la surnature dans la nature enjoint à cette dernière, pour son bien, d'adopter un comportement contre nature.

La surnature, « altération » obligée de la nature.

§ 9. La finalité est, dans l'ordre de causalité réellement distinct de l'ordre chronologique, la première des causes ; elle conditionne les autres causes (matérielle, efficiente et formelle), elle détermine ainsi la forme, qui désigne la nature ou l'essence. Si l'on se souvient que la nature d'une chose est définie par sa finalité, force est d'en déduire que la fin d'une chose est sa nature et que, s'il n'y a plus pour l'homme d'autre fin que sa fin surnaturelle, l'oblitération de sa fin naturelle n'est rien de moins que l'exténuation de sa nature elle-même pieusement détruite, consumée, rendue exsangue par le feu de la surnature. Par conséquent l'humanisme, aussi catholique se veuille-t-il être, ne serait rien d'autre qu'une « revanche de la nature sur les exigences de la grâce » (pp. 117 et 91). Le surgissement de la grâce est bien une « altération » de la nature en tant que nature ainsi frustrée par la surnature, selon le rapport d'un conflit indépassable[3]. Qui dit « revanche » dit « défaite », qui dit « défaite » dit « conflit » ; parler de « revanche de la nature sur les exigences de la grâce » est l'aveu que la relation entre nature et surnature serait d'essence conflictuelle. Si l'auteur avait voulu signifier que la nature blessée,

---

[3] Si, dans son sens technique, l'altération désigne chez Aristote tout changement opéré dans la catégorie de la qualité, ce mot pris selon son usage courant signifie une dégradation par rapport à l'état originel ou normal de quelque chose. Et, dans le contexte où il est utilisé ici par l'abbé Calderón, le terme renvoie à son sens courant.

en tant que blessée, s'insurge, en se faisant « humaniste », contre les exigences de la grâce, il aurait écrit que la Renaissance est une réaction du « vieil homme » contre « l'homme nouveau », de l'homme malade contre l'homme sain (en l'occurrence contre l'homme saint) ; or l'homme malade est l'homme en état de privation par rapport à la santé qui lui est naturelle, de sorte que cette revanche désignerait une insurrection de l'état contre nature de l'homme morbide contre l'homme naturel et contre la grâce qui, tout en le surélevant, loin de le violenter dans sa nature, le restitue à l'intégrité de cette nature.

Rappeler qu'un malaise profond hante l'âme de l'homme moderne est aujourd'hui un lieu commun. L'ordre social et les nécessités de la vie obligeaient jadis l'homme, pour son plus grand bien, à ne pas se focaliser sur lui-même, à servir : on était l'homme d'un homme, l'instrument d'une cause militaire, religieuse, professionnelle, pédagogique, politique ou scientifique ; l'homme se trouvait en s'oubliant, sans l'avoir recherché ; il n'avait pas le temps de perdre son temps à se soucier de lui-même. Être réconcilié avec soi-même, c'est s'éprouver comme justifié ; être justifié, c'est avoir une raison d'être à laquelle on peut se conformer ; avoir une raison d'être, c'est être gratifié d'une finalité qui ne saurait être sécrétée par la liberté puisqu'elle est ce qui lui donne sens (son but et son intelligibilité), ainsi sa mesure. Et avoir une finalité, c'est se vouloir l'instrument ou le moyen de cette fin. La modernité, c'est l'avènement de cette idée selon laquelle l'homme, identifié à sa liberté, serait à soi-même sa propre fin, mais une fin indéterminée, si vide qu'elle s'évapore aussitôt qu'on tente de lui donner consistance, une finalité virtuelle vite convertie en cette absence de finalité qui définit l'absurde. D'où, en notre contemporain, la naissance concomitante de son subjectivisme et de ce sentiment d'absurdité qui le rendent insupportable à lui-même et à son prochain. Son subjectivisme le renvoie à la recherche effrénée de biens qu'il rapportera à lui-même, ainsi de biens matériels ou sensibles, lesquels enferment ceux qu'ils étreignent dans une quête sans fin douloureuse et cruelle : être prisonnier de ce balancier qui, selon la formule de Schopenhauer, va de la souffrance à l'ennui. Ce sont là des truismes, mais il est bon de les rappeler pour se souvenir que notre contemporain aspire à se dégager de ces pièges, par la recherche non éclairée d'un don de soi ; d'où l'engouement pour la défense des « causes » et pour les religions orientales, ou pour les religions de substitution qui succèdent à la déception inspirée par la chute au moins apparente de l'idéologie marxiste, à savoir l'antiracisme, le féminisme, le véganisme ou l'écologisme. Ce que l'homme d'aujourd'hui, surtout quand il est jeune, attend d'elles, c'est l'exigence d'un engagement de tout son être, et une discipline de fer. Mais les religions orientales, après avoir fasciné quelques générations, ont cessé de plaire à la jeunesse d'Occident parce que leur panthéisme plus ou moins avoué renvoyait cette jeunesse à elle-même, à sa subjectivité vide (être la conscience de soi du Grand Tout) alors que son appétit profond et secret, voire inconscient, est de se libérer de l'obsession d'elle-même en aspirant à une authentique transcendance. On en peut dire autant du miroir aux alouettes de l'ésotérisme et de la symbolique maçonniques (ce qui n'empêche pas l'institution maçonnique de sévir plus que jamais dans les sociétés contemporaines, mais en se désolidarisant de tout prosélytisme), des sectes farfelues à vocation sordidement mercantile, de la religion dite « orthodoxe », schismatique, inféodée aux pouvoirs terrestres et décevante par son laxisme moral ; on en peut dire autant du subjectivisme exacerbé qui sévit dans les sectes protestantes, et de l'abrutissement intellectuel (Dieu, force absolue, crée l'échelle du bien et du mal, arbitrairement, au lieu que le Dieu des catholiques *est* le Vrai et le Bien) auquel soumet l'islam par ailleurs lui aussi inféodé aux manipulations politiques de tous bords. Il ne restait à l'appétit malade et non éclairé de cette jeunesse, mais réel, de recherche de soi et de justification de son existence, que dans le catholicisme intègre, à savoir celui que la modernité taxe d'intégrisme. Il est d'ailleurs à remarquer que, chaque fois qu'il est question de fustiger la religion en général supposée aliéner la liberté humaine, c'est le catholicisme qui est visé ; par une espèce de lucidité satanique vécue sur le mode instinctuel, on pressent bien que le catholicisme est la vraie, la seule vraie religion, la seule religion vraie. *Pourtant, quand il est assez lucide et courageux pour détendre les rets — qui l'emprisonnent — du subjectivisme ambiant, quand donc il fait le pas de rejoindre le catholicisme, quelque chose qu'il n'arrive pas à définir laisse l'homme jeune d'aujourd'hui insatisfait. Et nous pensons que cet obstacle intérieur n'est autre que le surnaturalisme, envers du naturalisme ambiant, et complice de ce dernier dans son opposition même.* Telle n'est pas, évidemment, la position de l'abbé Calderón.

Surnaturalisme et théocratie.

§ **10.** La parution de l'ouvrage de l'abbé Calderón, manifestant sans ambages des prétentions franchement théocratiques, en est pour nous une preuve. Evoquant le grand humaniste catholique Francisco de Vitoria, père et maître de l'Ecole de Salamanque, l'abbé Calderón lui reproche de « s'oppos(er) avec détermination à la conception médiévale, théocratique et unitaire » (p. 151).

« Le vrai religieux doit vivre oublieux de sa personne et tourné totalement vers Notre-Seigneur, et sa religion est mise en péril quand il commence à détourner son attention sur lui-même. Voilà justement quelle a été l'erreur du concile : laisser de côté l'orientation vers Dieu et tourner un regard satisfait vers l'humanité, parée des dons de Dieu. Oui, bien entendu, notre humanité est faite à l'image de Dieu, mais malheureux que nous sommes si notre cœur s'arrête à cette simple image et ne suit pas le Créateur lui-même ! C'est ce péché et non un autre qui a causé la perte de Lucifer ! » (p. 60).

Comprenons, en vertu du contexte, que le mal n'est pas seulement de préférer l'image au Modèle ; sur ce point, il n'y a aucune contestation possible ; trouver l'image plus belle que le modèle, c'est substituer l'image au modèle, et cela revient à tomber dans l'idolâtrie. Le mal, selon l'abbé Calderón, commence avec le souci, exercé par l'homme, de l'intégrité de sa nature, l'amour de soi. Il ne semble pas possible, dans cette perspective, de s'aimer et d'aimer Dieu en même temps ; le salut repose donc non seulement sur le pessimisme, mais à la limite sur la haine de soi — entendons : la haine de ce qui subsiste de naturel en soi. Ce faisant, et de manière probablement consciente et assumée, l'abbé Calderón se met en porte-à-faux avec la leçon aristotélicienne voulant que l'amour pour autrui repose sur l'amour de soi, non pas au sens où l'égoïsme serait le fondement de l'altruisme, mais au sens suivant : nos désirs procèdent de notre nature et nous ramènent à elle parce que désirer consiste à manquer, que manquer revient à être comme malade, désaxé par rapport à sa nature, et que tout désir de quelque chose se résout dans le désir de se rendre adéquat à sa nature qui par là se révèle être telle qu'elle se veut en nous, et donc que nous l'aimons comme ce à quoi nous sommes ordonnés au point de plébisciter la manière dont elle condescend à s'individuer en nous (d'où l'amour de soi obligé) et à se réaliser en autrui (d'où l'amour de bienveillance qui consiste à aimer l'autre tel un autre soi-même, à l'aimer en lui voulant du bien). Ainsi doit-on s'aimer pour aimer autrui, se connaître pour s'aimer, et se soucier de soi, envisagé dans son être naturel, pour se connaître. Il y a un amour de soi voulu par Dieu, qui n'est pas détournement d'un appétit ordonné à Dieu, parce que Dieu veut être aimé aussi dans Son image et que Son image renvoie à Lui. C'est là, nous semble-t-il, ce qu'eussent déclaré sur ce sujet Aristote et saint Thomas. Mais l'abbé Calderón, emporté par son vertueux pessimisme, préfère dire que l'on doit offrir son amitié aux autres par amour envers l'amitié et non d'abord envers les amis ; les amis seraient pour l'amitié et non le contraire, tout comme le corps serait pour la santé et non la santé pour le corps (p. 39).

Nous avouons ne guère comprendre un tel propos. Les amis sont pour le bien commun qui est le bien de leur nature commune célébrée en et par les relations d'amitié génératrices de société dont le bien propre est ce même bien commun, et c'est là un bien qu'ils désirent en se rapportant à lui ; ce qui ne les empêche pas de trouver aussi leur bien en le servant, au point que ce bien commun à tous est comme la partie la plus précieuse, en droit, du bien propre à chacun. Mais déclarer que les amis sont pour le bien de leur nature commune célébrée dans les relations d'amitié, ce n'est pas dire que les amis seraient pour l'amitié, à moins qu'il faille entendre ici par « amitié » le bien commun auquel s'ordonne la communauté formée par les amis. Reste que cette subordination des parties au tout fondé sur l'amitié, loin d'exclure l'amitié de chacun pour soi-même, la présuppose, et avec elle un certain souci, une certaine estime et connaissance de soi. Exclure cet amour de soi enveloppé par l'amour de bienveillance à l'égard d'autrui, cela implique que le bien commun n'ait rien à voir avec le bien particulier ; or cela même, qui se veut soutenu par aversion légitime pour le personnalisme, aboutit, en séparant le bien commun du bien particulier, à particulariser le bien commun, ainsi à apporter malgré soi de l'eau au moulin du personnalisme. Pour l'abbé Calderón, les amis sont pour l'amitié et non l'amitié pour les amis ; de même, selon lui, le corps serait pour la santé et non la santé pour le corps : mais si effectivement l'ordre qui régit le corps n'est pas pour le bien de ses parties (ce sont bien plutôt les parties du corps qui sont pour son ordre), en revanche l'ordre du corps auquel sont ordonnées les parties de ce dernier constitue un bien pour elles ; qu'elles se rapportent à lui au lieu de le rapporter à elles ne l'empêche pas d'être aussi le bien de chacune. Le péché de Lucifer n'est pas, selon nous, dans l'amour qu'il se porta et dans la complaisance avec laquelle il contempla sa propre excellence ; elle est dans son refus de reconnaître, en cette complaisance, en l'objet de cette complaisance et en cet amour de soi lui-même, un marchepied, le moment d'actuation d'un désir de Dieu qui mène l'homme au-delà de lui-même et le comble dans et par cette subordination même ; on doit s'oublier ou s'arracher à soi pour tendre vers plus que soi mais, pour s'arracher à soi et s'oublier, encore faut-il se posséder et se connaître.

Le péché de Lucifer fut au fond de préférer l'image au Modèle. En effet, en prétendant, se détournant du Bien absolu, se satisfaire d'un bien auquel il pouvait accéder par ses seules forces (alors que la possession du Bien absolu requérait l'acceptation du don divin de ressources surnaturelles, ainsi requérait que Satan plébiscitât sa dépendance), Lucifer entendit faire ce que seul Dieu peut faire (se nourrir de soi-même, se suffire à soi-même), entendit donc ravir à Dieu un privilège qui n'appartient qu'à Dieu, ce qui revenait à doter l'image de qualités qui ne se trouvent qu'en Dieu ; et cela même équivalait à préférer l'image au Modèle, à lui reconnaître une appétibilité supérieure à celle du Modèle, à substituer l'image au Modèle.

Poursuivons notre enquête relativement à la conception que nous propose l'abbé Calderón du rapport entre nature et grâce.

L'humanisme et le problème des deux fins de l'homme.

§ **11.** L'humanisme, nous déclare-t-il p. 91, « va revaloriser la nature face à la grâce, participation de la nature divine, tendant ainsi au naturalisme ». Voilà qui est clair : oser suggérer que la nature humaine aurait une fin propre et une valeur intrinsèque qui subsisteraient même en régime historique de nature blessée et rachetée, c'est déjà, pour notre théologien, du naturalisme, ainsi du refus de la grâce ; il faut donc comprendre que la soumission à la grâce est d'emblée l'abandon des fins naturelles de la nature, par là de la nature elle-même réduite au statut de matière sacrificielle de la grâce. Ce n'est pas la nature en tant que blessée qui est à fustiger, à dresser, à contraindre et à mater ; c'est la nature en tant que nature : « Ni l'homme ni la société ne peuvent avoir deux fins ultimes : l'une naturelle et l'autre surnaturelle, mais, bien qu'ils eussent pu obtenir seulement la fin naturelle, ils ont de fait seulement la fin surnaturelle » (Prométhée, p. 150).

L'auteur, ici, aborde un problème en effet délicat : s'il existe deux fins dans l'homme, hétérogènes et indépendantes, l'une immanente et l'autre transcendante et sans aucun point de rencontre, alors ce même homme se voit déchiré entre deux fins, et il échoue nécessairement, dans une telle situation, à les atteindre. Notre abbé en déduit qu'il n'y a qu'une seule fin, qui est surnaturelle, et que la fin naturelle est abolie, laissée en jachère et vouée à l'extinction, et que tout réveil d'une téléologie naturelle en contexte post-lapsaire de créature déchue et rachetée ne pourrait se faire que contre la grâce. La difficulté de cette position que nous nommons « surnaturaliste » est que, selon saint Thomas, et en vérité, la nature est sujet de la grâce ; si elle est exténuée par ce qu'elle reçoit, elle en vient à perdre sa consistance ontologique de récepteur, et c'en est fait de l'œuvre de la grâce elle-même qui, accident reçu, ne subsiste que par ce en quoi elle subsiste. Au reste : « Deus, qui est institutor naturae, non substrahit rebus id quod est proprium naturis earum » (*Somme contre les Gentils*, II 55 : Dieu qui est l'Auteur de la nature n'enlève pas aux êtres ce qui est propre à leur nature) ; si, comme nous l'avons déjà dit, la nature d'une chose est sa fin, c'est que, en retour, la fin d'une chose est sa nature, aussi substituer une fin surnaturelle à la fin naturelle revient-il à détruire la nature pour la remplacer par la grâce, ce qui est impossible. Cette aporie nous dispose à penser qu'il doit exister un point de suture entre ordres naturel et surnaturel, un terme dans lequel le « terminus ad quem » de la nature serait le « terminus a quo » possible — mais de soi non posé par la nature elle-même — de l'ordre surnaturel. Ce « point de suture » que, faute de mieux, nous qualifierons ici de « point neutre », aurait pour propriétés d'avoir raison d'entéléchie de l'ordre naturel (supposé que l'homme ait été créé en état de pure nature), et corrélativement d'être assumé par l'ordre surnaturel (l'homme ayant été créé en état de grâce) ; par de telles vertus, ce point de suture rendrait possible le fait d'une seule fin ultime (surnaturelle) — celle de notre condition historique — mais non ablative, pour autant, de la fin naturelle. Le statut ontologique d'un tel « point de suture » n'a pas été, semble-t-il, adéquatement défini par les théologiens et philosophes catholiques autorisés, et c'est à cause de cette absence que les catholiques sont aujourd'hui comme contraints d'évoluer entre deux positions extrêmes (naturalisme et surnaturalisme) sans jamais parvenir à sortir du dilemme en trouvant la paix dans une solution satisfaisante. Evoquée par certains théologiens conciliaires (de Lubac, Trouillard), cette question fut selon nous à bon droit soulevée par Vatican II en retour incapable de lui attribuer une solution vraiment catholique. Vatican II a posé de bonnes questions et proposé de mauvaises réponses. Ce qui n'est pas douteux, c'est que l'abbé Calderón, représentant autorisé de la Tradition catholique, opte pour une solution surnaturaliste.

L'État chrétien n'aurait pas de fin naturelle.

§ **12.** C'est ainsi que notre auteur en vient à écrire ceci (p. 269) :

(A) « Le catholique formé à l'ancienne, habitué à distinguer nature et grâce, comprend que le Christ restaure l'organisme surnaturel (grâce sanctifiante, vertus infuses) *sur* la nature humaine. Mais pour le concile il n'est pas opportun de faire cette distinction, donc il dit que la nature humaine elle-même est élevée à une dignité sublime. Car puisque selon saint Thomas — pour cela ils redeviennent thomistes —, la nature humaine est image de la divinité, ils en concluent que c'est elle qui est blessée par le péché et que c'est encore elle qui est restaurée par la grâce, grâce qui n'est autre que la liberté parfaite. Ainsi, si l'on comprend que la restauration de l'homme se fait par *l'ajout* d'une surnature, qui est participation de la nature divine, il s'ensuit que la cause prochaine est un 'Homme-Dieu' ; mais si ce qu'il faut restaurer est la nature humaine en soi, la cause proportionnée est 'Homme-parfait' ».

L'abbé Calderón avait même déjà déclaré, dans un ordre d'idée analogue (p. 118) :

(B) « *Cum enim gratia non tollat naturam, sed perficiat* (car la grâce ne supprime pas la nature, mais la perfectionne… : *Somme théologique*, Iª qu. 1 a. 8 ad 2)… Cette vérité, qu'il faudrait souligner d'un point de vue apologétique pour justifier la spiritualité chrétienne apparemment négative, en vient, dans la pensée conciliaire, à être l'essence même de l'ordre de la grâce : Dieu nous donne sa grâce pour faire de nous des hommes parfaits, en particulier pour perfectionner notre liberté. L'ordre de la grâce serait ordonné, par sa finalité même, à la perfection de la nature. Il ne faudrait déjà plus l'appeler ordre surnaturel, mais sousnaturel (bien que nous n'ayons pas trouvé ce terme franc dans les documents conciliaires) ».

Et notre théologien « enfonce le clou » en déclarant (p. 151) :

(C) « Certes, saint Thomas distingue les ordres naturel et surnaturel, mais il n'y a rien de plus anti-thomiste que d'attribuer à l'État une fin naturelle ». Autant dire que, dans l'ordre politique sur lequel nous reviendrons bientôt, la surnature s'est substituée à la nature en vidant la raison politique de sa consistance propre, pour lui substituer une finalité morale elle-même subordonnée au Salut individuel. A dire vrai, ce surnaturalisme sévissant dans les milieux de la Tradition catholique était connu depuis longtemps, mais il était plus vécu que thématisé, et il est bon qu'il soit professé explicitement, parce que ces déclarations proclamées comme autant de solutions à la crise actuelle de l'Église font pour nous figure d'aveux attestant au contraire, à nos yeux, les carences de la réaction catholique aux méfaits du modernisme. Si le surnaturalisme est bien l'essence de la Tradition, force est d'avouer que, à la limite, un croyant sincère n'a pas plus de raisons théoriques d'être traditionaliste que d'être conciliaire ; il lui reste une raison pratique pour le demeurer, à savoir que l'intégrité des dogmes y est mieux préservée. Mais il n'est pas assuré qu'il subsiste dans ce climat religieux morbide plus d'éléments de sanctification que dans le camp qui lui est opposé.

« Aliquid superadditum » et « recreatio ».

§ **13.** En ce qui concerne le premier (A : « le Christ restaure l'organisme surnaturel (…) *sur* la nature humaine ») des trois derniers textes qui viennent d'être évoqués, nous ferons les observations suivantes :

Pour saint Thomas (*Somme théologique*, Iᵃ IIᵃᵉ qu. 2 a. 3) le don de la grâce doit être pensé à la fois comme le fait d'un « aliquid superadditum », un ajout complétant la nature, à la fois comme une recréation de l'âme elle-même (l'âme est constituée « in novo esse »). Elle est ajoutée à la nature et tout autant elle est transfiguration de cette même nature. Laquelle, de ce fait, est cette même nature chronologiquement antérieure à la réception de la grâce, et en quelque sorte « complétée », mais aussi cette nature intrinsèquement changée. Force est de conclure de cette double exigence que la nature humaine est capable de demeurer identique à soi dans l'acte de se poser dans sa différence d'avec soi ; elle est tel un sujet qui subirait un changement substantiel le faisant devenir autre et plus que soi (elle *est* alors le résultat de son changement) tout en étant maintenue comme ce sujet d'avant son changement, sujet qui entretient alors à l'égard d'un tel résultat du changement une relation d'*avoir* ; en tant qu'elle a ce qu'elle est, elle est cette même nature qui reçoit un supplément de perfection qu'elle exerce sans être elle-même changée ; en tant qu'elle est ce qu'elle a, elle est un autre sujet doté d'une nature intrinsèquement modifiée. Aussi l'office de la grâce est-il de compléter la nature — et sous ce rapport elle la mène au-delà d'elle-même, elle la prolonge, elle la surélève, elle la fait s'excéder en l'habilitant à connaître et à aimer ce que ses ressources naturelles se révèlent incapables d'atteindre —, mais de telle sorte que cette addition soit tout autant une recréation de ce à quoi elle s'ajoute — et sous cet autre rapport le don de la grâce est une restauration de la nature en sa condition originaire de nature non blessée : la surnature soigne la nature ; la grâce est donc « sanans » dans l'acte d'être « elevans ». On pourrait dire tout autant que la grâce, en tant que recréation de la nature, est une surélévation de cette dernière entendue comme transfiguration du tout d'elle-même, telle la substitution d'une créature à une autre, et alors elle est une *nature surélevée à la dignité d'une autre nature* ; et qu'elle est aussi quelque chose d'ajouté à ce qu'elle était avant de le recevoir, c'est-à-dire quelque chose qui, comme *surélévation accidentelle de la même nature*, la soigne d'une part et d'autre part la prolonge, la complète et ainsi la conserve (moyennant sa guérison). Le paradoxe est que la surnature restitue la nature à elle-même, lui fait recouvrer la santé, la replace dans ses limites constitutives que leur transgression avaient défaites, par un acte qui, l'élevant au-dessus d'elle-même, inviterait au premier abord à le qualifier de destructeur de ces limites ontologiques. Quoi qu'il en soit de la solution qu'attend un tel problème (capacité d'avoir ce que l'on est) posé en forme aporétique, *on doit tenir pour certain que le Christ restaure non un organisme surnaturel qui aurait été greffé sur la nature (thèse de l'abbé Calderón) mais bien plutôt cet organisme naturel lui-même considéré dans sa disponibilité à l'égard de la surnature.* Il doit en effet être maintenu que cette disponibilité, cette convenance — qui n'est nullement exigence puisque la grâce est parfaitement gratuite et aurait pu, à ce titre et sans aucune injustice, n'être pas donnée — à l'égard de la grâce existait dans l'Adam prélapsaire, et que cette convenance ne se confondait nullement avec les dons préternaturels, et n'était pas posée par eux : la T.S. Vierge Marie, pleine de grâces, n'avait pas les dons préternaturels. Dès lors, en tant qu'elle restaure une disponibilité à la grâce, la grâce restaure la nature en tant que naturelle. Autant dire que, puisque cet effet du don surnaturel, qui n'en épuise pas l'office (puisqu'un tel don est aussi « elevans ») est de restaurer l'organisme naturel lui-même, c'est qu'il est de réconcilier la nature avec elle-même et de restituer cette nature à elle-même ; autant dire, en d'autres termes, que la grâce réhabilite, loin de la faire disparaître, la finalité naturelle de l'organisme naturel. Et sous ce rapport il n'est pas contraire à la vérité catholique d'enseigner que la déiformation de l'homme par la grâce est la véritable et suprême 'humanisation ' de l'homme (idée fustigée par l'abbé Calderón à la p. 266 de son ouvrage). Ce n'est pas contraire à la vérité catholique si l'on entend par là que la grâce restaure la nature en tant que nature, humanise l'homme à mesure qu'elle le déiforme, et le restitue à son intégrité native pour le surélever, pour le faire vivre de la vie même de Dieu, en finalisant la nature par la surnature, et pour la gloire de Dieu. L'abbé Calderón semble enseigner que c'est l'organisme surnaturel greffé sur la nature qui serait blessé, et non la nature elle-même ; gageons qu'il n'entend pas signifier cela puisque, aussi bien, il reproche au cardinal Bellarmin (p. 72) de réduire les conséquences individuelles du péché originel « à la simple privation de la justice originelle, évitant ainsi une vision excessivement négative de la nature humaine » ; selon nous, et probablement dans l'esprit de l'abbé Calderón, les effets du péché originel sont non seulement la privation de la justice originelle et de ses bienfaits subséquents, mais encore la blessure de la nature humaine en tant que telle ainsi réduite à moins que ce qu'elle eût été si l'homme avait été créé en état de pure nature : surélevée, la nature humaine est tombée, par le péché, de plus haut que du niveau de sa dignité propre, et, si l'on peut dire, elle s'est fait plus mal. Il demeure que la conception du rapport entre nature et grâce développée par notre théologien contemporain, identifiant dans l'organisme surnaturel greffé sur la nature le lieu d'application des effets du péché, va objectivement dans le sens suivant : ce n'est pas tant la nature (en tant que nature) que l'organisme surnaturel greffé sur la nature, qui fut détruit.

La grâce restaure et finalise la nature.

§ **14.** En ce qui concerne le texte – noté plus haut (B) – nous observerons ceci : en vérité, la grâce répare ce dont elle est la fin, elle se fait l'instrument de ce dont elle est la raison ; les théologiens modernistes et/ou conciliaires n'enseignent tout de même pas que la compréhension de l'homme par lui-même serait l'unique fin de l'Incarnation. Ils insistent sur un aspect vrai des effets de l'Incarnation, peut-être insuffisamment évoqué avant eux, mais ils oublient ou sous-déterminent — ce qui fait d'eux des modernistes — ce que la Tradition évoquait avant eux ; de plus, ce qu'ils soulignent et qui est vrai (rétablir la nature en son intégrité) est faussé par eux, dévoyé, en ce qu'ils ne conçoivent la restauration de la nature humaine que comme réfection de la liberté des hommes, comme si la nature humaine se confondait avec la liberté, comme si la liberté avait raison de fin. Ce qui est vrai, c'est que la grâce octroie à la nature une compétence accrue dans l'exercice de ses prérogatives naturelles, exercées dans leurs ordres propres. On ne reçoit pas la grâce pour être plus humain. On reçoit la grâce pour être déiformé, surélevé, placé en situation d'être l'instrument de la gloire de Dieu célébrant sa perfection infinie dans l'exercice de diffusion de sa propre Bonté. Cela dit, il est vrai que cette surélévation finalisée par la gloire de Dieu a pour effet instrumental de rendre l'homme plus pleinement humain, et qu'il est légitime que l'homme aspire à être plus humain. Notre observation n'innocente en rien le péché des modernistes, qui semble bien consister — comme l'enseigne l'abbé Calderón, mais nous préciserons plus bas notre propre position définitive sur ce point — à inverser les deux fins ultimes de l'homme ; une telle inversion a pour résultat de ne glorifier Dieu que pour bonifier les âmes, ou de mettre Dieu au service de l'homme au lieu de mettre l'homme au service de Dieu.

Rappelons avec l'Aquinate (*In IV Sent.* d. 31, q. 1 a.3, c) la vérité suivante : « Homini est essentialius esse naturae quam esse gratiae, quamvis esse gratiae sit dignius » (l'exister — ici considéré comme incluant l'essence dont il est l'acte — naturel de l'homme lui est plus essentiel que son exister acquis par grâce, bien que son exister selon la grâce soit plus digne). Sauver l'homme, c'est le sauver dans ce qu'il a d'essentiel ; sauver l'homme consiste donc à effacer, avec la faute, la peine infernale que mérite cette faute ; mais effacer la faute revient à soigner l'homme dans sa nature même. Donc la grâce ne surélève la nature qu'en la soignant dans son être de nature. Dès lors, s'il n'existe plus qu'une seule fin ultime surnaturelle, il faut qu'elle soit assomptive de la fin naturelle idéale (celle à laquelle l'homme eût été promis si, créé en état de pure nature, il était demeuré en son état intègre) ; de plus, qu'il y ait une seule fin ultime surnaturelle (la Vision) n'empêche pas qu'il existe des fins non ultimes, c'est-à-dire des biens aimables ayant raison de fin, soit encore des biens que l'on doit aimer non en les rapportant à soi mais en se voulant rapporté à eux (et tel est, contre le personnalisme, le bien commun politique par exemple) ; il s'agit des biens ayant raison de fin et non de moyen ; et, en ce qui les concerne, c'est la nature blessée et rachetée qui opère pour tendre vers eux, mais avec cette précision que ce n'est pas la grâce qui opère en l'homme au sens où, s'étant substituée à la nature, elle serait le sujet d'exercice de ces opérations ; c'est la nature qui opère en l'homme au sens où elle est restaurée par la grâce ; la vertu politique du chef d'État ou domestique du père de famille catholique reste une vertu naturelle, ses actes vertueux sont le fruit de sa nature restaurée, et c'est sa nature qui demeure le principe immanent de mesure de la qualité de tels actes ; d'où la nécessité, nonobstant le fait que l'état de pure nature n'eut jamais d'existence historique, de définir cette nature pure en et pour elle-même, ce qui est l'office de la philosophie : l'homme doit bien prendre conscience de ce qu'il a à être pour apprendre à agir selon les exigences de son être. D'où aussi le fait que la philosophie n'a pas à être réduite au statut d'« ancilla theologiae », même s'il est vrai qu'elle est en demeure d'en assumer la fonction chaque fois que l'exige le travail théologique d'explicitation des vérités de foi. Intermédiaires entre les biens qui ont raison de moyens et la fin ultime effectivement surnaturelle, les biens que l'on aime en leur étant rapporté ont raison de fin eux aussi, et ce sont des fins naturelles dont la possession requiert par accident (à cause du péché), il est vrai, l'aide de la puissance de réfection de la grâce. Quand une autorité est attachée à la poursuite de telles fins (l'autorité du père de famille ou du chef d'État), elle est et demeure elle-même dans son essence strictement naturelle. Nous nous souviendrons de cette remarque quand nous aborderons les conséquences politiques de la thèse de l'abbé Calderón.

« Ligne médiane de l'humanisme catholique ».

§ **15**. Evoquons le troisième texte – noté plus haut (C) – qui nous servira de transition, afin de mettre en évidence les conséquences pratiques (morales et politiques), revendiquées par l'abbé Calderón, de son surnaturalisme théorique.

Notre théologien nous affirme que la distinction entre nature et surnature ne signifie pas que l'État pourrait revendiquer une fin naturelle. Cette revendication serait l'erreur de Dante, et elle aurait ouvert le passage à Vatican II. Nous avons reconnu plus haut (dans notre § 11) la difficulté liée à l'idée de double fin (naturelle et surnaturelle) entendue comme une dualité de fins juxtaposées ; le cardinal Cajetan reprendra cette position parce qu'il était animé par le souci de nier toute existence d'un désir naturel de Dieu, dans la mesure où il redoutait qu'un tel désir en vînt à rendre la grâce exigible. Maintenant la nécessité d'une fin naturelle tout en cultivant le souci de ne pas tomber dans l'écueil d'une double fin, nous avons, quant à nous, parlé plus haut de « point de suture » entre nature et grâce, qui rendrait possible un « ultimus finis » surnaturel non ablatif de la fin naturelle mais assomptif de cette dernière. Nous invitons notre lecteur à bien vouloir être attentif au point suivant : ce que nous retenons de Dante et de Cajetan, mais aussi de saint Robert Bellarmin (et Médina, Valencia, Becan, et encore Jean de Paris et Suarez), c'est cette idée selon laquelle la fin surnaturelle n'abolit pas la fin naturelle.

Ce que l'abbé Calderón nomme « ligne médiane de l'humanisme catholique » (Dante, Bellarmin, Cajetan, Francisco de Vitoria), et qu'il fustige en croyant y voir une concession au naturalisme, est résumé par lui de la manière suivante (p. 151, o. c.) :

« 1. *Gratia non tollit naturam*. Les papes ne devraient pas prétendre se soumettre, et encore moins découronner les rois — Boniface VIII étant le dernier à vouloir le faire —, parce que les États se gouvernent de façon indépendante, au moyen de la raison philosophique.

2. *Gratia perficit naturam*. Les rois devraient favoriser l'Église, car elle perfectionne moralement les personnes.

Mais — il fallait bien sacrifier quelque chose — avec ce *naturalisme politique* on donnait un coup fatal à la chrétienté qu'avait engendrée l'Église, et qui achèverait son agonie deux siècles plus tard, avec la rupture de la Réforme ».

Le choix est simple pour l'abbé Calderón : théocratie ultra-cléricale directe, ainsi suprématie temporelle du pape, ou bien naturalisme. Notre théologien précise (p. 152) à propos de Francisco de Vitoria : il commettrait la même erreur que Dante Alighieri, à savoir réduire le droit politique au droit naturel, en omettant l'obligation de se fonder sur le droit divin décrété par le magistère de l'Église. Vitoria est pour cette raison le premier à parler de droit international, « jus gentium », fonction que la chrétienté avait reconnue jusqu'à présent au pape, en tant que vicaire du Christ sur Terre. L'abbé Calderón en profite, un peu vite peut-être, pour dénoncer en cette position une forme de refus de la royauté du Christ, une négation par anticipation de l'enseignement de Pie XI (« Quas primas »). Notre Seigneur Jésus-Christ, pour le catholique, est roi universel du monde et de toutes les créatures, tant au temporel qu'au spirituel. Or de Vitoria nie la théorie d'Armacano selon laquelle le Christ, en tant qu'homme, aurait été roi par succession héréditaire, obtenant de Marie et de Joseph le trône de David. Selon Vitoria, NSJC ne fut roi que comme Rédempteur, roi spirituel du monde puisque la Rédemption a pour seule fin le Salut ; le Christ n'est pas roi temporel, son royaume n'est pas de ce monde.

Ces considérations suscitent en nous les réflexions suivantes :

Pouvoir direct ou pouvoir indirect.

§ **16. 1.** NSJC est roi au temporel comme au spirituel, parce qu'Il est Dieu, créateur et maître souverain de Sa création, créateur et maître de l'ordre naturel comme de l'ordre surnaturel. On n'en peut dire autant du pape que sa condition de vicaire du Christ sur Terre ne rend pas maître de l'ordre naturel, de cet ordre auquel il est lui aussi, comme homme, soumis ; si l'homme est animal politique par nature autant qu'il est par nature animal domestique, alors, l'autorité naturelle du père de famille excluant, même s'il n'a pas la foi, d'être court-circuitée par l'autorité surnaturelle du pape, l'autorité naturelle du chef d'État exclut d'être détruite ou constituée par celle, surnaturelle, de ce même pape dont l'office propre, en matière politique, est seulement d'inviter les baptisés, sur lesquels il jouit d'une autorité morale directe, à s'insurger contre un mauvais chef incapable de servir le bien commun ; mais c'est là, précisément, un pouvoir politique indirect, solidaire d'une distinction réelle entre finalité naturelle et finalité surnaturelle de l'homme.

Fondement de la royauté du Christ.

§ 16. 2. La royauté au temporel du Christ n'est aucunement liée à une affaire de succession héréditaire propre à la configuration politique du peuple juif, pour cette simple raison que, pour un catholique, le judaïsme est au christianisme comme la chrysalide l'est au papillon : il ne reste rien de la chrysalide après la venue du papillon. Faire dépendre la royauté de NSJC d'une succession héréditaire propre au peuple juif, c'est au fond laisser entendre que la deuxième Alliance n'abolit pas la première, et que sa légitimité est fondée sur l'actualité de la première dont elle ne serait, en l'occurrence, qu'une extension quantitative. La thèse de Vitoria n'est aucunement solidaire du refus de la thèse d'Armacano ; Pie XI, dans son encyclique sur la royauté sociale du Christ, renvoie d'ailleurs à saint Cyrille d'Alexandrie qui voyait dans l'union hypostatique seule le fondement de la royauté temporelle du Christ.

L'abbé Calderón — on pouvait s'y attendre — se désole (p. 152) de ce que la thèse de Vitoria, par Suarez, est devenue l'opinion commune des théologiens catholiques. L'expression « indirecte » (il est question de subordination du temporel au spirituel), déclare notre théologien (pour le déplorer), ne réfère pas seulement, pour Vitoria, aux juridictions, mais aussi désormais aux fins, car la fin naturelle, connue à travers la raison philosophique, ne peut se considérer *essentiellement* subordonnée à la fin surnaturelle, qui est gratuite ; si en effet la nature était essentiellement subordonnée à l'ordre surnaturel, il faudrait que la grâce fût donnée pour que la nature s'y subordonnât, et cette dernière requerrait d'être subordonnée puisque cela relèverait de son essence ; et ce dispositif compromettrait la gratuité de la grâce. Le même raisonnement vaut pour la philosophie qui, selon nous, n'est pas directement (elle ne serait qu'« ancilla theologiae ») subordonnée à la théologie catholique, mais seulement indirectement : elle doit admettre le magistère extrinsèque de la « stella rectrix » de la théologie révélée. Et que l'ordre naturel, ou la fin naturelle, ne soit pas *essentiellement*, ou encore ne soit pas *immédiatement* ordonné à la fin surnaturelle, cela n'empêche pas le maintien de la thèse thomiste selon laquelle il est contre nature de refuser la foi (et la grâce), ainsi que l'Aquinate l'enseigne dans la *Somme théologique* (IIᵃ IIᵃᵉ qu. 10 a. 1) : en tant que terme « neutre » ayant raison de « terminus a quo » de l'ordre surnaturel, l'entéléchie de l'ordre naturel, qui se suffit dans le régime d'une création « in puris naturalibus », ainsi qui ne saurait exiger le don de la grâce, veut néanmoins, dans le régime d'une création accompagnant la nature de dons gracieux, que le repos dans cette entéléchie soit, de manière concomitante, ratification de la vocation surnaturelle librement décrétée par Dieu pour sa créature spirituelle.

Renaissance : régression théologique ou progrès ?

§ **17.** Il y a, nous semble-t-il, dans l'argument de Vitoria, une idée fort intéressante : on ne saurait déposséder l'ordre naturel de sa fin propre au profit de la fin surnaturelle, parce que l'en déposséder reviendrait soit à insinuer que la fin surnaturelle est intrinsèque à l'ordre naturel (ce qui est précisément une thèse moderniste, celle du Père de Lubac), soit qu'elle se substitue à la fin naturelle qui, tenue pour détruite par la surnature, oblige à déclarer — comme nous le faisions observer ici plus haut — que la nature humaine s'est réduite à un ectoplasme et a fait place à la surnature, s'il est vrai que la nature d'une chose est sa fin, que donc la fin d'une chose est sa nature ; or si la nature est exténuée par l'intromission de la surnature, comment cette dernière, qui appartient au registre ontologique des accidents — lesquels n'ont d'existence que par les sujets qu'ils perfectionnent — parvient-elle encore à subsister ? Qu'y a-t-il à soigner et à élever si le principe de ces opérations affaiblit et, à la limite, détruit ce dans quoi il opère ? Si l'on se souvient que la doctrine de la « subsistence » fut élaborée pour expliquer l'union hypostatique (deux natures et une seule personne — divine — dans le Christ, de telle sorte que la « subsistence » manque à la nature individuée de cet homme qu'est le Christ pour être une personne humaine), ainsi pour rendre raison du fait que la Personne (divine) du Christ entretient à l'égard de sa nature humaine individuée une relation d'*avoir*, on pourra toujours, dans une optique surnaturaliste, avoir recours à l'explication suivante : on pourra enseigner que tout homme qui n'est qu'homme est tel que sa nature individuée reçoit une « subsistence » qui fait de lui une personne humaine, et l'on pourra ajouter que cette nature individuée *a* une « subsistence » ; il serait alors loisible de déclarer que le suppôt (ou personne), sujet d'exercice de l'acte d'exister, *n'est pas* cette nature (individuée), de sorte que le don de la grâce reçu par le suppôt pourrait s'offrir le privilège d'« altérer » (dixit l'abbé Calderón) la nature ; cela dit, déconnecté de sa nature individuée, à quoi le suppôt peut-il se réduire, sinon au fondement imaginaire de l'acte d'un cogito, d'un « Moi » pur sans figure, sans limite déterminante, sans nature ? Sous ce rapport, c'est dans l'existentialisme que tend à basculer, si paradoxal que cela puisse paraître, la radicalisation du conflit supposé entre nature et grâce.

Si, sous un certain rapport, la nature individuée doit être dite *avoir* une « subsistence » pour contracter le statut de suppôt, c'est-à-dire celui de sujet d'exercice de l'acte d'exister et de surcroît — quand il s'agit d'une substance raisonnable — celui de personne, sous un autre rapport, la nature individuée doit être dite existante à raison même de son individuation, de sorte que si, sous le premier rapport, la nature individuée est encore en attente de son exister, sous le second rapport cette nature individuée existe nécessairement en tant qu'elle *est* son acte d'exister, bien qu'il soit contingent qu'une telle nature soit individuée : « unumquodque secundum idem habet esse et individuationem » (*Question disputée de Anima* I a. 2).

Ce paradoxe induit par le problème philosophique de l'union hypostatique se retrouve, analogiquement, dans la thèse thomiste du rapport entre essence et esse : pour saint Thomas, l'essence est à l'esse comme la puissance est à l'acte. Aussi doit-on dire, selon ce postulat, que l'essence d'une créature *a* un acte d'exister qu'elle n'est pas, l'identité de l'essence et de l'existence ne se réalisant qu'en Dieu. Mais l'avoir est une catégorie qui relève de l'ordre accidentel, et l'accident ne subsiste que dans une substance et non par soi : il existe de l'exister même de la substance dont il est l'accident. Par conséquent l'on est contraint d'affirmer, dans cette perspective, que l'essence (finie), ayant un exister qu'elle n'est pas et qu'elle peut perdre (auquel cas la créature est renvoyée dans le néant), est dotée d'un « esse essentiae » préalable qui l'habilite à être constituée en récepteur de l'« esse existentiae ». Telle sera la position d'un Cajetan par exemple, laquelle position sera repoussée par Bañez et plus tard par Cornelio Fabro comme par Etienne Gilson. Mais cette explication revient à doter chaque essence existante de deux esse, ce qui l'oblige à exister deux fois. Et un thomiste « thomasien » (ou « gilsonien ») déclarera — s'empressant de préciser, contre Avicenne, que l'exister n'est pas un accident de l'essence — que c'est le don de l'esse communiqué à l'essence qui constitue l'essence dans son ordre d'essence, et qu'il n'est pas besoin de faire appel à cette dichotomie barbare entre « esse essentiae » et « esse existentiae ». Or cette dernière réponse souffre elle-même d'une difficulté formulable sous deux rapports. D'abord, si l'esse actualise l'essence et la constitue dans son ordre d'essence, c'est que ces « principes d'être *un* être » que sont, pour la créature, son essence et son exister, sont tels que, impuissants à subsister en dehors du tout substantiel en lequel ils composent l'un avec l'autre, de tels principes ne tiennent leur être de principes que de cet être dont ils sont les principes ; et c'est là confesser l'existence d'une causalité réciproque qui est aporétique : ce qui est principe d'être est supposé tenir son être de principe de l'être dont il est le principe, ou encore ce qui cause est causé par ce qu'il cause. De plus, si le propre d'une essence composant avec un acte d'exister a pour fonction de recevoir et de limiter l'exister qu'elle reçoit, c'est que, en Dieu qui est exister pur et absolu, ou infini actuel, il n'y a pas d'être en puissance ou de principe de limitation ; qu'est-ce à dire, sinon que Dieu n'a pas d'essence ? Or « non possumus dicere quod ipsum esse sit » (*Comm. De Hebdom.* Lect. II, Léonine n° 271), déclare ce même saint Thomas, parce que l'étant *est* comme le coureur *court* : ce n'est pas la course qui court, mais le coureur ; ce n'est pas l'acte d'être qui est, c'est l'étant ; nous ne pouvons pas déclarer que l'acte d'être est. Ces considérations succinctes nous obligent à confesser que, en Dieu, l'essence divine *a* l'exister qu'elle *est*, et que, dans la créature, l'essence individuée *est*, par son individuation même, l'acte d'exister qu'elle *a*.

Il n'est pas opportun de développer ici de telles pistes de réflexion. Nous noterons cependant que le problème du statut ontologique de la « subsistence » aujourd'hui encore controversé dans l'Ecole (son constitutif formel est-il du côté de l'essence, ou du côté de l'esse ?), et le problème de l'intelligibilité de la thèse de la composition de l'essence et de l'esse, appellent tous deux une unique solution (rendre raison d'une identité de l'être et de l'avoir) qui ne figure pas en acte dans le corpus thomasien ; nous noterons aussi que cette absence explique les divergences entre disciples de saint Thomas au temps, précisément, de la Renaissance : que ces problèmes n'y aient pas trouvé leur solution adéquate n'empêche pas les Renaissants thomistes d'avoir eu le mérite de les poser. Sous ce rapport, la Renaissance ne fut pas un temps de décadence, mais de progrès. Selon ce point de vue dont on vient de voir qu'il est difficile de l'ignorer, ce retour au saint Thomas médiéval, au « vrai » saint Thomas dont se targuent les thomasiens contemporains (qui tous, soit dit en passant, se retrouvent dans les positions du Père de Lubac), n'est pas un progrès mais une régression, et une régression qui favorise le modernisme.

On notera enfin que les problèmes posés par la théologie — en l'occurrence le problème de l'intelligibilité de l'union hypostatique — convoquent les ressources de la philosophie sur des questions (l'intelligibilité du rapport entre essence et esse) qui se posaient déjà dans l'ordre strictement philosophique et que les philosophes n'avaient pas aperçues ou avaient négligées. Ce constat représente pour nous une belle illustration de ce que, loin d'effacer l'appétit naturel (de connaître), la grâce, dans le moment où elle le métamorphose ou transfigure, l'invite à accuser l'intensité de sa vitalité et de ses ressources jusque dans son ordre propre ; ce qui signifie que la surnature, en surélevant la nature, la restitue à elle-même tout autant, l'enracine en elle-même en la faisant paradoxalement s'excéder.

La question de la gratuité de la grâce en théologie thomiste.

§ **18.** Cela dit, il faut bien avouer que la position de saint Thomas — dont tous, Boniface VIII comme de Vitoria ou Bellarmin, revendiquent l'autorité —, en ce qui concerne le rapport entre nature et surnature, ne manque pas d'ambiguïté. Et c'est même selon nous cette ambiguïté qui rend possible la défense concomitante des deux thèses (pouvoir temporel du pape direct ou indirect) opposées ; c'est elle encore qui rend possible l'inversion des fins ultimes de l'homme opérée par les théologiens de Vatican II. Expliquons-nous.

§ **18. 1.** « Omnis intellectus *naturaliter* desiderat divinae essentiae visionem » (*C. G.* III 57, 4), tout intellect désire *naturellement* la vision de l'essence divine ; il est bien ici expressément professé que le désir de tout intellect, en tant qu'intellect, est de voir Dieu tel qu'en Lui-même, et il est bien signifié ici au moins implicitement que ce désir n'est pas réductible à une puissance obédientielle ou à une simple velléité. Que ce désir dit « naturel » puisse, par certains commentateurs, être pris au sens de « non élicite », ne supprime nullement le problème considérable et en même temps incontournable posé par l'existence d'un désir naturel de Dieu, ainsi d'un désir inscrit dans l'essence de l'homme. Nul ne peut voir Dieu en sa perfection positive sans la grâce qui est gratuite, parce qu'il y a incommensurabilité entre pouvoir créé — et donc fini — de connaître, et degré infini d'intelligibilité de Dieu, objet supposé de ce pouvoir ; dès lors, on est enclin à penser qu'un esprit créé ne peut connaître et désirer que ce qui est proportionné à sa nature, à peine de rendre la grâce exigible ; ainsi en vient-on à nier l'existence d'un tel désir naturel de Dieu. Or saint Thomas enseigne le contraire sur ce point, tout en affirmant qu'en effet, à tout appétit naturel correspond normalement un pouvoir naturel de le satisfaire, à peine d'accuser Dieu d'avoir mal conçu Son œuvre. Il est donc difficile de ne pas discerner, sur ce point, dans l'œuvre de l'Aquinate, ce que l'on nomme pudiquement des « tensions ». On ne saurait les expliquer par des évolutions dans la pensée du Maître, parce que ces affirmations qui semblent contradictoires coexistent dans les mêmes périodes de production, ainsi que l'établit Sœur Marie de l'Assomption (o. p.) (Emilie d'Arvieu, *Nature et Grâce chez saint Thomas d'Aquin*, Editions « Parole et Silence », 2020, préface du cardinal Ouellet) : le désir ne peut porter que sur une réalité qu'il peut posséder naturellement (*In III Sent.* d. 27, q. 2, a.2 ad 4) ; tout autant : l'intellect de la substance séparée tend par son désir naturel à penser la substance dont la grandeur est infinie (*C. G.* III, 50, 5). Ces deux textes sont à peu près contemporains, au début de la carrière de saint Thomas. En retour : l'intellect ne connaît de Dieu que son existence à partir d'effets, mais il demeure encore en lui un désir naturel de connaître la cause, c'est-à-dire l'essence de Dieu (*S. Théol.*, Iᵃ IIᵃᵉ q. 3 a. 8) ; mais ne sont pas naturellement désirées les choses qui ne sont pas naturellement proportionnées aux pouvoirs de celui qui désire, et la béatitude éternelle est un bien qui ne nous est proportionné que par la grâce qui vient de Dieu (*Q. D. de Virtutibus* q. 4 a. 1 ad 8). Ces deux derniers textes datent du deuxième séjour parisien de saint Thomas. Ce qui est indubitable, c'est que, pour saint Thomas, ce qui se présente à nous comme un problème n'en est manifestement pas un. Essayons de comprendre pourquoi.

§ **18. 2.** Est naturel un désir qui s'éveille spontanément, expressif de l'inclination d'une réalité vers sa finalité définitionnelle de son essence. Est élicite un désir qui s'éveille sous l'effet d'une connaissance, telle la volonté, appétit rationnel. Et il convient de distinguer, dans l'expression « désir de l'intellect », une double signification, selon que l'on prend la formule comme enveloppant un génitif objectif ou comme signifiant un génitif subjectif. Au génitif objectif, « désir de l'intellect » désigne le *désir* de l'intellect, désir pour l'intellect ou pour ce qui est manifesté par les produits de l'intellect, et c'est là le mouvement de l'appétit volontaire par nature actualisé par une connaissance intellectuelle. Un tel désir est par définition élicite et peut être conditionnel en tant qu'il est imparfait. Mais on doit aussi comprendre la formule selon le sens d'un génitif subjectif, à savoir qu'il existe un désir *de l'intellect*, l'intellect même en tant que désirant, et ce désir inné — fût-il consciemment indéterminé et être incapable de s'objectiver ce qui est à appéter, dût-il n'accéder à la conscience que sur le mode négatif d'une insatisfaction — est exigitif de sa satisfaction ; il en est ainsi parce que la nature rationnelle « habet immediatum ordinem ad universale essendi principium. Perfectio *ergo* rationalis creaturae non solum consistit in eo quod ei competit secundum suam naturam, sed etiam in eo quod ei attribuitur ex quadam supernaturali participatione divinae bonitatis » (*Som. Théol.* II^a II^ae qu. 2. 3 : la *nature rationnelle* a une ordination *immédiate* au principe universel de l'être, ainsi à Dieu même. *Donc* la perfection de la créature rationnelle non seulement consiste en cela qui lui convient selon sa nature, mais encore en ce qui lui est attribué en vertu d'une certaine participation surnaturelle de la divine bonté). Pourquoi en est-il ainsi ? Remarquons d'abord que, par cette assertion, saint Thomas enseigne deux choses : a) par sa nature même, l'être doté d'intellect est destiné à connaître Dieu tel qu'en Lui-même ; b) l'exercice de cette connaissance requiert la grâce.

Quand l'intellect fait savoir à la volonté (si l'on peut ainsi parler) que l'objet désiré est inaccessible (par exemple que l'homme désire voler tel un oiseau), alors, selon saint Thomas, le mouvement de la volonté peut se réduire à une velléité ; mais il n'existe de velléité qu'à propos des biens finis auxquels on peut renoncer, parce que le Bien, objet formel du vouloir, est ce qui prédétermine la volonté de manière nécessaire (on ne peut jamais rien vouloir que sous la raison du Bien), de sorte qu'on ne saurait avoir une simple velléité de Dieu, qui est ce Bien même. Aussi, dût-elle ne pas savoir que c'est Dieu qu'elle cherche, la volonté ne peut pas ne pas tendre au moins de manière vague, dans l'épreuve d'un manque foncier bien que l'objet de ce manque soit inobjectivable, vers la possession de Dieu. Si donc la volonté ne peut produire une effective volition positive (par-delà le constat d'un manque ou d'une béance interne) de voir Dieu que par la grâce qui seule fait vouloir à la volonté de connaître et de désirer Dieu tel qu'en Lui-même, en retour il existe une configuration ontologique de l'intellect en tant qu'intellect, qui lui fait appéter naturellement de connaître Dieu tel qu'en Lui-même ; cette réponse à notre problème — qui, comme on le verra, ne supprime pas toute ambiguïté dans la position de saint Thomas — consiste donc à distinguer entre « désir *de l'intellect* » et volonté : il y a une manière intellective de désirer plus primitive que la volonté ; la volonté est *cet appétit par quoi nous appétons le bien en tant qu'il est conçu*, et le désir *de l'intellect* est *l'appétit de la conception même de ce bien*. C'est ce que suggère Emilie d'Arvieu (pp. 750-751 de son livre, o. c.) :

« Ainsi, chaque fois qu'il est question du fait que l'homme ou l'ange ne peuvent désirer ou aimer naturellement qu'une fin proportionnée à leur nature, et qu'ils ne peuvent donc désirer la béatitude parfaite sans la grâce ou les vertus théologales, on est toujours dans un contexte manifestant qu'on est au plan d'un mouvement ou d'un acte de la volonté en tant qu'appétit rationnel, donc à celui de la causalité efficiente et des pouvoirs d'action de la créature, et non de l'appétit naturel de l'intellect pour la vision, entendu comme rapport à la fin ultime, ou du désir naturel de la volonté envers le bien particulier qu'est pour elle la fin ultime de l'intellect. Il n'y a donc pas contradiction à affirmer à la fois qu'on ne peut désirer naturellement que ce que l'on peut obtenir naturellement, et qu'il y a un appétit naturel pour la vision, ou que le désir naturel de connaître ne s'apaise que dans la connaissance de l'essence de la première cause ».

La volonté, qui tend vers le bien « prout in se est » (tel qu'il est en lui-même), est éveillée par la connaissance de ce bien (laquelle connaissance fait subsister le bien connu dans l'intellect selon le mode de l'intellect) : autre chose est de connaître, autre chose de posséder ce dont la connaissance suscite le désir de le posséder ; on voudra bien cependant noter que dans le cas du désir *de l'intellect*, l'appétit de la connaissance du bien (cet appétit exercé *par l'intellect*) coïncide avec l'appétit du bien en tant qu'il est conçu (*désir de* l'intellect), puisque la manière dont la volonté peut appéter la possession de la Cause première n'est autre que l'acte de la connaître (lequel acte est l'actuation du désir *de l'intellect*), dès lors que ce qu'est ce bien à aimer est sa propre connaissance, ou encore puisque ce qu'il est n'est autre que sa propre intelligibilité et sa propre intellection : le posséder, c'est le connaître ; aussi l'objet du désir *de l'intellect* est-il « materialiter » identique à l'objet du *désir* de l'intellect, ou encore identique à l'objet de la volonté ; néanmoins, quoique étant naturellement appétible par et pour l'intellect, il n'est pas naturellement appétible de manière positive par et pour la volonté ; et pourtant, si l'actuation naturelle du désir *de l'intellect* est possible, cette actuation comblera le désir volontaire ou appétit rationnel (*désir* de l'intellect) de manière concomitante, bien qu'elle ne l'ait pas, en l'occurrence, préalablement éveillé. C'est pourquoi l'on est fondé à affirmer, sans autre contradiction qu'apparente (au moins jusqu'à un certain point), que la connaissance de Dieu tel qu'en Lui-même peut et en même temps ne peut pas faire l'objet d'un appétit naturel. La volonté ne peut pas vouloir par elle-même ce que l'intellect lui présente comme inaccessible par les seules forces de la nature, mais l'intellect peut naturellement désirer connaître ce qu'il sait être connaissable : selon l'Aquinate, cette capacité *naturelle* à saisir toutes choses sous la raison universelle du bien et de l'être révèle que l'homme sait entrevoir en elles autant de participations au Bien et à l'Etre, et que la connaissance d'un participant comme participant induit automatiquement le désir de connaître le Participé, en ce sens que la connaissance de l'effet comme effet suscite nécessairement l'appétit de connaître la cause. Dès lors, il suffit à un intellect d'être intellect pour être et se savoir immédiatement ordonné à la connaissance de Dieu tel qu'en Lui-même ; mais, pour l'Aquinate, l'acquisition de ce Bien n'est possible que par la grâce. Il en est ainsi d'abord parce que la volonté est incapable de vouloir par elle-même accéder à une telle connaissance (on ne peut vouloir que ce que l'on connaît, or on ne peut naturellement, pour saint Thomas, connaître Dieu que comme cause de Ses effets mondains ou créés). C'est que, selon saint Thomas, l'intellect est incapable par lui-même, ou naturellement, de satisfaire un désir de connaître qui pourtant l'habite naturellement. Saint Thomas n'en déduit pas pour autant que la grâce serait exigible, mais on est en droit de se demander si, en dernier ressort, il ne serait pas acculé, logiquement, à cette position, même s'il s'en défend.

§ **18. 3.** Selon l'enseignement de saint Thomas tel qu'exposé dans la II^a II^{ae} qu. 2 a. 3, l'homme est effectivement « programmé », en vertu de ses dispositions naturelles, pour l'ordre surnaturel. Souvenons-nous aussi, en précisant notre propos, que même la volonté, *désir* de l'intellect, ne saurait, en ce qui concerne le souci de la fin ultime, se satisfaire de faire dégénérer son mouvement en simple velléité, parce que la velléité ne concerne, à vrai dire, que les biens finis : la volonté est dite libre (de libre arbitre) parce qu'aucun bien fini ne la peut combler, ou encore parce que tout bien fini en tant que fini a, *secundum quid*, raison de non-bien, ainsi ne la nécessite pas (et c'est pourquoi, si elle tend vers lui, c'est qu'elle le choisit) du fait même qu'elle est nécessitée par le Bien inscrit en elle au titre d'idéal ; il ne la nécessite pas, en effet, étant donné que son objet formel est le Bien absolu auquel elle est ordonnée par nature et qu'elle ne peut pas ne pas vouloir. Dès lors, du fait même que la volonté est libre et que cette liberté est ontologiquement liée au fait qu'elle est nécessitée par le Bien, on doit déclarer que la volonté, incapable de se représenter concrètement l'Objet ultime de sa convoitise, incapable donc de le désirer positivement, est néanmoins en appétit inefficace *mais plus que velléitaire* de le posséder : la volonté, faite pour poser des volitions, ne consent à se reposer dans une simple velléité, *c'est-à-dire dans la visée de quelque chose à quoi elle peut renoncer*, que si l'objet de cette velléité n'est pas ce qui définit son objet formel.

De plus :

« Placés eux-mêmes en présence de ceux qui veulent que la vision béatifique soit un cas de puissance naturelle et ceux qui veulent qu'elle soit un cas de puissance obédientielle, nous devons constater que saint Thomas lui-même les renvoie dos à dos, ou plutôt qu'ils n'ont raison ni les uns ni les autres, car aucune des deux formules ne va exactement au fait qu'elles voudraient exprimer. L'âme est en puissance naturelle à la béatitude, puisque celle-ci comble une potentialité de sa nature : on a vu qu'il en est ainsi même dans le cas du Christ ; mais c'est un cas de puissance naturelle passive à laquelle aucune puissance active ne correspond ; il faut donc qu'elle soit réduite à l'acte par une cause surnaturelle et, à vrai dire, divine comme s'il s'agissait d'un cas de puissance obédientielle. Pourtant ce n'en est pas un, car la puissance obédientielle n'est pas la nature en puissance à sa propre perfection, alors que la vision béatifique est éminemment un cas d'actualisation d'une puissance dans le sens de la nature ; secundum naturam » (Etienne Gilson, *Archives d'Histoire littéraire au Moyen Âge*, XXXI 1964 p. 87). Comme le rappelle Gilson, la vision béatifique (surnaturelle) est un cas d'actualisation d'une puissance allant dans le sens de la nature, quand la nature d'une chose est sa fin — « fin » désignant tant le sens que le but — ; donc la perfection de l'ordre naturel entendue tel l'« ultimus finis » de cet ordre, par là telle la fin ultime de cette réalité naturelle, appelle la grâce. Or c'est là en dernier ressort — horresco referens — la position du Père de Lubac, condamnée de fait par Pie XII dans « Humani generis » et en vérité non catholique parce qu'elle compromet la thèse de la gratuité de la grâce ; la foi, qui a plus d'autorité que la raison, nous dit que ce qui offense la foi se révèle toujours, ultimement, offenser la raison elle-même, du fait que la raison et la foi ont même Origine et ne sauraient se contredire.

La lettre du thomisme et son esprit.

§ **18. 4.** *Il en résulte que le thomiste catholique non contaminé par le modernisme est invité, après qu'il aura pris acte de l'échec d'une réduction du désir naturel de Dieu à une puissance obédientielle (non vraiment naturelle), à oser suggérer que sa fidélité à la pensée de l'Aquinate, supposée le préserver du danger moderniste, passe par l'assomption du risque de s'écarter ponctuellement de la lettre de l'enseignement de ce dernier.* Ceux qui se refusent à s'écarter du Maître opteront soit pour la négation d'un désir naturel de Dieu (les catholiques traditionalistes en général, souvent dépendants de la lecture cajétanienne de saint Thomas), soit pour la position du Père de Lubac (tel est le choix d'Emilie d'Arvieu) ; et à nos yeux ces deux engagements sont défectueux parce qu'ils offensent la raison : contre les premiers, il faut dire qu'il existe un désir naturel de Dieu défini comme désir *de l'intellect*, auquel ne correspond pas un naturel *désir* de l'intellect, sinon vague et inefficace quoique non réductible à une velléité ; contre les seconds, maintenir qu'il existe un désir naturel du surnaturel et qu'un désir naturel ne saurait être vain, c'est rendre la grâce exigible, ce qui est l'hérésie de Baïus, renouvelée par la « nouvelle théologie » ayant inspiré Vatican II.

L'unique option possible est qu'il existe un désir naturel de Dieu qui ne soit pas un désir du surnaturel, et ainsi que Dieu soit en droit accessible tel qu'en Lui-même à l'intellect créé, mais selon un mode de présence et d'intelligibilité qui, inférieur à celui auquel fait accéder la grâce, fait que l'absolu est capable de se proportionner, sans cesser d'être infini, à la finitude de l'intellect créé. A la geste christique révélant que l'absolu peut se faire fini sans cesser d'être infini correspondrait, si une solution correspondant à notre suggestion est possible, une structure de l'être absolument être (ou de l'être en tant qu'il est être), indépendante de l'Incarnation, expressive de l'intrastructure de la déité ; à raison de cette structure, l'infini actuel a le pouvoir d'assumer en lui-même, et indépendamment de la création du monde et de l'Incarnation du Verbe, la finitude sans cesser d'être infini, et de s'offrir à l'intellect fini en ce régime même de finitude. Si l'absolu a la forme d'une victoire éternelle sur toute finitude assumée, ainsi sur la négation intestine de lui-même, alors il devient pensable que cet absolu puisse condescendre à s'offrir aux prises du fini en tant que fini sans se trahir, sans se voiler, tel qu'en Lui-même, non dans sa plénitude positive infinie (ce qui requiert la grâce donnant seule de vivre de la vie même de Dieu, ainsi de connaître Dieu en exerçant par participation l'acte à raison duquel Il se connaît), mais, en termes hégéliens, dans le moment de sa négativité.

Proposer une solution à ce problème n'est pas l'objet du présent travail.

Retenons ici, seulement, que ce qui est un problème pour les commentateurs de l'Aquinate n'en était pas un pour lui, et que ce qui, à ses yeux, dissipait toute difficulté (distinction entre *désir* de l'intellect et désir *de l'intellect*), se révèle en vérité à la fois éclairant et défectueux : a) il existe pour saint Thomas un désir naturel de Dieu, et ce désir est désir de l'intellect en tant qu'intellect, appétit exercé par l'intellect, intellect désirant, appétit réellement distinct de l'appétit rationnel ou volonté ; il n'est donc pas contradictoire d'affirmer que l'homme est habité par un désir naturel, ainsi spontané, de connaître Dieu, et que sous un autre rapport il ne peut se mettre à désirer Dieu que sous l'injonction de la grâce ; b) néanmoins ce désir naturel de connaître Dieu requiert la grâce qui pourtant est gratuite.

Le problème de la résurrection de la chair.

§ **18. 5.** La même difficulté chez saint Thomas se dresse aussitôt que l'on aborde le double problème du caractère naturellement mortel de l'homme et de la résurrection de la chair.

« Avant de répondre à ces objections <arguments contestant l'existence d'un péché d'origine>, nous apprend saint Thomas (*Somme contre les Gentils*, IV, 52), il est bon de faire remarquer d'abord certains signes, qui sont les manifestations probables du péché originel dans le genre humain. Dieu, nous l'avons vu, veille avec tant de soin sur l'activité des hommes qu'il récompense les bonnes œuvres et punit les mauvaises, si bien que la peine elle-même peut être un témoignage de la faute. Or le genre humain, d'une façon générale, subit un certain nombre de peines, tant corporelles que spirituelles. La plus lourde des peines corporelles, à laquelle toutes les autres, faim, soif, etc., sont ordonnées, c'est la mort. La plus lourde des peines spirituelles, c'est l'infirmité de la raison, qui rend difficile à l'homme l'accès à la connaissance du vrai, facile au contraire la chute dans l'erreur, qui empêche l'homme de dominer parfaitement ses appétits bestiaux, mais laisse au contraire souvent ceux-ci l'enténébrer. Peut-être dira-t-on que de telles déficiences, aussi bien corporelles que spirituelles, n'ont pas un caractère pénal, que ce sont des déficiences de nature, conséquences inéluctables de la matière. Il est inévitable que le corps humain, composé d'éléments contraires, soit corruptible ; il est inévitable, aussi, que l'appétit sensible se porte vers ce qui est délectable au sens, tout en étant parfois contraire à la raison. Étant donné d'autre part que l'intellect possible est ouvert en puissance à tous les intelligibles, qu'il n'en possède en acte aucun, obligé qu'il est de les acquérir par les sens, il est inévitable qu'il atteigne avec difficulté la science de la vérité, inévitable qu'en raison de la présence des images, il dévie facilement hors du vrai. **A considérer droitement les choses, on pourra estimer cependant comme assez probable — supposé la Providence divine qui ajuste à chaque perfection les objets qui lui conviennent —, que Dieu a uni une nature supérieure à une nature inférieure pour que la première dominât sur la seconde. S'il arrivait que quelque déficience naturelle gênât cette souveraineté, on doit supposer qu'une *grâce* spéciale, *surnaturelle*, viendrait lever cet empêchement. Ainsi doit-on juger que l'âme raisonnable, d'une nature plus haute que le corps, lui est unie de telle manière qu'aucun élément corporel ne puisse s'opposer à l'âme, qui fait vivre le corps. De même doit-on estimer que la raison, unie dans l'homme à l'appétit sensible et aux autres puissances sensitives, ne peut être gênée par ces puissances ; mais qu'au contraire elle les domine. Dociles à l'enseignement de la foi, nous affirmons donc que l'homme a été dès l'origine établi par Dieu dans des conditions telles que ses puissances inférieures devaient le servir sans entraves, qu'aucun obstacle corporel ne devait gêner la sujétion de son corps, *Dieu et sa grâce suppléant pour ce faire à l'indigence de la nature*, aussi longtemps du moins que la raison de l'homme demeurerait soumise à Dieu.** Cette raison de l'homme une fois détournée de Dieu, on verrait les puissances inférieures se révolter contre la raison, et le corps atteint de passions contraires à la vie, laquelle vient de l'âme. De telles déficiences, naturelles à l'homme, semble-t-il, à considérer dans l'absolu la nature humaine en ce qu'elle a d'inférieur, témoignent cependant avec assez de probabilité de leur caractère pénal, si l'on considère la Providence de Dieu et la dignité de la partie supérieure de la nature humaine. On peut ainsi conclure à l'existence d'un péché qui, dès l'origine, souille le genre humain » <les mises en gras et en italique sont de nous)>.

Un tel enseignement nous invite à nous confronter à deux paradoxes.

Tout d'abord, le corps est ce qui fut donné à l'âme humaine comme le complément obligé de son être, parce que, occupant le plus bas degré des substances spirituelles, l'homme est tel que son âme serait incapable d'exercer ses opérations spécifiques (intelliger et vouloir) sans son aide : « nihil est in intellectu quod non prius fuerit in sensu » ; tel est l'enseignement de la *Somme contre les Gentils* (IV 95, 5) : « le corps étant au service de l'âme pour ses opérations propres, il lui a été naturellement donné pour qu'elle devienne parfaite en subsistant en lui, mue en quelque sorte vers sa perfection » (Dispositio enim animae movetur per accidens secundum aliquem motum corporis : cum enim corpus deserviat animae ad proprias operationes, ad hoc ei naturaliter datum est ut in ipso existens perficiatur, quasi ad perfectionem mota). Cependant, c'est à raison de cette même union au corps que l'âme est incapable d'exercer sans défaillir (comme la chose est précisée en *C. G.* IV 52, que nous venons d'évoquer) ses opérations humaines propres. Il y a là, on en conviendra, quelque chose de spéculativement déroutant : le corps est à la fois ce dont l'âme ne peut se passer pour exercer ses opérations spirituelles, à la fois ce qui compromet par nature l'exercice de telles opérations.

De plus, tout en maintenant que la grâce est absolument gratuite, et que donc, en droit, il eût été loisible à Dieu de créer l'homme « in puris naturalibus » (il faut confesser, il est vrai, que saint Thomas n'insiste guère sur cette conséquence obligée), l'Aquinate tient à préciser que cet état de pure nature révélerait une déficience fondamentale dans la réalité humaine puisque l'homme serait, semble-t-il, incapable de faire exercer par l'âme le magistère qu'elle doit, pour être parfaite, exercer sur le corps comme sur l'instrument qui lui est dévolu. C'est que, ainsi que la chose est exposée par exemple dans le *Commentaire des Sentences* (*In II Sent.* d. 31, q. 1, a. 2, ad 3), « Dieu pouvait, dès l'instant où il créa l'homme, former aussi un autre homme à partir du limon de la terre, qu'il aurait laissé dans la condition de sa nature, de sorte qu'il serait mortel et passible, *et qu'il aurait senti le combat de la concupiscence vis-à-vis de la raison* ; et que rien n'eût été retranché à la nature humaine *parce que cela découle des principes de la nature*. Cependant, cela n'eût pas eu raison de faute et de peine, parce que ce manque n'eût pas été causé par la volonté ». Soit : un homme créé à partir d'une souche de bois ne serait pas affligé du péché originel ; cependant, et surtout : l'âme humaine ne serait pas pleinement elle-même si elle ne jouissait d'un don gratuit qu'à ce titre elle ne saurait exiger ; cela revient à dire que la nature humaine considérée en elle-même et indépendamment du péché est impuissante à subsister sans déchoir. On est là dans le même embarras que précédemment, quand nous évoquions la question 2 (article 3) de la II^a II^{ae} de la *Somme théologique* : il ne semble pas que saint Thomas ait jamais réellement tenu pour possible que l'homme eût pu exister en état de pure nature, sans la grâce ; ce qui est la position moderniste du Père Henri de Lubac.

§ **18. 6.** Le même problème rejaillit sur le traitement de la question de la résurrection de la chair. « S'il est en effet naturel à l'âme d'être unie au corps, être sans corps est pour elle *contraire à sa nature*, et une âme existant sans corps ne possède pas la perfection de sa nature » (*Somme théologique*, I^a qu. 118 a. 3, c). Le statut d'âme séparée est tenu pour *contre nature* par saint Thomas, or c'est bien en cet état d'âme séparée que l'homme, créé « in puris naturalibus », se fût trouvé en dernier ressort, après avoir connu la mort à laquelle il est par nature destiné, indépendamment du péché : l'immortalité était, comme don préternaturel, un effet de la justice originelle induite par le don de la grâce.

Les théologiens du concile Vatican II ont pris acte de cet enseignement, et ils en ont déduit que l'homme n'est achevé dans sa ligne d'humanité parfaite qu'avec la grâce, ce qui invitait à faire de la grâce l'instrument de la nature parfaite de l'homme :

« (…) le concile enseigne à rendre un culte à l'homme, parce que supposément par lui, avec lui et en lui, Dieu se trouverait glorifié » (L'abbé Calderón, qui évidemment conteste cet enseignement, p. 61, o. c.).

« Le véritable évangile <celui qui est enseigné par la nouvelle théologie> (…) ne méprise pas la création, mais purifie le cœur de l'homme et découvre la véritable valeur des choses… Jusqu'ici nous serions d'accord, précise l'abbé Calderón, mais la 'nouveauté' consiste en ce qu'on ne se réfère pas à la valeur qu'elles ont pour le salut, mais à celle qu'elles ont en elles-mêmes, considérées pour ce qu'elles sont naturellement, selon leur propre 'consistance' (c'est le terme qui a prévalu) » (ibid. p. 160). A la page 163, notre auteur dénonce les effets de l'adhésion à l'idée selon laquelle l'ordre naturel aurait une valeur en lui-même, en citant « Gaudium et Spes » : « Le concile se propose avant tout de juger à cette lumière les valeurs les plus prisées par nos contemporains, et de les relier à leur source divine ». Il nous semble ici que l'abbé Calderón déplace le vrai problème : ce qu'il y a de condamnable dans cet enseignement conciliaire, ce n'est pas le rappel de ce que l'ordre naturel aurait une valeur en lui-même, c'est le fait que la philosophie des droits de l'homme et le personnalisme sont de fausses valeurs qui en vérité ne sont nullement expressives de la bonté de l'ordre naturel, parce qu'elles en sont la corruption.

Notre auteur dénonce encore (p. 266) la doctrine de l'humanisme conciliaire qu'il résume en ces termes : « Le Fils de Dieu s'est fait homme pour que l'homme se fasse réellement humain ». Là encore, nous semble-t-il, l'erreur n'est pas dans ce qui est dit mais dans une omission. Dans le sermon 128, saint Augustin enseignait : « factus est Deus homo ut homo fieret

Deus » : Dieu s'est incarné pour permettre à l'homme d'être déiformé, de se mettre à vivre de la vie de Dieu, ce qui est la vie surnaturelle, fin de la vie naturelle. Mais précisément, cette nature requiert d'être soignée pour être habilitée à vivre de la vie surnaturelle, et c'est encore la surnature qui la soigne en la surélevant, ce qui signifie qu'elle la restitue à elle-même, la fait à nouveau coïncider avec elle-même alors qu'elle était en conflit violent avec elle-même du fait de sa blessure ; elle la restaure et lui redonne sa valeur intrinsèque, afin de l'habiliter à exercer par participation la vie divine. Dieu s'est fait homme pour que l'homme se fasse réellement humain, *et, faut-il ajouter*, Dieu a voulu qu'il se fît réellement humain pour le diviniser. De même, ce qui a raison de fin ultime, c'est d'abord la gloire de Dieu et non notre salut qui coïncide avec notre béatitude ; c'est si vrai, comme le fait remarquer notre auteur à juste titre (p. 76), que la gloire de Dieu peut être obtenue par un châtiment exemplaire glorifiant le Dieu de justice qui châtie l'infidélité, la révolte et l'ingratitude de ses créatures, et les peut châtier en allant jusqu'à la damnation, qui est éternelle. Il demeure quand même, selon nous, que la gloire de Dieu, qui a raison de fin ultime de toute créature, est aussi obtenue, Dieu décidant souverainement de sauver les hommes, par la gloire de l'homme, c'est-à-dire par la béatification de l'homme.

La nature d'une chose est sa fin, la fin d'une chose est sa nature.

§ 18. 7. On trouve aussi, dans l'ouvrage de l'abbé Calderón, page 283, le même point de vue unilatéral que celui qui vient d'être évoqué. Il expose en effet la position de la religion selon lui vraiment catholique en affirmant : « le Christ révèle le mystère de Dieu. Il restaure en nous la grâce ». Il oppose à cette thèse celle qu'il dit exprimer le contenu de la religion conciliaire ou religion de l'homme : « le Christ révèle le mystère de l'homme. Il restaure en nous la nature ». En vérité, que la nature soit restaurée par la grâce ne réduit pas la grâce au rôle d'instrument de la nature, par là ne met pas Dieu au service de l'homme au lieu de mettre l'homme au service de Dieu. Si l'on se souvient avec saint Thomas de ce fait qu'il est contre nature de refuser la foi et plus généralement la grâce, bien que la grâce soit absolument gratuite et incommensurable à l'ordre naturel (notre § 16. 2 : II^a II^{ae} qu. 10 a. 1), on est contraint d'affronter le paradoxe suivant : c'est violenter l'ordre naturel que de se refuser à ce qui est incommensurable à ce même ordre, et ce paradoxe ressemble fort à une contradiction : la nature se refuse à elle-même en se refusant à la grâce, ce qui inviterait, au premier regard, à faire de la nature quelque chose de la grâce ou de la grâce quelque chose de la nature ; d'où la nécessité, selon nous, de s'efforcer à élaborer une doctrine du point de suture entre nature et grâce. Ce qui est peu douteux, en deçà de toute spéculation philosophique sur ce sujet, c'est que, si l'on ne propose pas au moins l'esquisse d'un tel point de suture, on est enclin à faire de la grâce un instrument de la nature ; on est tenté de faire, *sous l'influence de saint Thomas qui certes n'a pas voulu cela*, ce que l'abbé Calderón reproche aux conciliaires de faire sans vergogne, lesquels, pour cette raison, seront taxés de modernisme par fidélité au thomisme.

Dans des travaux antérieurs, l'abbé Calderón a excellemment montré, véritablement de main de maître, qu'un magistère libéral n'est pas vraiment un magistère, au point que le magistère exercé à Vatican II, professant une intention de dialogue et d'ouverture aux « valeurs » du monde moderne, renonçant ainsi à enseigner avec autorité, court-circuite de ce fait sa propre autorité, se révèle ainsi nul et non avenu. De plus il a su rappeler, éclairant beaucoup ses contemporains, que la position sédévacantiste s'achoppe à une difficulté liminaire insurmontable : il faut, pour le sédévacantiste qui par principe tient tout magistère pour infaillible, prendre connaissance du magistère auquel on devra se soumettre sans condition s'il est retenu tel un vrai magistère ; ainsi faut-il reconnaître en lui, a priori, la norme infaillible de la foi et de l'intelligence éclairée par la foi, pour ensuite, ayant constaté un écart profond entre Vatican II et le magistère antérieur, faire déclarer, par cette même intelligence éclairée par la foi, que le siège est vacant parce que ce magistère contient des erreurs et n'est qu'un pseudo-magistère ; soit : on tient pour acquis que le pape n'est pas pape pour s'autoriser à juger son magistère, et en retour c'est parce qu'on l'a jugé que l'on a déduit que son auteur n'a pas l'autorité ; ce qui est tout simplement une pétition de principe.

Le Concile contient maintes formules éminemment équivoques, au point qu'il faut vraiment beaucoup d'ingéniosité — toute la dextérité pénétrée de la mauvaise foi des maîtres du pilpoul — pour parvenir à lui faire dire la même chose que ce que la Tradition a toujours enseigné ; ce n'est pas absolument impossible, mais la difficulté presque insurmontable à s'acquitter d'une telle tâche révèle que Vatican II fut rédigé en partie par des auteurs qui entendaient oblitérer la vérité catholique et disposer à l'erreur, et c'est pourquoi un catholique est fondé à refuser l'argument selon lequel on devrait se soumettre à un tel enseignement sous le prétexte qu'il n'exclut pas d'être lu en un sens catholique. On est ainsi en droit de penser à ce sujet que quelques participants au Concile ont délibérément choisi l'équivocité pour induire les croyants en erreur et détruire la catholicité ; mais il est non moins éminemment probable que ce qui a mû la majorité des auteurs de ces enseignements fut une conception erronée de l'apostolat : édulcorer la vérité pour se rapprocher des hérétiques et des schismatiques, afin de se réconcilier avec le monde moderne et de se faire accepter de lui dans le but, à terme, de rassembler le plus grand nombre dans le giron de l'Église. C'est pourquoi nous nous autorisons à formuler un respectueux étonnement dubitatif quand l'abbé Calderón déclare, page 278 de son livre : « Il ne s'agit pas d'une stratégie apologétique qui ferait accepter provisoirement la finalité de l'humanisme athée, pour ensuite, dans un second temps, montrer que la promotion de l'homme doit aboutir nécessairement au service de Dieu. La preuve en est qu'après quarante ans de Concile, jamais il n'a été question de passer à une nouvelle conclusion ». Avouons que ce qui ici tient lieu de preuve n'en est pas véritablement une, parce que quarante années ne sont pas grand-chose dans la vie de l'Église (rappelons que l'ouvrage est sorti en 2010). Les auteurs de Vatican II ont toujours revendiqué d'être en continuité avec le magistère de toujours, et se sont maintes fois, par leurs représentants autorisés, efforcés à le démontrer. Que cette démonstration ne soit guère convaincante n'empêche pas que cette édulcoration de la vérité et ce choix délibéré de celer les aspects essentiels du catholicisme — l'invitation à porter sa croix, l'esprit de renoncement, la condamnation sans faiblesse des hérésies — n'empêchent pas le contenu de Vatican II de maintenir certaines vérités. Vatican II est mauvais, vicié dans son esprit même, à rejeter — ce qui est incontestable — ; cela n'autorise pas pour autant à prendre le contre-pied de tout ce qui s'y est dit. En particulier, que la vie de et pour la grâce ait raison de fin pour l'ordre naturel — vérité occultée par le Concile — ne permet pas de nier l'existence actuelle, en l'homme, d'une finalité naturelle. Une telle vérité concernant la finalité naturelle fut mise en valeur par ce même concile, cependant que dénaturée par la manière dont elle fut illustrée : ce qui est soigné par la grâce est la nature humaine, laquelle ne se réduit pas à la liberté, de même que l'ordre naturel des choses dans les affaires humaines ne saurait se définir par la philosophie des « droits de l'homme », laquelle est en soi mauvaise parce que libérale, nominaliste, individualiste.

Le christianisme rectifie, assume et dépasse les perfections naturelles exaltées par l'Antiquité.

§ **18. 8.** Si, pour saint Thomas, la restauration de la nature par la grâce ne laisse pas — contre l'humanisme anthropocentriste en effet peccamineux — de l'ordonner à la surnature, il reste que la grâce restaure la nature prise comme nature, par là l'invite à se différencier de la surnature du fait qu'elle a, au moins inchoativement, recouvré sa perfection propre, ses limites qui la définissent ou la circonscrivent, mais qui aussi la séparent de ce qu'elle n'est pas. La nature est même paradoxalement invitée, pour cette raison, à se contre-diviser à l'ordre de la grâce du fait même de lui être soumise et d'être habitée par elle, à la manière dont la volonté est d'autant plus « voulante », d'autant plus autonome et libre, responsable et maîtresse de ses actes, qu'elle est plus habitée par la grâce : loin de diminuer le mérite de l'acte libre, la grâce qui meut la volonté l'accuse (*Somme théologique*, Supplément qu. 15 a. 1 ad 2) ; procédant lui-même de la nature humaine dont il est un attribut, le libre arbitre est d'autant plus réhabilité et fortifié dans son pouvoir d'autodétermination souveraine que la volonté dont il est l'attribut est plus parfaitement recréée par la grâce. Si donc la soumission docile aux suaves injonctions de la grâce s'accompagne nécessairement d'une tendance légitime à faire s'accuser la différence entre nature et grâce, alors, à la férule intrinsèque des dispensateurs ecclésiaux de la grâce considérée en sa vocation de remède (ou comme « sanans ») investissant une nature malade, devait succéder, sans aucunement compromettre la primauté de la grâce en sa vocation de principe deiformant (ou comme « elevans »), une férule désormais extrinsèque, comme « stella rectrix », de ces mêmes dispensateurs ecclésiaux de la grâce : de « despotique » (en un sens non péjoratif) ou plutôt domestique (exercée sur des enfants ou quasi mineurs), l'autorité de la sphère relevant de la surnature avait vocation à se faire « politique ». De ce fait, une Renaissance était légitime, non certes celle qui eut lieu historiquement ; et les causes de l'avènement de Vatican II ne sont pas à chercher, selon nous, dans la Renaissance en tant que telle, c'est-à-dire dans une Renaissance entendue comme redécouverte, par l'homme, de sa condition d'homme purement homme, mais dans l'incapacité ou négligence avec laquelle on tenta de traiter le problème philosophique du rapport entre nature et grâce, c'est-à-dire dans l'absence du souci de définir adéquatement le statut ontologique d'un point de suture entre les deux. L'Antiquité, dans la condition historique d'une nature pourtant blessée, a déployé d'une manière peut-être encore inégalée aujourd'hui les potentialités excellentes de la nature humaine, sur les plans philosophique et artistique ; c'est si vrai que c'est vers elle que se sont tournés les théologiens pour proposer une intelligence de la foi catholique. On est en droit de suggérer, sous ce rapport, que la fin du Moyen Âge fut le terme logique d'un processus de réassomption, par le christianisme, des grandeurs antiques ; pris au sens large, le Moyen Âge fut la redécouverte, sous l'injonction de la surnature qui la menait au-delà d'elle-même, des déterminations essentielles de la nature ; il fut donc la redécouverte, dans l'homme surélevé, de l'homme naturel et support de la surnature, de cet homme naturel que l'effort d'assimilation des trésors surnaturels avait quelque peu oblitéré au point de rendre problématique la prise de conscience de la différence réelle entre ce qui relève de la nature et ce qui relève de la grâce. Si ce qui vient d'être formulé est exact, la vraie cause du modernisme est dans l'incapacité des théologiens à définir adéquatement ce point de suture entre les deux. Et professer sévèrement la nécessité d'un retour à l'avant de la Renaissance pour arracher l'homme au naturalisme mortifère est encore une manière, certes pieuse et bien intentionnée, d'éviter de s'interroger sur l'essence de ce point de suture. C'est donc une manière donquichottesque de lutter contre la subversion moderniste : on repousse dédaigneusement ce qui pourrait régler définitivement son compte au modernisme, pour s'enfermer dans un anti-modernisme aussi hautain que verbal, qui ne se rend pas compte de sa complicité objective avec ce qu'il entend pourfendre.

« Désir de la fin », au double génitif.

§ 19. 1. Afin d'expliciter les conclusions que nous avons tirées de notre lecture de l'ouvrage de l'abbé Calderón, nous nous permettrons de revenir sur le diagnostic élaboré par cet auteur au début de son travail (nous renvoyons à nos §§ 6 et 7) : les effets délétères de l'inversion du rapport de causalité entre « finis cujus » et « finis quo ».

La fin, ou cause finale, première des causes, a raison de moteur premier ; elle meut donc en suscitant le désir mais, le suscitant, elle l'actualise. Or ce qui est principe d'actualisation est éminemment acte, puisque rien ne passe à l'acte que sous l'effet d'une chose en acte. Et l'actualisation du mû par le moteur est la communication, au mû, de l'actualité du moteur, laquelle actualité est exercée par le mû qui, inchoativement, autant que faire se peut, tend à s'identifier à la perfection reçue, à s'assimiler cette perfection afin de s'assimiler à elle : « actus enim moventis in moto est motus » (*Somme théologique*, Iª IIªᵉ qu. 110 a. 2 ad 3 : l'acte du moteur dans le mû est le mouvement même, lequel est l'acte, pour le mû, de s'assimiler à sa perfection reçue). Dès lors, pour reprendre l'exemple d'Aristote, la causalité du lieu propre s'exerce sur le mode suivant : l'actualité du lieu, ce qui fait qu'il est lieu en acte et appétible à ce titre, se rend immanente au mobile (à savoir au corps qui tend à se reposer en lui), de telle sorte que, sous un certain rapport, ce qui est nommé « finis cujus » coïncide avec le 'finis quo' ; par exemple, l'actualité de la bonté de l'argent se communique au désir habitant celui qui en manque et qui en a besoin, et se fait exercer par ce dernier sur le mode du désir de le posséder. Sous un autre rapport, l'argent et la possession de l'argent demeurent distincts, parce que d'une part l'argent n'a pas besoin de celui qui convoite de le posséder pour être appétible, d'autre part ce qui est appété n'est pas l'acte de s'en rendre possesseur ; dans le même ordre d'idée, l'objet de la faim est l'aliment et non l'acte de le manger (on ne mange pas de l'acte de manger du pain, on mange du pain) ; ainsi peut-on dire ceci : le bien en acte (tel le pain), l'acte d'être un bien, considéré comme bien à posséder, n'est pas, *en tant qu'il est un bien*, l'acte même de le posséder ; mais ce bien à posséder, *en tant qu'il est à posséder*, est tel que son acte d'être bon est exercé par celui qui l'aime, de telle sorte que sous ce rapport il y a identité du bien et de la possession de ce bien ; en d'autres termes, le « finis cujus » coïncide, *secundum quid*, avec le « finis quo ».

Précisons avec saint Thomas (*C. G.* IV 19) qu'il existe, comme nous l'avons affirmé, dans le mobile (en l'occurrence le feu), d'une certaine façon, la présence du lieu supérieur, lieu propre du feu, sous la raison de légèreté. Et donc tout se passe comme si, « voulant » (ou ayant l'appétit de) se reposer dans son lieu, le mobile obéissait au désir (de soi) *du lieu* en lui ; et, selon une modalité qu'il nous appartiendra de préciser, c'est bien ainsi que les choses se produisent ; l'acte de l'appétit ou puissance de posséder la fin est identique à l'acte d'être qui est cette perfection même définissant la fin ; il est cet acte même en tant que participé ; l'acte de posséder le bien, exercé par celui qui appète un tel bien, est une participation de l'acte à raison duquel le bien se possède lui-même.

Cela dit, et de manière tout aussi nécessaire, la fin ne tient pas sa perfection, ou son essence de fin, de l'acte d'être appétée par celui qui tend vers elle, sans quoi il faudrait confesser que c'est le désir d'un bien qui cause le bien désiré ; on aboutirait ainsi à cette absurdité selon laquelle le manque (ou désir) serait générateur de ce qui le comble. Selon la doctrine générale de la causalité, cette causalité de la cause, ou « causation », est communication d'actualité ; elle fait s'identifier dans un acte commun le moteur et le mû (par exemple l'acte d'enseigner *est* l'acte d'être enseigné, qui est le même acte considéré selon deux points de vue différents) ; mais si l'acte du moteur est l'acte du mû, quand l'acte du mû est aussi celui de la puissance à être mû, on est contraint de concéder, semble-t-il, que l'acte du moteur enveloppe la puissance du mû, et que le mû est consubstantiel au moteur. Et cela revient, si l'on en reste à ce constat, à nier l'existence de toute causalité transitive, et à professer le monisme en résorbant la pluralité des substances dans l'unicité d'une Substance divine incausée, ou cause de soi, telle la Substance spinoziste.

Si l'on tente de concilier les deux exigences qui viennent d'être évoquées (identité *et* différence entre le bien et la possession du bien), force est de déclarer ceci : la fin et l'acte de se reposer en elle ne sont identiques, sans contradiction, que dans la mesure où le moteur ou la fin, *indépendamment de l'existence d'un mû qui l'appète*, exerce à sa manière, en lui-même, l'acte de tendre vers lui-même, car alors, quand le mû tend vers lui, il tend vers ce qui tend vers soi-même, et il épouse l'acte à raison duquel le moteur tend vers lui-même, exerçant, à l'intérieur de son identité immobile, la vitalité du processus de devenir soi : ce n'est pas, dans cette perspective, le mû qui est consubstantiel au moteur ; c'est le moteur qui est assomptif, indépendamment de quelque mû que ce soit, de la dynamique à raison de laquelle un mobile s'assimile à ce moteur. Il faudrait bien entendu se demander ce que doit être la structure d'un moteur ou d'une actualité en général pour conjuguer, sans contradiction, l'acte d'être lui-même, et l'acte de tendre vers lui-même, ou encore le résultat du processus et le processus dont il est le résultat, ou encore l'immobilité du parfait et la nécessité d'exercer sa diffusibilité ad intra. Nous l'avons fait ailleurs, en mettant en œuvre l'usage du concept de réflexion ontologique, et c'est un thème dont nous ne dirons ici que quelques mots. Retenons donc simplement, pour notre actuel propos, que le « finis cujus » est, *secundum quid*, identique au « finis quo ».

Les paradoxes de la causalité.

§ **19. 2.** Avant de revenir sur les conséquences de l'identité *secundum quid* du « finis cujus » et du « finis quo », illustrons ce que nous venons d'esquisser à propos de l'aporie de la causalité en général, qui appelle l'intromission du concept de réflexion : l'acte de posséder le bien, exercé par celui qui appète un tel bien, est, avons-nous dit, une participation de l'acte à raison duquel le bien se possède lui-même.

Ce qui corrobore un tel résultat, c'est que la cause, loin de s'exténuer en exerçant sa causalité, s'enrichit : le maître communiquant sa science ne la perd pas du fait de la communiquer, il s'enrichit au contraire lui-même par l'exercice de sa générosité ; on ne possède véritablement, en fait de savoir acquis, que ce que l'on enseigne. Si l'exercice physique affaiblit le corps sous un certain rapport, force est de convenir que, en dernier lieu, il le fortifie : plus on fait des efforts, moins il paraît difficile de les prodiguer, plus ample et intense est leur déploiement.

S'enrichir, c'est recevoir. Si la cause, motrice par définition, s'enrichit du fait d'exercer sa causalité, c'est que, pour elle, donner est, de manière concomitante, recevoir : elle reçoit, de l'acte même de l'exercer, la perfection qu'elle donne ad extra. Il paraît contradictoire de recevoir du fait même de donner, à moins que le donateur — la cause — ait lui-même la forme d'un acte circulaire de se donner lui-même à lui-même, c'est-à-dire de réaliser l'unité du don et du donataire, car alors, plus la cause est donatrice — plus elle exerce son pouvoir causant —, plus parfaitement elle est elle-même ; et, plus elle est elle-même, plus puissamment elle est cause ; elle enrichit sa puissance de causer par l'actualisation même de cette puissance.

On parvient au même résultat en remarquant qu'une cause est d'autant plus parfaitement cause qu'elle est plus immobile. Si la cause devait se mouvoir — ainsi changer — pour mouvoir — amener à sa perfection — ce sur quoi elle s'exerce, il faudrait déclarer qu'elle requiert de se changer en tant que cause pour exercer son pouvoir de causer. Mais changer, c'est passer d'un contraire à l'autre. Il faudrait donc, dans l'hypothèse, que la cause se fît tendanciellement non-cause pour être cause en acte ; et cela est évidemment absurde. Donc, de manière générale, la cause est d'autant plus élevée dans la ligne de sa causalité, ainsi d'autant plus « causante », qu'elle est plus immobile ; si la cause (le forgeron usant du mouvement de son bras) doit se mouvoir pour mouvoir (travailler le fer chauffé à blanc), cela tient non au fait qu'il est cause, mais au fait qu'il n'est pas cause première : il est lui-même moteur mû, il a reçu l'art de forger, il n'est pas l'activité même de forger. Et tout thomiste conviendra que, en Dieu qui est Cause première, être et agir ne font qu'un. Mais alors on est confronté au problème suivant : comment se peut-il que l'acte de causer — qui est une même chose avec la cause en tant qu'elle est cause en acte — soit immanent au mobile, ainsi à ce qui n'est pas le moteur, si ce moteur est d'autant plus moteur qu'il subsiste plus intimement en lui-même, innocent de toute mouvement ? Il n'est qu'une réponse possible à cette question : l'acte pour le moteur de se faire autre que lui-même (pour se rendre immanent à ce qu'il n'est pas) est lui-même, en lui-même et indépendamment de l'exercice de toute causalité ad extra, un acte intérieur à et constitutif de l'acte moteur en tant que moteur immobile. C'est parce que le moteur a la forme d'un principe identique à soi dans sa différence que, se rendant différent de soi (pour être présent à son effet), il demeure identique à soi et auprès de soi-même. En d'autres termes : tout moteur, en tant que moteur, a la forme d'une réflexion (ontologique) ; son identité à soi est l'acte intemporel, indépendamment de l'exercice de sa causalité *ad extra*, de s'identifier à lui-même, ainsi de nier souverainement la différence d'avec soi qu'il instaure pour la surmonter.

Gloire de Dieu et perfection de l'homme.

§ **20.** Si le « finis cujus » est, au moins sous un certain rapport, identique au « finis quo », c'est que, dans le cas qui nous occupe, la gloire de Dieu est identique à notre béatitude, c'est-à-dire à notre perfection. Aussi n'est-il pas intrinsèquement faux d'affirmer que la grâce qui déforme la nature fait de la créature l'instrument de la gloire de Dieu, mais n'opère cela, paradoxalement, que par l'acte à raison duquel cette même grâce se fait instrument de la gloire de l'homme, ou de sa perfection déformante ultime. La grâce est bien « sanans » en tant qu'elle est « elevans », et réciproquement. L'affirmation d'une identité *secundum quid* entre « finis cujus » et « finis quo » a pour sens que Dieu se veut en sa créature, ce qui appelle une explication. Il ne faut pas comprendre que Dieu aurait besoin des créatures pour être Dieu, aurait besoin d'elles pour s'aimer, se vouloir et se connaître Lui-même ; oser le penser reviendrait à rendre la créature consubstantielle à Dieu[4]. Ce que nous sommes

---

[4] C'est là, sans doute, ce qui rend irrecevable, sans rectifications importantes, le système hégélien : « Dieu n'est Dieu qu'en tant qu'il se connaît ; sa connaissance de lui-même est de plus la conscience qu'il a de lui-même dans l'homme et la connaissance que les hommes ont de Dieu, connaissance qui progresse jusqu'à la connaissance que l'homme a de lui-même en Dieu » (*Encyclopédie des sciences philosophiques*, §564). Il n'est pas d'effet sans cause, et l'on peut dire qu'il n'est pas requis que Dieu se connaisse en nous pour que nous Le connaissions, pour que nous sachions qu'Il est, et sachions ce qu'Il est par analogie avec les créatures, si nous sommes assurés que Dieu peut être connu dans ses effets, lesquels nous sont naturellement accessibles.

Il est vrai, cela dit, que peut être identifié comme effet (attestant l'existence d'une cause) ce qui se donne comme contingent, mais seulement pour autant que le principe de

invités à comprendre, c'est que Dieu, créateur libre, introduit dans ses créatures des natures, des essences génératrices de puissances opératives et d'appétits, à raison desquelles chaque créature tend vers son bien propre et, ce faisant, exécute la volonté divine ; et elle l'exécute bien parce que ces natures préexistent en Dieu sur le mode d'Idées divines qui sont identiques à Son essence ; en voulant que sa créature atteigne sa fin qui est sa nature, Dieu veut qu'elle fasse retour à Lui ; toute chose, selon l'adage dionysien, tend naturellement à faire retour vers ce dont elle procède et, ce faisant, elle obéit à la volonté de Dieu qui, Cause finale ultime de toute chose, ne peut se proposer d'autre fin que Lui-même en toutes ses opérations, dont celle de créer un monde peuplé d'esprits capables de le connaître et de l'aimer.

Nous avons établi que la fin intrinsèque de la créature est indissociable, lui étant identique *secundum quid*, du « finis quo », et

---

causalité (« tout être contingent est causé ») puisse être tenu pour analytique (réductible au principe de contradiction). Or rien n'est moins sûr, puisque « l'être contingent est causé » est comme « le nez est camus » (jugement « per se secundo modo ») : tout camus est nez mais tout nez n'est pas camus ; tout causé est contingent mais tout contingent ne se donne pas, à raison de sa seule contingence, comme causé. Seul le principe de raison suffisante permet d'établir que tout contingent est causé : rien n'est sans raison d'être, ce qui est contingent n'est pas sa raison d'être, donc il est causé. Cela rappelé, le principe de raison suffisante ou principe de raison d'être est solidaire de l'idée selon laquelle l'être en tant qu'être est cause, ce qui appelle que l'être absolument être soit cause et raison de soi-même. Montrer que le concept de cause de soi n'est pas contradictoire de manière indépassable n'entre pas dans le projet du présent travail. Nous ajouterons simplement ici que, de même que tout moteur en tant que moteur doit avoir la forme d'une réflexion ontologique, ou encore (§ 19. 2) que toute cause donatrice d'information actualisante doit avoir la forme d'un acte de se donner elle-même à elle-même, de même, indépendamment du monde et d'un esprit créé, le savoir éternel et parfait que Dieu a de Lui-même est assomptif de toutes les manières finies dont Dieu peut être su, car alors, quand l'homme connaît Dieu comme une créature peut Le connaître, il épouse un moment de l'acte éternel, absolu, infini en acte, à raison duquel Dieu se connaît, ce qui autorise à déclarer que la connaissance que l'homme a de Dieu est *secundum quid* la connaissance que Dieu a de Lui-même en l'homme. Pourquoi s'attacher à découvrir une vérité captive dans le panthéisme hégélien ? Voici :

Si notre *savoir* de l'être n'est pas, au moins sous un certain rapport, savoir (de soi) *de l'être* en nous, l'hiatus entre l'acte de connaître et l'acte d'être connu se révèle infranchissable, et c'est alors que se dresse le spectre de la Chose en soi kantienne (le réel est connu en tant qu'il apparaît, mais l'essence du réel ne « transapparaît » pas dans son apparition) qui mène au scepticisme, à l'apophatisme radicalisé, et au fidéisme, à moins que ce ne soit, assez logiquement au fond, à l'athéisme.

que le « finis quo » est indissociable, lui étant identique *secundum quid*, du « finis cujus ». Donc le « finis cujus » est indissociable de la fin intrinsèque de la créature, au point qu'il est licite de déclarer que la fin ultime, la gloire de Dieu, coïncide *secundum quid* avec la perfection intrinsèque de l'homme, laquelle contient analytiquement la restauration de la nature en tant que nature. C'est ce sur quoi insiste Vatican II (qui se trompe toutefois sur la conception qu'il propose de la créature en tendant à la réduire à sa liberté) ; dès lors, Vatican II ne procède pas, à strictement parler, à une inversion des rapports entre « finis quo » et « finis cujus », mais il pèche par omission, dans la mesure où la gloire de Dieu, « ultimus finis », est aussi, sous un autre rapport, réellement distincte de la perfection de l'homme ; et le fait même de cette omission prend la forme d'une inversion, ou au moins la rend possible et la suggère. Que la gloire de Dieu soit réellement distincte, sous un autre rapport, de la perfection de l'homme, c'est si vrai que, ainsi que le fait observer justement l'abbé Calderón, Dieu est glorifié aussi dans l'exercice de sa justice de vindicte génératrice des décrets de damnation.

Il reste qu'il n'y pas, selon nous, une majorité de catholiques en enfer. Nous pensons, avec les théologiens catholiques de la Renaissance, qu'il y a plus d'hommes damnés qu'il n'y a d'hommes sauvés, mais qu'il y a plus de catholiques sauvés que de catholiques damnés : accepter d'être catholique est déjà se prononcer pour l'acceptation du don de la foi et de la grâce qui est par essence en convenance avec la nature humaine naturellement inclinée à s'excéder en ce régime existentiel de vie surnaturelle ; il est contre nature de refuser la foi, il y donc une inclination naturelle de la nature à l'égard de ce qui lui est pourtant incommensurable. Le Concile insista sur la dignité de la créature en exposant une conception erronée de cette dignité, mais il le fit dans le but — irénique et illusoire — de faire aimer aux incroyants notre sainte religion, et de les rassembler dans l'Église.

Transition.

§ 21. Si la manière dont l'homme s'ordonne au « finis cujus » comprend ou enveloppe, sans s'y réduire, la gloire de l'homme, ainsi sa perfection, si donc c'est en s'aimant que l'homme aime Dieu, reste à expliquer que l'on puisse tendre vers un bien qui sera le meilleur bien de celui qui l'appète, tout en étant un bien auquel il sera et se voudra rapporté : comment mon bien le plus précieux peut-il me mobiliser à la manière dont une juste cause mobilise ceux qui la servent en faisant d'eux ses instruments ? Comment peut-il me combler en m'imposant d'adopter une attitude abnégative, par là me faire me réconcilier avec moi-même en me sommant de renoncer à moi-même ?

Possession du meilleur bien : abnégation nécessaire.

§ 22. 1. Dieu est le Bien, le Bien est diffusif de soi, ce qui est diffusif de soi se communique, mais la création est contingente et n'ajoute rien à Dieu, donc la diffusibilité définitionnelle de la Bonté divine s'exerce en Dieu dans et comme l'engendrement du Verbe, comme le signifie le dogme trinitaire. La simple raison peut accéder à l'idée d'une communicabilité intra-divine[5], mais elle est absolument incapable de comprendre par elle-même que l'Engendré soit une Personne. Avoir ce qu'on est, n'être pas ce qu'on est pour l'avoir, c'est donc n'être ce qu'on est qu'en n'étant pas ce que l'on est ; et être ce que l'on est en n'étant pas ce que l'on est, cela consiste, pour conjurer toute contradiction, dans l'acte concomitant d'assumer et de surmonter sa différence

---

[5] « Cum ergo in Deo sit intelligere, et intelligendo seipsum intelligat omnia alia, oportet quod ponatur in ipso esse conceptio intellectus, quae est absolute de ratione eius quod est intelligere. Si autem possemus comprehendere intelligere divinum quid et quomodo est sicut comprehendimus intelligere nostrum, non esset supra rationem conceptio verbi divini, sicut neque conceptio verbi humani (*Question disputée De Potentia, qu. 9 a. 5* : Puis donc qu'il y a en Dieu une intellection et que, en se pensant lui-même, Dieu pense toutes choses, il convient que l'on place dans l'être de Dieu une conception de l'intellect, laquelle est absolument de la raison de tout ce qui relève de l'intellection. Mais si nous pouvions comprendre l'intellection divine dans ce qu'elle est et dans la manière dont elle l'est de la façon dont nous comprenons notre propre intellection, la conception du Verbe n'excéderait pas notre raison, comme ne l'excède pas celle de notre intellection).

interne, selon un parcours circulaire faisant s'accomplir l'acte de se repousser de soi dans la configuration d'un acte de s'attirer à soi ; mais être identique à soi dans et comme l'acte de s'identifier à soi, se faire victorieux de son aliénation plébiscitée, c'est être pour soi-même, tout en un, *et* sa fin *et* le processus qui mène à cette fin ; l'immobilité absolue de l'Acte pur, en vertu de son infinie fécondité intestine obligée, est inclusive, de toute éternité, de la vitalité absolue de ce qui a raison de cause de soi : Dieu ne serait pas Dieu s'il n'était géniteur de Lui-même.

Or la créature est à l'image de Dieu, donc elle est analogiquement conçue sur le mode d'une aptitude à se faire victorieuse de sa différence interne qu'elle confirme dans l'acte de la surmonter, ainsi sur le mode d'une identité entre ce qu'elle est d'une part, et d'autre part le processus de devenir soi : sa nature est sa fin, sa fin est sa nature, et Dieu se glorifie en faisant accéder ses créatures à leur gloire, car c'est là leur faire imiter Dieu, par là cela revient à les faire coopérer à l'acte d'exécution, définitionnel de la déité, de sa propre communicabilité.

La dignité de la créature est sa ressemblance avec son Créateur. Mais une telle ressemblance veut que la créature atteigne sa fin, puisque, comme nous venons de le voir, Dieu est l'acte de s'atteindre comme fin. Dans la *Somme théologique* en effet (I^a qu. 93 a. 4), il nous est exposé qu'il existe une image de Dieu dans l'homme selon trois degrés : une aptitude naturelle à connaître et à aimer Dieu, un pouvoir de connaître Dieu en acte ou par habitus mais imparfaitement (image par conformité de grâce), enfin l'acte de connaître et d'aimer Dieu de façon parfaite (ressemblance de gloire, dans et par la Vision). Dès lors, la dignité de la créature est bien, sous un certain rapport, de se proposer pour fin sa propre gloire. Cette exigence en apparence spéculativement périlleuse s'éclaire si l'on prend en compte l'enseignement suivant (*Somme théologique*, II^a II^{ae} qu. 26 a. 3 ad 2) de saint Thomas : « bonum totius diligit quidem pars secundum quod est sibi conveniens, non autem ita quod bonum totius ad se referat, sed potius ita quod seipsam refert in bonum totius » ; la partie aime le bien du tout parce que cela lui convient ;

elle ne l'aime pas de telle façon qu'elle rapporte à elle-même le bien du tout, mais de telle façon qu'elle se rapporte elle-même au bien de ce tout ». Ce qui appelle une explication.

La créature surexiste en Dieu.

§ 22. 2. Ce texte qui vient d'être évoqué est cité par l'abbé Calderón lui-même poursuivant le dessein de réfuter le personnalisme de Jacques Maritain, et nous ne pouvons sur ce point que souscrire au jugement de notre auteur. Mais il est permis, il est même requis de lire ce texte à la lumière de cet autre (*Question disputée de Veritate* qu. 4 a. 6) : « Cum ergo quaeritur utrum res verius sint in se ipsis quam in Verbo, distinguendum est quia 'ly verius' potest designare vel veritatem rei vel veritatem praedicationis ; si designet veritatem rei, sic procul dubio major est veritas rerum in Verbo quam in seipsis. Si autem designetur veritas praedicationis, sic est e converso : verius enim praedicatur homo de re quae est in propria natura quam de ea secundum quod est in Verbo » (Lors donc qu'on recherche si les réalités sont en elles-mêmes plus véritablement que dans le Verbe, il faut distinguer : car l'expression « plus véritablement » peut désigner soit la vérité de la réalité, soit la vérité de la prédication. Si elle désigne la vérité de la réalité, alors sans aucun doute la vérité des réalités est plus grande dans le Verbe qu'en elles-mêmes. Mais si elle désigne la vérité de la prédication, alors c'est l'inverse : en effet, l'homme est plus véritablement prédiqué de la réalité qui est dans sa nature propre que de cette réalité en tant qu'elle est dans le Verbe).

Idées divines et connaissance de soi de Dieu.

§ 22. 3. Retenons de ces deux textes les principes suivants :
1) Notre meilleur bien est un bien auquel nous sommes rapportés, c'est-à-dire un bien dont nous sommes les instruments.
2) L'homme est à Dieu comme, *mutatis mutandis*, la partie est au tout, parce que toute créature surexiste en Dieu qui contient à

l'état d'unité les perfections qui, dans les créatures, ne subsistent qu'à l'état séparé. C'est pour cette raison que la création n'ajoute rien à Dieu qui la pose par pure libéralité, sans aucun besoin qui la nécessiterait. C'est aussi pour cette raison que notre bien le meilleur est un bien auquel nous sommes rapportés : il est un bien *commun* ; la partie est au tout comme l'est l'organe au vivant ; le vivant s'explicite et s'élabore au moyen d'organes qui ne sont que par lui, qui vivent de sa vie, existent de son existence, qui dès lors sont tels qu'il les pose pour se poser lui-même et qu'en dernier ressort il se veut en eux ; s'il se veut en eux, il se les subordonne, il les rapporte à lui-même mais, les faisant vivre de sa vie, c'est de cette intention subordonnante qu'ils tiennent leur vie, et il en résulte qu'ils aiment et plébiscitent leur condition subordonnée.

Certes, l'organe est consubstantiel au corps dont il est l'organe, alors que la créature n'est pas consubstantielle à Dieu. Mais l'homme reste celui qui est à Dieu ce que la partie est au tout, parce que les Idées divines, manières d'être parfaites des natures qui habitent les créatures, sont, quant à elles, consubstantielles à l'essence divine.

Le Père Weber (p. 398 de son livre *Dialogue et dissensions entre saint Bonaventure et saint Thomas à Paris*, Vrin 1974) remarquait de manière fort éclairante :

« Thomas montre que celles-ci <les Idées divines> sont des *moments* dynamiques internes à l'unique opération qu'exerce la pensée divine. La multiplicité des Idées reçoit ainsi une explication qui, en respectant la nécessaire simplicité de Dieu, accuse le sens dynamique de la notion de forme intelligible ».

Les natures des créatures, considérées en leur manière de subsister la plus parfaite, sont des *moments* de la vie divine immobile, et il est permis sous cet éclairage de déclarer que toute chose, prise absolument est en soi le divin, sans aucunement verser dans quelque panthéisme ou « panenthéisme » que ce soit. Dans un mouvement circulaire, le résultat — qui est aussi origine — est tout entier et non totalement en chacun de ses moments ; dans cet acte réflexif par quoi Dieu se connaît et est sa connaissance, Dieu est tout entier et non totalement en chacune de ses Idées, en lesquelles il se veut et qu'il se subordonne ; or les natures des créatures sont, dans le monde fini, le reflet et l'image de la vie divine infinie ; donc ce dont elles sont les natures obéit à la loi qui régit leur Modèle : chaque réalité créée tend à s'excéder pour plébisciter sa condition de moment d'un tout.

3) Une réalité est plus vraie (de vérité dite ontologique) en Dieu qu'elle ne l'est en elle-même. La vérité logique est adéquation du discours au réel ; la vérité ontologique est adéquation du réel à son essence, à sa nature, à son concept. La réalité est ainsi plus pleinement son essence quand elle est considérée comme subsistant en Dieu que quand elle est considérée comme subsistant en elle-même. Une réalité est plus pleinement elle-même et réelle en Dieu qu'en elle-même ; en termes augustiniens, Dieu est plus intérieur au réel créé que le réel ne l'est à lui-même. Une réalité pensante ne se connaît pleinement qu'en Dieu, et c'est en connaissant Dieu qu'elle se connaît ; c'est en Lui qu'elle se réconcilie avec elle-même, cessant là d'être une énigme pour elle-même ; mais en retour c'est en se connaissant qu'elle connaît Dieu, et elle ne va pas à Dieu pour aller à elle-même, elle va à elle-même pour aller à Dieu ; en termes inspirés de saint Augustin : ab exterioribus ad interiora, ab interioribus ad superiora.

Finalité immanente et finalité transitive.

§ **22. 4.** Tirons les conséquences de cette conjugaison de principes, en commençant par établir leur bien-fondé.

La racine du désir, en quelqu'un, est toujours sa nature : ce que l'on aime dépend de ce que l'on est ; la nature d'une réalité est l'origine de son désir. Mais, contre Platon qui voulait que les natures subsistassent par soi dans la forme d'Idées séparées du réel, une nature ne subsiste pas autrement que dans la forme d'une substance, ou bien dans une substance qui la pense en tant qu'idée. Ainsi le sujet désirant est-il ce sur quoi repose le désir, lequel aime son bien mais aussi s'aime lui-même (il est aimable d'aimer), de sorte qu'il ne saurait être désir de suppression du sujet qui le porte, parce que cette suppression serait sa propre destruction. Aussi le désir ne peut-il porter le sujet au-delà de son bien propre, c'est-à-dire au-delà de sa perfection, puisque le bien est ce que toute chose désire en tant qu'elle désire sa perfection : il est la perfection du désirant et ce qui se rapporte à elle. Or la perfection du sujet désirant est sa nature même parce que désirer consiste à manquer, à être inadéquat à ce que l'on a vocation à être. C'est pourquoi, si le désir est causé par la nature du sujet, il est aussi finalisé par elle : c'est notre nature qui nous fait désirer notre nature, elle se désire en nous, elle a raison d'origine mais aussi de fin du désir, et donc elle se subordonne le sujet que nous sommes mais, ne subsistant que par lui, elle ne s'intronise fin du sujet qu'elle habite qu'en faisant de lui une fin pour lui-même.

Sous un autre rapport, il est impossible que l'homme (ou quelque créature que ce soit) soit sa propre fin : le fait du désir, et plus précisément d'un désir portant sur un bien que le sujet désirant n'est pas, atteste l'indigence du désirant, prouve que le désirant n'est pas parfait ; et ce qui est imparfait ne saurait se nourrir de soi-même, par là il ne saurait avoir raison de fin puisque ce qui a raison de fin est parfait.

Dès lors la perfection de l'homme, c'est-à-dire cet homme même en tant qu'il est parfait, consiste en quelque chose que, sous un certain rapport, il est ou peut être (être adéquat à sa nature et en venir à s'identifier à elle) et que sous un autre rapport il n'est pas : la nature du désirant a raison de fin pour lui mais, ne subsistant en lui que sur le mode de ce qui a besoin de lui pour être, elle ne saurait, si elle ne subsiste qu'en et par lui, avoir raison de fin ; il en résulte que la perfection dernière de l'homme est quelque chose qu'il n'est pas et qui est pourtant sa nature, et cela ne peut être que sa nature en tant qu'elle surexiste dans ce qui est inconditionnellement sa propre fin, à savoir en Dieu, comme Idée divine qui, loin de présupposer la réalité dont elle est l'Idée, se révèle Idée créatrice de cette réalité : le désir ne peut excéder la nature qui l'inspire, et pourtant il faut bien qu'il porte l'homme au-delà de lui-même à peine de faire de l'homme sa propre fin, ce qu'exclut son indigence constitutive ; donc le désir le porte vers sa nature, mais vers sa nature subsistant dans un mode d'exister plus parfait que celui selon lequel elle existe en lui. Par conséquent, ce en quoi s'enracine le désir, à savoir le sujet désirant, n'est pas le fondement premier du désir lui-même qui se révèle tout entier quoique non totalement porté par le sujet désirant. Il en résulte que l'homme désirant est plus véritablement « lui-même » dans sa Cause première qu'il ne l'est en lui-même, et c'est bien ce que nous enseigne (confer le « 3 » de notre § 22. 3) saint Thomas dans le *de Veritate* (qu. 4 a. 6).

§ **22. 5.** La conséquence obligée du résultat auquel nous venons de parvenir est d'abord le contenu du point « 2 » de notre § 22. 3 : l'homme est à Dieu, sous le rapport de l'analogie, comme la partie est au tout. L'homme est naturellement habité par un désir qui vient de plus loin que lui, tout en étant pourtant porté par lui, de sorte que, en le faisant se porter au-delà de lui, le désir le fait se porter vers lui-même tel qu'il est en vérité ; de même, le désir qui habite l'organe vient de plus loin que lui (il procède du corps dont il est l'organe) et le porte au-delà de lui (l'organe est ordonné au corps et la partie peut aller jusqu'à se sacrifier pour le tout), cependant que l'organe, ce faisant, se parfait lui-même et trouve son bien le plus propre ; la vie qui le fait palpiter est la vie du tout dont il est un moment ; en tant qu'il n'en est qu'un moment, la vie du tout est tout entière en lui et non totalement ; en tant qu'elle y est tout entière, il se comble et se trouve et se parfait, atteignant sa fin intrinsèque, en s'ordonnant au corps ; en tant qu'elle n'y est pas totalement, il se sacrifie et s'oublie dans le service du tout.

Désir du Politique et désir de Dieu.

§ **22. 6.** Il suit de ce qui vient d'être établi la thèse contenue ci-dessus dans le « 1 » de notre § 22. 3 : le meilleur bien de l'homme est un bien auquel il est rapporté, c'est-à-dire un bien dont il est et se veut l'instrument, et cela selon une modalité telle qu'il se trouve et se repose dans son bien dans le fait même d'exercer sa vocation d'instrument : servir le bien commun est en droit le meilleur bien naturel de l'homme. De même que l'Idée divine, comme le rappelle le Père Weber, est un moment obligé du savoir éternel que Dieu a de lui-même ainsi tout entier quoique non totalement investi en chaque Idée, de même la nature d'une chose est tout entière en cette chose comme principe immanent de mouvement et d'être, mais elle n'y est pas totalement parce que la plus haute manière d'être de cette essence ou nature est l'Idée éternelle que Dieu a de cette chose qu'il fait être en la pensant en cette Idée ; et en tant que la nature humaine est tout entière dans chaque homme, la possession de sa fin, qui est aussi sa nature, est pour lui son bien le plus propre, son bien intrinsèque ; en tant qu'elle n'y est pas totalement, elle lui enjoint de s'excéder en direction d'elle-même entendue non plus comme principe immanent du réel créé, mais comme Idée créatrice. On observera aussi que la nature d'un être mondain — tel l'homme — peut, d'une autre façon, être dite tout entière et non totalement en lui : il n'est qu'une individuation parmi d'autres de cette nature qui est bien tout entière en lui (sans quoi chaque homme existant ne serait qu'un avorton) sans y être totalement (sans quoi il n'existerait qu'un seul homme qui serait son espèce). En tant qu'elle est tout entière en chaque homme, elle lui enjoint, là encore, de s'excéder lui-même en tant qu'individu, ce qui s'accomplit par l'acte procréateur et par la tendance à s'intégrer dans un tout social qui, tel un « homme en grand », fera se réaliser mieux qu'en un seul individu les richesses internes de la nature humaine. Dès lors, il est permis de discerner, dans cette propension de l'homme à s'excéder selon une modalité terrestre (nature procréatrice et politique de l'homme), une préfiguration et une anticipation de soi de ce désir naturel de Dieu exercé dans la forme d'une tendance à exercer l'acte unique de connaître Dieu et de se connaître en Dieu. Ce constat illustre le fait que notre désir est à la fois intéressé et abnégatif, ou encore qu'il existe une part de concupiscence légitime, non égoïste, dans la bienveillance ; pour le dire autrement, vouloir viser la gloire de Dieu comme fin ultime enveloppe de manière obligée le désir d'être absolument heureux ; on cherche sa perfection en Dieu et, ce faisant, on cherche Dieu qui est plus moi que moi ; le « finis cujus » enveloppe bien le « finis quo », la gloire de Dieu enveloppe la perfection de l'homme. Et la fin naturelle n'est nullement abolie, elle est moment obligé de poursuite de la fin ultime.

Que l'on aime Dieu comme la partie aime le tout, c'est ce qui explique que le meilleur bien, le bien le plus précieux et le plus intime d'un être, soit un bien qu'il aime en lui étant rapporté, et que donc le « finis cujus » puisse être visé dans l'exercice même du « finis quo », que donc Dieu puisse se vouloir en sa créature sans lui être consubstantiel.

Conséquences politiques de la thèse de l'abbé Calderón.

§ 23. Il nous reste, pour achever cette évocation du travail de l'abbé Calderón, à exposer les conséquences politiques de sa thèse centrale que nous rappelons dans les termes suivants : le modernisme s'enracinerait dans le souci de discerner, dans la vie surnaturelle obtenue par la grâce, fin de la vie naturelle, l'instrument corrélatif de réfection de la nature humaine en tant que nature, et dans le fait de la réhabilitation de la recherche d'une fin naturelle dans l'exercice de la recherche de la fin surnaturelle ultime. C'est ce que notre auteur appelle une inversion des rapports de subordination entre « finis quo » et « finis cujus ». Vatican II serait ainsi tout simplement le fruit d'une poussée de naturalisme inspirée par l'esprit de révolte. Il doit être clair pour tout lecteur que, si cette thèse est vraie à tous égards, les conséquences politiques sont aussi évidentes que radicales : il est nécessaire de faire retour à la théocratie voulue par les papes du Moyen Âge et remise en cause par la Renaissance. En effet, si la fin surnaturelle (gloire de Dieu comme « finis cujus ») se subordonne un « finis quo » (acte du sujet déformé par lequel il atteint le « finis cujus ») — sur ce point, aucune objection sérieuse ne peut être opposée à notre auteur —, c'est dans l'unique mesure où, selon ce dernier, la grâce restaurerait un organisme surnaturel *sur* la nature, au lieu (thèse moderniste selon lui) de restaurer la nature humaine blessée ; en d'autres termes, l'abbé Calderón considère que la grâce ne saurait se faire l'instrument de réfection de ce dont, tout autant, elle est la fin dernière ; si elle est instrument, elle ne peut être fin, et, si elle est instrument, la fin est la nature humaine restaurée, au point que l'on devra désormais raisonner comme suit : l'homme est à l'image de Dieu, le Christ est l'image parfaite de Dieu, le Christ est l'homme parfait. Au contraire, si l'on est fidèle au catholicisme non moderniste, on dira avec notre théologien philosophe : l'homme est image de Dieu, le Christ est image parfaite de Dieu, le Christ est Dieu parfait et Il est parfaitement Dieu. L'abbé Calderón exclut que l'on puisse sans contradiction tenir les deux raisonnements en même temps. Si l'on affirme que Dieu est glorifié par l'excellence de la réfection de sa créature, à savoir par les hommes tendant à se conformer au Christ, ou encore si l'on pense que Dieu se glorifie dans l'acte de glorifier les hommes, c'est que, selon notre auteur, Dieu ne peut être fin de la créature ; et si Dieu est bien tenu, comme il convient de le faire, pour fin de la créature, c'est que Dieu n'est nullement glorifié par l'excellence acquise ou renouvelée de sa créature, mais par le pouvoir donné à cette dernière, *qui ne la restaure nullement dans sa nature*, de rendre, par un dispositif surnaturel greffé sur la nature, un éternel hommage à Dieu.

Pour notre part, nous ne voyons pas pourquoi le Christ ne serait pas à la fois cet homme parfait destiné à servir de modèle à tout homme, *et* ce Dieu parfait choisissant par pure miséricorde de s'abaisser pour sauver les hommes en les déformant afin de servir, ainsi surélevés, la gloire de Dieu condescendant à rayonner dans la connaissance qu'ils ont de Lui. Nous ne voyons pas pourquoi la fin surnaturelle devrait se substituer à la fin naturelle.

S'il y a bien substitution de fin, l'image affreuse qui nous vient à l'esprit est celle du « charcutage » : de même que l'on « charcute », dans une opération directement contre nature, le pauvre hère aspirant maladivement à changer de sexe, en le torturant au bistouri et en l'empoisonnant avec des produits chimiques, de même la grâce *altérerait* (l'abbé Calderón, on l'a vu, le revendique) la nature et substituerait en l'homme une fin surnaturelle à une fin naturelle. *L'intromission de la grâce serait contre nature, parce que la nature d'une chose est sa fin et que donc sa fin est sa nature, de sorte que substituer une fin à une autre revient à imposer une fin contre nature, et en retour à dénaturer la nature pour l'approprier à une telle fin.* Et c'est là tout simplement ce que nous avons appelé le *surnaturalisme* que nous tenons pour le contraire du naturalisme, en nous souvenant que les contraires s'opposent en tant qu'ils appartiennent au même genre, ce qui les rend complices l'un de l'autre.

De manière conséquente, l'abbé Calderón en déduit qu'il ne saurait y avoir deux fins ultimes dans l'homme ; nous admettons la formule, mais en un sens (confer ici notre § 11) qui n'est pas celui que l'abbé fait sien ; l'abbé adopte cette formule au sens où la poursuite de la fin surnaturelle ne se pourrait exercer que par *abandon* de la fin naturelle, et donc au sens où l'autorité présidant à l'effectuation communautaire de l'ordre naturel devrait être directement mue par l'autorité ecclésiale, surnaturelle et vouée à la poursuite de la fin surnaturelle. Comme l'enseigne notre théologien, il y aurait eu avec l'humanisme un processus de « revanche de la nature sur les exigences de la grâce » (p. 117 de son livre), et c'est là l'aveu de ce que les exigences de la grâce frustreraient la nature, et la frustreraient par essence et non par accident. Si elles la frustraient seulement par accident, cela voudrait dire qu'elles frustrent la nature en tant que blessée, ainsi qu'elles frustrent la blessure de la nature, nient ce qu'il y a d'antinaturel en elle, par là restaurent la nature et la replacent dans la ligne de sa finalité naturelle. L'abbé Calderón ne conçoit le rapport entre nature et surnature que dans la forme d'un *conflit originel.*

Et force est d'admettre qu'il existe un conflit entre nature et surnature s'il est vrai que le fini est négation de l'infini que l'étymologie de ce mot désigne bien comme négation du fini. Mais ce conflit doit être dépassé si la déiformation de la créature a pour propriété, comme « sanans » et « elevans », de la confirmer dans l'excellence de son statut créaturel, ainsi dans sa finitude, par l'acte même de lui faire excéder sa mesure ontologique. Une solution au problème du rapport entre nature et grâce ne peut s'esquisser que selon le schéma suivant : s'il est vrai que, dans un certain sens, l'infini et le fini qualifient l'incréé et le créé, la surnature relève de l'infini et la nature désigne le fini ; pour habiliter la nature à être déiformée, il faut que le fini reçoive l'infini sans cesser d'être fini, et en retour il est nécessaire que l'infini s'approprie au fini sans cesser d'être infini ; dans les deux cas, il faut et il suffit que l'infini ait la forme d'une victoire sur le fini qu'il assume et confirme dans l'acte de le nier souverainement. Nous avons développé cette suggestion ailleurs, en commençant par observer, avec Hegel dont nous ne retenons nullement le panthéisme, mais qui n'a jamais — en dépit des assertions de l'abbé Calderón — remis en cause la valeur universelle du principe de contradiction, que si l'infini était exclusif du fini, il aurait le fini à l'extérieur de lui et serait limité par lui, ne serait pas concrètement infini. Ajoutons ici seulement que si le fini a vocation à être considéré tel un moment de l'infini, alors il peut être tenu à la fois pour fini, à la fois pour infini : il est fini en tant que créature naturelle, il est infini comme nature ou Idée créatrice ; il est fini comme moment de l'infini dont la vie est circulaire parce que ce dernier fait coïncider l'alpha et l'oméga de toute chose ; il est potentiellement infini parce que l'infini est tout entier immanent à chaque moment fini de sa réflexion constitutive ; et, parce que la créature est actuellement finie et potentiellement infinie, mais de telle sorte que l'actualisation de cette potentialité n'abolit pas sa finitude, le fini est tel que sa fin naturelle, son « terminus ad quem », peut avoir raison de moyen de la vie surnaturelle (il est aussi le « terminus a quo » de la surnature) sans cesser de jouir du statut de fin naturelle.

Culte divin et vie vertueuse, seules raisons d'être de l'autorité politique.

§ **24. 1.** Notre auteur reconnaît (p. 144) deux fins au pouvoir politique : la gloire de Dieu et la sanctification des âmes, c'est-à-dire une seule fin accompagnée de son moyen. « Nous n'avons pas reçu l'être et la vie pour autre chose. La poursuite de ces deux fins se traduirait, plus concrètement, dans les deux principales fonctions de tout gouvernant : diriger son peuple de façon à ce qu'il rende au Créateur le culte public qui lui est dû, et promouvoir chez ses subordonnés l'accroissement de la vertu. Le culte divin et la vie vertueuse, voilà les deux préoccupations principales d'un gouvernant qui mérite ce nom ».

Pour le dire autrement, l'Église aurait toute *autorité* même dans les affaires humaines séculières, mais serait dispensée de l'exercice direct du *pouvoir* qu'elle confierait au chef d'État en retour privé de toute autorité propre ; autorité politique du pape sans le pouvoir, pouvoir du roi sans l'autorité politique. Nous comprenons là que le Politique est subordonné à la Morale dont il deviendrait l'appendice, ce qui revient à dire que le Politique serait privé de toute finalité spécifique. De même que la philosophie moderne des « droits de l'homme », fondée sur le concept moderne de « droit subjectif », résorbe le droit dans la morale en ôtant à ce dernier toute spécificité, toute différence spécifique, tout objet propre (au rebours de la conception thomiste du droit, du « jus » entendu comme objet de la vertu de justice, c'est-à-dire discernement de la juste proportion dans l'élément des choses divisibles), de même ici le Politique devient un simple prolongement instrumental de la Morale ; la finalité du droit, qui le définit, est la détermination de la juste proportion, mais la finalité de la morale est de rendre vertueux ; si le droit est réduit à un appendice de la Morale, il perd sa fin propre et devient l'instrument de la vertu *individuelle* ; si le Politique est appendice de la Morale, il perd lui aussi toute finalité propre et se résout dans le statut de moyen de la moralisation *individuelle* de la personne. On peut se demander dans ces conditions ce qu'il peut bien rester du bien commun politique considéré dans sa réalité authentique, comme irréductible tant à la somme des biens privés vertueux qu'à l'ensemble des conditions de possibilité d'harmonie entre ces biens privés vertueux. C'est pourquoi nous comprenons mal les professions de foi anti-personnalistes de l'abbé Calderón, non parce que nous aurions une quelconque inclination pour le personnalisme, mais parce que les principes dont s'inspire notre auteur devraient logiquement lui faire embrasser le personnalisme. L'anti-personnalisme ne se conçoit logiquement que s'il est reconnu une fin spécifique au Politique, à savoir, précisément, la recherche d'un bien *commun* ayant raison de finalité même des biens particuliers. Subordonner le droit à la morale, c'est presque immanquablement le convertir en droit subjectif : le sujet du roi, ou plus généralement du détenteur de l'autorité politique, est subordonné directement, dans une dichotomie intra-personnelle, au sujet du pape, cette dernière formalité de sujet du pape étant tenue pour avoir des droits vis-à-vis du sujet politique, c'est-à-dire vis-à-vis du chef politique lui-même ; aussitôt que la foi s'édulcore, l'esprit théocratique médiéval se convertit en philosophie des droits de l'homme.

Subordination intrinsèque du pouvoir politique au ministère ecclésiastique.

§ **24. 2.** Notre théologien philosophe tient pour acquis — ce qui est en cohérence avec ses principes — que ce qu'il tient pour la fin propre du ministère politique, à savoir la vie vertueuse de la multitude, serait *essentiellement* subordonné à celle du ministère ecclésiastique lui-même essentiellement ordonné à l'« ultimus finis » qu'est la gloire de Dieu accompagnée du salut des âmes. Il reconnaît cependant que la juridiction politique ne découle pas de la juridiction ecclésiastique, laquelle découle directement de la seule royauté du Christ. Sur ce point, et à cet endroit de son travail, notre auteur se montre moins radicalement théocrate qu'un Grégoire VII, un Hugues de Saint-Victor ou un saint Bernard par exemple :

« En 962, Otton le Grand recrée l'Empire, tout en étant appelé à l'aide par Jean XII aux prises avec certains clans romains. Ce dernier explique que c'est lui qui a ainsi recréé l'Empire, « **d'où il résulterait qu'il revient d'une façon générale au pape de faire l'empereur, ce qui lui conférerait une autorité exceptionnelle dans le domaine politique. Cette explication, de laquelle certains tireront plus tard**

qu'en 962 la Papauté a transféré l'Empire des Carolingiens aux Allemands comme elle l'avait fait en 800 des Romains aux Carolingiens, ne correspond cependant en aucune manière à la réalité » (Marcel Pacaut, *La Théocratie*, Desclée 1989, p. 50). En 1046, Henri III force trois prétendus papes à abdiquer et désigne Clément II. Il se veut la tête de la chrétienté, et considère qu'il tient son pouvoir directement de Dieu. Nicolas II, en 1059, promulgue le décret selon lequel désormais les papes seront élus par les seuls cardinaux, faisant ainsi recouvrer sa liberté à l'Église, mais affirmant que l'empereur obtient son pouvoir du Saint-Siège. C'est évidemment Grégoire VII, élu en 1073, qui systématise et durcit cette position théocratique, tout en luttant contre le principe des investitures laïques, ainsi en excommuniant Henri IV. D'où l'affaire de Canossa (1077). Grégoire VII exprime son théocratisme dans le *Dictatus papae* (27 propositions) selon lequel il appartient au pape de distribuer les insignes impériaux (idée qui fait implicitement référence à la fausse donation de Constantin), de déposer un empereur, de délier les sujets d'un prince tenu pour injuste. Le principe invoqué était que « lorsque l'on a le pouvoir de créer et de déposer des patriarches, les métropolitains et les évêques, on a certainement le même droit à l'égard et à l'encontre des rois et autres princes » (Pacaut p. 69). Il y a donc refus de la distinction entre ordre temporel et ordre spirituel. L'Empire est comme intégré à l'Église et le Politique perd toute finalité propre, sa fin est celle de l'Église, les deux pouvoirs ont été « créés uniquement pour conduire les hommes au salut et réaliser ici-bas la cité céleste par la christianisation de la société » (Pacaut p. 75). L'unique vocation du Politique, dans la ligne de l'augustinisme anti-aristotélicien (le pouvoir de l'homme sur l'homme ne serait pas naturel mais résulterait du péché), est castigatrice : punir les mauvais chrétiens, être le bras séculier de l'Église, l'exécutant au service du sacerdoce, de sorte que les rois doivent être contrôlés par l'Église et recevoir d'elle leur charge. Hugues de Saint-Victor enseignera que « le pouvoir spirituel est en effet habilité à **instituer** le pouvoir terrestre » (*De sacramentis christianae fidei*, L. II, pars II, P. L. t. CLXXVI, Pacaut p. 84). La même doctrine est développée par saint Bernard (*De conversatione*, entre 1149 et 1152, adressé à Eugène III), surtout dans *l'Epître 256* (P. L. t. CLXXXII, col. 164, Pacaut p. 87) : « **L'un et l'autre glaive appartiennent à l'Église, à savoir le glaive spirituel et le glaive**

matériel. Mais celui-ci doit être tiré pour l'Église, celui-là par l'Église : le premier par la main du prêtre, le second par celle du chevalier, mais assurément sur l'ordre du prêtre et le commandement de l'empereur ». On retrouvera cette formule éminemment théocratique sous la plume de Boniface VIII. En revanche, le canoniste Simon de Bisignano (vers 1177-1179), après la réconciliation du pape avec Barberousse, écrit, dans une perspective beaucoup plus gélasienne, et qui exprime déjà à certains égards la position de l'Église aux XIXème et XXème siècles : « **Aucun des deux pouvoirs ne dépend de l'autre, car il a été dit : voici deux glaives** ». « **L'empereur ne tient pas du pape la puissance du glaive** ». « **L'empereur ne reçoit pas le pouvoir du glaive du pape, mais plutôt de Dieu, et il est plus grand que le pape au temporel** » (*Somme*, D. XCVI, c. 6, Pacaut p. 103). « **Le pouvoir de lier et de délier aussi bien les clercs que les laïques a été donné [au pape]. Mais cela ne prouve pas que l'empereur tient du pape le pouvoir du glaive, bien que certains le veuillent** » (id. D. XXII, c. 1, Pacaut p. 103). De même le canoniste Hugoccio, maître du futur Innocent III, écrit en 1188 dans sa *Somme* (D. XXII, C. 1, Pacaut p. 106) : **de la théorie des deux glaives et de la Donation de Constantin, « d'autres tirent que le pape a l'un et l'autre glaives, à savoir le spirituel et le matériel, et que l'empereur tient du pape la puissance du glaive... De même Constantin aurait abandonné le glaive royal au bienheureux Pierre, montrant qu'il n'exerçait pas légitimement le pouvoir du glaive et qu'il ne le possédait pas légitimement, puisqu'il ne l'avait pas reçu de l'Église... Pour moi, je pense autrement** ». Pour cet auteur, l'empereur tient son pouvoir de l'élection et des princes, ou de la naissance ou du peuple, et en fait l'Empire a existé avant la papauté. L'empereur est empereur avant l'onction et la confirmation, possède et exerce le pouvoir du glaive avant elles ; l'empereur est un fils soumis de l'Église en matière de foi et de mœurs, ainsi sur le plan spirituel, il peut être excommunié par le pape et ses sujets doivent alors lui retirer leur fidélité. Mais le pape ne peut être jugé par l'empereur ni au spirituel ni au temporel » (Extrait de notre « Abécédaire », Reconquista Press 2019 pp. 595-597).

§ **24. 3.** Néanmoins, l'abbé Calderón déclare (p. 146)[6] que si l'ordre politique peut être dit « indirectement » subordonné à l'ordre ecclésiastique, cet adverbe serait ambigu. Il serait tenu pour correct s'il se rapporte à la subordination de juridiction, mais il serait incorrect selon l'abbé Calderón s'il se réfère à la subordination des fins, parce que cela donnerait à penser que la fin politique n'est pas essentiellement mais accidentellement subordonnée à la fin ecclésiastique.

La conséquence politique principale de la thèse générale de notre théologien philosophe est donc que le pouvoir politique serait *essentiellement* subordonné au pouvoir ecclésiastique dont il tirerait, de ce fait, sa raison d'être, et en dehors de laquelle il ne lui serait aucunement loisible de poursuivre une fin naturelle propre. Rappelons son propos (p. 150) déjà cité : « Ni l'homme ni la société ne peuvent avoir deux fins ultimes : l'une naturelle et l'autre surnaturelle, mais, bien qu'ils eussent pu obtenir seulement la fin naturelle, ils ont de fait seulement la fin surnaturelle ». Soit : la fin du Politique n'est pas ultime dans son ordre, elle n'a raison que de moyen essentiellement subordonné à la fin ultime directement confiée à la puissance de l'Église.

Si l'on concède qu'il serait de l'essence même de la légitimité du pouvoir politique d'être subordonné au pouvoir ecclésiastique, il serait plus cohérent, nous semble-t-il, d'aller jusqu'au bout de l'esprit théocratique et de professer qu'il y a aussi subordination de juridiction, par là que les papes font les rois et peuvent les défaire à leur gré. Au vrai, il nous semble que cette position n'est tenable que si l'on adopte une conception augustinienne et non thomiste du Politique : il y a pouvoir de l'homme sur l'homme seulement parce que l'homme est pécheur, et l'unique vocation de l'autorité politique est de réprimer le vice ; l'homme, dans cette perspective, n'est pas par nature un animal politique. Si l'homme est tenu, avec Aristote et saint Thomas, pour un animal

---

[6] « Au contraire, s'il <l'adverbe « indirectement »> se réfère à la subordination des fins, il donne à penser que la fin politique n'est pas *essentiellement* mais de manière seulement *accidentelle* subordonnée à la fin ecclésiastique, qui est la fin ultime, et dans ce cas il est on ne peut plus incorrect ».

naturellement politique, il y aurait eu société, et pouvoir de l'homme sur l'homme, quand bien même il n'y aurait pas eu péché originel ; et la fin du Politique est le bien commun, bien du tout social pris comme tout sans cesser d'être le meilleur bien de chacun, bien de la nature humaine elle-même, c'est-à-dire de cette nature qui a raison de fin sans cesser d'être cause efficiente ou motrice à l'œuvre à l'intime de la personne, et qui, dans cette perspective, comme fin, exige de se faire actualiser selon toutes ses potentialités saines, ce qui suppose, parce qu'aucun individu n'en est capable, la vie communautaire et la constitution d'un « homme en grand », « extra-position » de l'essence humaine se faisant intégratrice de tous les hommes d'une même communauté nationale de destin. L'abbé Calderón fait mémoire, involontairement peut-être, de son penchant augustinien en évoquant, pages 147-148, Platon (*République* 473d), ce Platon réclamant que pouvoir politique et savoir philosophique (c'est-à-dire théologie en contexte chrétien) se rencontrent sur la même tête : Platon, nous explique-t-il, était conscient du fait que le gouvernement selon la justice est impossible à cause de la concupiscence des hommes, et du fait que le monde antique était sous l'esclavage du démon. Dès lors, notre abbé peut écrire : les « (…) pouvoirs politiques, (…) dans l'Occident chrétien, furent réellement *engendrés et dominés* (comme les fils par leur père) par le pouvoir ecclésiastique » (p. 143). « Jésus-Christ résolut ce problème <celui d'un gouvernement selon la justice en dépit de la concupiscence des hommes> avec la division des pouvoirs. Les rois chrétiens resteraient *soumis à un ministère apostolique* qui, ayant été déchargé des fonctions les moins spirituelles, pouvait conserver la nécessaire pureté d'intention avec l'aide de la grâce, en pratiquant la plus stricte pauvreté et chasteté. L'ordre politique resterait ainsi confirmé dans les vertus par la doctrine chrétienne et les sacrements, grâce au gouvernement supérieur des 'théologiens' chrétiens, c'est-à-dire de la hiérarchie ecclésiastique » (p. 147-148).

« Unam sanctam… ».

§ **24. 4.** Il n'est donc pas étonnant que l'abbé Calderón en vienne à faire l'apologie de Boniface VIII connu surtout par sa bulle « Unam sanctam », laquelle enseignait explicitement que même la juridiction politique découlerait de la juridiction ecclésiastique : « Nam veritate testante, spiritualis potestas terrenam potestatem ***instituere*** habet et judicare, si bona non fuerit » (comme la vérité l'atteste, il appartient au pouvoir spirituel d'instituer le pouvoir terrestre et de le juger s'il n'est pas bon). S'il l'institue, c'est qu'il le fonde et, s'il le fonde, c'est qu'il possède ce qu'il communique au fondé pour le faire être ; s'il fonde la juridiction du Politique, c'est qu'il la possède primitivement, et donc qu'il la délègue.

Notre auteur rappelle d'abord le propos de Boniface VIII : « Il y a deux glaives, le spirituel et le temporel ; tous les deux sont au service de l'Église, mais l'un est tenu par l'Église elle-même, l'autre par les rois et les guerriers aussi longtemps que le souverain pontife le commande et le tolère. L'un des deux glaives doit être soumis à l'autre, l'autorité temporelle doit s'incliner devant l'autorité spirituelle ».

Cet enseignement nous paraît compatible avec une philosophie du bien commun entendu en son acception aristotélicienne, mais en certains sens seulement.

S'il existe un bien commun naturel, si donc il existe une fin spécifique du Politique, le pape reste en effet fondé à excommunier un mauvais roi qui par ses décisions compromet le salut de ses sujets ; ayant une autorité morale directe sur tous les baptisés, il peut leur enjoindre de se débarrasser d'un mauvais roi ou roi devenu tyran ; il peut même requérir le glaive du roi pour réprimer l'hérésie. Mais si cet enseignement signifie que c'est au pape qu'il reviendrait de faire le roi et de le défaire directement, ou encore s'il faut comprendre que le pape pourrait commander au roi en tous domaines, ou pour toute cause, l'usage du glaive, cet enseignement doit selon nous être tenu pour faux. En d'autres termes, nous reconnaissons avec le cardinal Bellarmin un pouvoir ecclésiastique *indirect* sur le Politique, mais non un pouvoir direct. Le pouvoir politique est médiatement — par la médiation obligée, précisément, de sa fin propre qui est le bien commun immanent de la Cité — et non essentiellement ordonné à la fin surnaturelle dont le pape est le ministre : ce qui a raison de moyen pour la fin ultime surnaturelle doit ne pas cesser d'avoir raison de fin pour l'ordre naturel, quand bien même ce dernier se trouve être déiformé (confer ici notre § 23). Et, quant au service de cette fin immanente, le roi est absolument souverain. Cela dit, le bien commun étant le bien du tout pris comme tout *et* le meilleur bien du particulier, le service du bien commun englobe celui des exigences de la morale naturelle, qui définit le vrai bien particulier : la souveraineté du roi sur le bien politique ne justifie jamais le machiavélisme qui prétend soustraire aux exigences morales le souci d'efficacité politique en substituant, fallacieusement, la « virtù » à la vertu. Il appartient au chef d'État de réaliser le bien commun entendu comme bien du tout pris comme tout *et* comme meilleur bien du particulier, ainsi comme ce bien *moral* sur lequel le pape, chef de l'Église et vicaire du Christ, par là chef moral de tous les baptisés, a un droit de regard et au nom duquel il peut condamner un mauvais chef dont, cependant, il ne dirige pas les affaires comme un suzerain dirige son vassal. Le pape n'est pas fondé à diriger un roi, même dans les affaires civiles en lesquelles s'exercent des actes ressortissant aux deux autorités et sphères de compétence politique et ecclésiastique. Mais il est fondé à condamner un chef indigne qui compromet le salut de ses sujets. Nous dirons donc que le pouvoir du pape en matière politique est seulement indirect, mais aussi négatif (pouvoir d'inviter les sujets d'un roi — sujets soumis à l'autorité du pape en matière religieuse — à se soustraire à l'autorité politique d'un roi immoral). Ce que nous lui reconnaissons n'est pas aussi étendu que ce que la théocratie pourrait revendiquer ; mais ce n'est pas rien, il s'en faut. A vouloir trop, on perd tout.

Saint Louis et la théocratie.

§ **24. 5.** L'abbé Calderón ajoute, soucieux de tempérer les prétentions exorbitantes du pouvoir pontifical, ou plutôt soucieux de prévenir les sentiments d'indignation qui pourraient s'emparer du lecteur au vu de telles prétentions : « Il est certain que Boniface VIII n'entendait pas empiéter sur la légitime autorité du roi mais, dans sa violence, il n'évitait pas toujours les termes qui blessent inutilement » (p. 148). Qu'il nous soit permis d'être sceptique au sujet de cette affirmation modératrice ; pour Boniface VIII,

« Il y a deux glaives, le spirituel et le temporel ; tous les deux sont au service de l'Église, mais l'un est tenu par l'Église elle-même, l'autre par les rois et les guerriers *aussi longtemps que le souverain pontife le commande et le tolère* ».

Le roi n'est que l'exécutant des intentions temporelles du pape ; et c'est bien logique puisque le pape est supposé « instituere » la puissance temporelle elle-même.

Dans la même page, notre théologien fait observer ceci : Philippe le Bel aurait convoqué les premiers États généraux pour faire croire aux trois Ordres que le pape voulait considérer la France comme un fief du Saint-Siège, et la gouverner au temporel. Nous ne nierons pas les torts du roi de France, mais nous pensons qu'il était fondé à redouter les prétentions temporelles de Boniface VIII qui, en l'occurrence, procédait à un abus d'autorité. Nous voudrions rappeler sur ce sujet les informations suivantes de l'historien Jean Favier qui fait observer, dans son « Philippe le Bel » (Fayard 1978, pp. 250 et suiv.) que le plus catholique des rois de France, modèle de sagesse et de piété pour tous les rois, n'aurait jamais toléré de la part du pape une telle prétention théocratique :

« C'est peut-être saint Louis qui, le premier et malgré l'influence qu'exercent sur lui les franciscains tout dévoués au Saint-Siège, met en lumière les incompatibilités fondamentales entre une monarchie de droit divin, ayant dans le royaume une autorité différente de toutes les autres par sa nature — et non seulement, comme celle du suzerain féodal, par son niveau supérieur — et un Siège apostolique qui prétend à l'empire universel et ne se contente pas de gouverner les âmes ». C'est, nous explique Favier, l'augustinisme politique qui faisait du pape le juge politique des princes temporels. Nous avons expliqué plus haut (notre § 24. 2) pourquoi il en est ainsi. Le roi de France, poursuit Favier, « situe désormais son autorité au sein d'un État aux fondements naturels, État auquel nul ne peut se soustraire ». C'est déjà, assurément, « une sorte d'"ordre social laïc" (Yves Congar) que l'on voit se dessiner et s'organiser dans les années 1250 (…) ». Dès 1247 saint Louis s'oppose à Innocent IV qui prétendait imposer à l'Église de France des contributions prises sur le temporel, alors que le temporel des Églises (dont l'Église de France) ne relève, même si l'on s'en rapporte au droit canonique, que du roi et ne peut être imposé que par lui. Saint Louis entretint des relations cordiales avec Frédéric II pourtant excommunié et en guerre avec Innocent IV ; il feignit « ostensiblement d'ignorer la condamnation pontificale qui mettait en théorie le Hohenstaufen au ban de la Chrétienté ». Il défendit jalousement son autonomie dans son gouvernement, dans l'administration de la justice et dans la gestion des ressources du royaume. Il ne prêta son bras séculier à l'Église que quand la culpabilité du condamné lui semblait, à lui roi, établie. Le thomisme triomphant à Paris dans les années 1260 malgré la condamnation de 1270 d'Etienne Tempier, « l'indépendance, ajoute Favier, des pouvoirs laïcs exercés dans le royaume — celle de la justice comme celle de la gestion matérielle — procédait, dans une réflexion théologique renouvelée, d'une hiérarchie des compétences fondée sur l'analyse des finalités profondes, et non plus sur la glose des textes sacrés ».

Quand donc, à la page 147 de son ouvrage, l'abbé Calderón, qui se dit et se veut thomiste, déclare que le XIIIème siècle — celui de saint Louis — fut le siècle d'or de la Chrétienté, tant du point de vue religieux que politique et culturel, on peut se demander, au vu de ce que nous rappelle Jean Favier, si notre abbé théologien est bien cohérent quand il déclare que la synthèse doctrinale des principes qui créèrent la Chrétienté est exposée dans la bulle « Unam Sanctam » de Boniface VIII.

La subordination est directe ou n'est pas.

§ 24. 6. L'abbé Calderón, page 165, condamne ce qu'il tient pour l'erreur de la « subordination indirecte d'un ordre politique naturel à l'ordre ecclésiastique surnaturel, parce que c'est une subordination qui ne subordonne rien : la grâce envelopperait la nature sans l'affecter en rien quant à ses fins propres ». Il illustre sa pensée de la manière suivante : « le médecin catholique et le médecin juif seraient régis exactement par les mêmes lois de la médecine. Ce qui est un mensonge royal, car savoir qu'un enfant ne se sauve pas sans le baptême conduit à prévoir de façon très différente les interventions possibles face aux urgences de l'accouchement ».

Cette observation de notre auteur nous paraît très révélatrice, en tant qu'elle met en évidence la manière dont il conçoit le rapport entre nature et grâce. La grâce, selon lui, est un organisme surnaturel ajouté à la nature, et elle restaure cet organisme dissous par le péché. Pour nous, elle soigne et surélève la nature dans un même acte, elle se subordonne à la restauration de ce que, en dernier ressort, elle surélève pour le finaliser par elle. Dès lors, ceux des actes vertueux qui, posés par l'homme jouissant de la grâce, ne requièrent pas, sinon par l'accident du péché, des pouvoirs surnaturels, sont des actes posés par ce qui, en cet homme, relève de l'ordre naturel restitué à lui-même par la grâce ; ils ne relèvent pas de la grâce comme si c'était elle qui agissait en lui à sa place. Même dans la Vision, la puissance opérative par laquelle l'homme jouit de Dieu n'est pas une puissance surnaturelle, elle est cette puissance naturelle que saint Thomas nomme intellect possible, avec cette précision que, dans le cas unique de la Vision béatifique, c'est Dieu qui se fait l'espèce par laquelle l'homme est habilité, par son intellect actualisé, à poser un tel acte de connaissance que ses pouvoirs naturels sont impuissants, de soi ou naturellement, à poser. La fin naturelle que poursuit le médecin est la santé du corps. Mais même pour le médecin — non certes en tant que médecin mais en tant qu'il est homme —, le bien du corps est pour celui de l'âme, de telle sorte que le médecin agirait contre la nature en soignant un patient dont il négligerait l'âme et qu'il réduirait à son corps. La fin naturelle de l'art médical est la santé du corps en tant qu'il est ordonné à celle de l'âme, et la simple raison suffit pour s'en assurer. Et cette fin est, en droit, identique pour tout médecin, quelle que soit sa confession religieuse. L'art médical, entendu comme technique, ainsi comme activité (transitive) relevant du « faire », est lui-même mesuré, selon la déontologie médicale, par les principes de la morale naturelle, activité pratique relevant de l'agir (immanent au sujet). L'art médical, mesuré par sa déontologie immanente, n'est nullement subordonné essentiellement au salut ; il lui est accidentellement subordonné, conformément à la nature de la grâce qui est celle d'un accident ; ce qui n'empêche pas un tel accident d'avoir plus de prix qu'une substance naturelle ; ce qui n'empêche pas non plus qu'il soit contre nature de refuser la grâce ; que la possession de la fin naturelle mette en demeure celui que meut cette nature de consentir à s'excéder en direction d'une finalité surnaturelle, cela n'enlève pas à l'entéléchie de l'ordre naturel d'avoir raison de fin immédiate pour lui. Ce qui change entre le comportement du médecin catholique et celui du médecin juif ou agnostique, c'est la chose suivante : la nouveauté tient dans les modalités, accidentelles à la fin naturelle, de poursuite et d'effectuation de cette fin. On ne saurait donc déclarer que l'ordination au salut de l'art médical serait une ordination directe et par soi immédiate. Cette ordination au salut demeure indirecte, nonobstant le caractère surnaturel des manières dont la fin naturelle est satisfaite. La fin de l'art médical est le soin du corps en tant qu'il est pour l'âme, et cette fin demeure naturelle quand bien même l'âme se trouve être gracieusement invitée à une fin surnaturelle ; le médecin catholique, comme tout médecin dépositaire et respectueux des principes de la loi naturelle, soignera le corps de son patient pour le rendre disponible en vue des exigences de l'âme ; ce qui fera la différence entre le catholique et le non-catholique, c'est que le premier saura, dans l'exercice de son art, tenir compte de l'obligation de faire baptiser l'enfant qui vient de naître. Ce n'est pas parce que, par un décret divin aussi souverain que gratuit, l'homme est destiné à une fin surnaturelle — de sorte que les deux fins deviennent indissociables au point, en considérant les choses à partir de la fin surnaturelle, de faire, de l'effectuation de la fin naturelle, un moment obligé de poursuite de la fin surnaturelle —, que la fin naturelle aurait disparu. Ce n'est pas parce qu'il est catholique que le médecin catholique devrait recevoir de l'Église et son art médical et la finalité qu'il est habilité à poursuivre par le moyen de la possession d'un tel art, et encore la permission de l'exercer. Prétendre le contraire, c'est laisser entendre que l'exercice de l'art médical et de l'art politique était peccamineux et/ou illégitime avant la naissance de l'Église. En effet, ce qui vaut pour l'art médical vaut aussi, analogiquement, pour le chef d'État.

En toute chose, c'est la fin qui commande la détermination des moyens requis pour atteindre une telle fin. La grâce soigne la nature par l'acte à raison duquel elle la surélève ; en tant qu'elle la surélève, elle exige que la modalité d'effectuation de la fin naturelle soit spécifiée selon des déterminations qui ne sont pas toutes incluses dans la définition de cette fin ; en tant qu'elle la soigne, elle la conforte dans l'excellence de sa nature et dans sa puissance à tendre vers sa fin naturelle ; la nature est d'autant plus parfaitement nature dans sa stricte ligne de nature (elle est là d'autant plus parfaitement soignée) qu'elle est plus excellemment surélevée (déiformée par la grâce) ; or la nature d'une chose est sa fin ; donc la nature est d'autant plus expressément ordonnée à sa fin naturelle qu'elle est plus fortement invitée, par la grâce, à tendre vers une fin surnaturelle ; comment donc la nature fécondée par la grâce pourrait-elle, dans ces conditions, renoncer à sa fin naturelle ? Si, de plus, il n'y avait plus de fin naturelle (dût-elle ne subsister que comme assumée par la fin surnaturelle), alors les biens acquis par l'art médical et l'art politique n'auraient plus raison de fin pour ces arts, mais de moyens pour l'unique fin surnaturelle à laquelle ils seraient désormais dévolus. Puis donc que la détermination des moyens requis pour atteindre la fin est déterminée par la fin, il faudrait dire, dans ces conditions, que les seuls dépositaires des moyens de communication de la surnature, à savoir les hommes d'Église, seraient compétents pour fixer les règles d'acquisition des savoirs médical et politique. Autant dire que l'étude de la science et de la philosophie devraient être réservée aux seuls clercs. Tout ce qui ne relève pas de la cléricature devrait être cantonné dans la fonction de manouvrier, et tout roi serait un simple ministre exécutant des volontés politiques du pape : pay, pray, obey…

La Renaissance, cause de Vatican II.

§ **24. 7.** Peut-être est-ce là la chrétienté idéale que l'abbé Calderón aimerait contribuer à restaurer. Telle était probablement l'organisation sociale dont rêva Pie XI lorsqu'il lança son « Action catholique ». Théocratie imposant la pratique démocratique au détriment des sociétés d'ordre — fascistes — qui naissaient à la même époque en se cantonnant dans la réhabilitation de l'ordre naturel, l'initiative du pape consistait à réduire tout opérateur laïc d'une œuvre sociale naturelle quelconque à un exécutant des décrets de la Curie et des humeurs autoritaristes des prêtres. Les hommes d'Église ont ainsi imposé la démocratie dans la Cité pour affaiblir le pouvoir naturel des hommes politiques laïcs. Ceux-là ont récolté, par un juste et cruel retour des choses, l'invasion de l'esprit démocratique au sein de l'Église. *C'est le surnaturalisme — mais un surnaturalisme rusé, machiavélien, celant sa volonté de puissance cléricale en cautionnant la démangeaison démocratique des peuples ivres d'individualisme libertaire — beaucoup plus que les effets naturalistes de la Renaissance, qui est, à notre sens, la cause la plus déterminante de la catastrophe de Vatican II.* Il en fut ainsi parce que les décideurs ecclésiastiques se révélèrent impuissants — comme il fallait s'y attendre — à faire convertir au catholicisme les sociétés civiles de chaque pays de chrétienté par les cohortes soumises de laïcs étroitement confinés dans le rôle de supplétifs de l'apostolat.

Aussi ces mêmes décideurs ecclésiastiques comprirent que, s'ils persistaient à s'accrocher à leur chimère clérico-démocratique, il ne leur resterait d'autre stratégie que celle consistant à « s'ouvrir au monde » et à s'approprier à lui en édulcorant, voire en trahissant leurs exigences dogmatiques et disciplinaires dans le domaine moral, pour en retour, s'étant identifiés au monde, nourrir le souhait non moins illusoire d'identifier le monde à eux, ainsi de faire entrer ce monde dans la bergerie catholique. Parce que le monde moderne, celui de 1789, était un monde individualiste et démocratique, parce que 1945 avait vu la victoire universelle de la maladie démocratique, nos clercs se firent démocrates. Le machiavélisme ne fut pas du côté que l'on croit.

Une dernière remarque, en forme de rappel, s'impose ici, tant par souci de charité à l'égard des clercs que par exigence naturelle de vérité : si la nature est d'autant plus soignée que plus sublimement élevée, elle est d'autant plus en attente de sa fin naturelle immédiate que plus surnaturalisée. Mais, s'il en est ainsi, c'est qu'il existe nécessairement un « point de suture » entre l'ordre naturel et l'ordre surnaturel, un « point de suture » capable d'expliquer que la nature soit d'autant plus en coïncidence avec soi que plus sommée d'aller au-delà de soi. Or l'absence d'élaboration d'un concept adéquat pour définir une telle médiation et éclairer le paradoxe (en dissipant l'apparente contradiction) condamne tout croyant à subir le sempiternel va-et-vient du balancier dialectique régissant le rapport de ses extrêmes : les partisans de Vatican II admettent l'existence d'un désir naturel de Dieu mais en viennent à compromettre la gratuité de la grâce en excluant la possibilité divine d'instaurer un état de pure nature, et en niant l'existence des limbes ; les réactionnaires hostiles au modernisme du Concile s'attachent héroïquement à repousser les sirènes d'une exigence naturelle du surnaturel, mais ils en viennent à nier l'existence d'un désir naturel de Dieu. Les seconds sont ainsi conduits à maintenir la différence réelle des deux ordres, mais à ne penser l'intromission du surnaturel que sur le mode d'une frustration de l'ordre naturel : s'il n'existe pas de désir naturel de Dieu, la grâce, qui dans cette perspective crée un tel désir, ne répond à aucune convenance naturelle et bouleverse la nature ainsi arrachée à sa condition constitutive ; les premiers sont contraints, naturalisant la surnature en la rendant exigible, de surnaturaliser la nature en l'exaltant au point de subordonner la surnature à la nature.

Aussi longtemps que nos responsables religieux — des sédévacantistes les plus caricaturaux aux « Ralliés » les plus laxistes — persisteront à s'enfermer dans le dilemme de la théocratie et de l'anthropocentrisme, la vraie nature du Concile leur demeurera obscure, et en retour, se représentant de manière partielle ou erronée l'essence de ce qui est à éradiquer, ils ne proposeront, pour le combattre, que des moyens inadéquats.

Aujourd'hui, du fait des pitreries sinistres auxquelles se livre, tragiquement, le clown sénilement révolutionnaire qui sévit sur le trône de Pierre, le sédévacantisme, pour des raisons psychologiques évidentes, a le vent en poupe, ce qui se manifeste par l'arrogante impudence de ses représentants autoproclamés. Ces derniers font savoir, dans des provocations dérisoires, que leur ennemi numéro un n'est pas tant le modernisme que les Traditionalistes non sédévacantistes. Leur argument peut se résumer comme suit : en occupant une place privilégiée dans les troupes anti-conciliaires, les non-sédévacantistes feraient figure d'alliés objectifs des modernistes et compromettraient, du fait de s'arrêter en chemin dans la condamnation de Vatican II, la victoire du « bonum certamen ». Contre le naturalisme, ils fourbissent et brandissent les armes du surnaturalisme le plus radical : procédant à une extension presque indéfinie de la zone d'infaillibilité de l'enseignement du pape, ils tiennent pour infaillible le théocratisme exprimé dans la doctrine dite des deux glaives, ce qui est le fondement du surnaturalisme politique. Ce faisant, ils compromettent, dans leur obstination obtuse qu'ils prennent pour de la pureté doctrinale, la possibilité de se soustraire à ce dilemme ruineux, et plus précisément à ce balancier dialectique que concrétise le couple du naturalisme et du surnaturalisme. Une telle libération consisterait non à faire la synthèse des extrêmes, mais à les convertir à leur identité concrète, à cette vérité en soi originaire qui se décompose en deux erreurs sans être composée d'elles. Si l'on a compris que ce couple infernal entretient une relation effectivement dialectique — celle dans laquelle les extrêmes sont en relation d'attraction et de répulsion sempiternelle —, on comprendra que le surnaturalisme se révèle, objectivement et dans sa figure terminale, tel un allié du modernisme.

Surnaturalisme et négatif non peccamineux.

§ **25. 1.** Il y a quelque chose de simplificateur qui rassure dans le surnaturalisme et dans son rejeton théocratique, parce qu'ils sont reposants : ils dispensent ceux qui les embrassent et les subissent de faire l'effort de distinguer entre ce qui relève de la nature et ce qui relève de la grâce, ils invitent le troupeau à obéir sans réflexion à ses chefs religieux, et ils infantilisent ceux qu'ils séduisent en hypertrophiant la fonction des clercs ; ils nourrissent la bonne conscience en escomptant tout du surnaturel et en n'attendant rien de la nature. Mais il y a une autre raison psychologique moins innocente (si tant est que le choix de demeurer dans l'enfance soit innocent) et moins avouable, parce que laide et honteuse, qui explique ces travers et se situe à leur racine.

C'est que, comme nous l'avons rappelé (§ 18. 5), la nature humaine même intègre, sortie des mains du Créateur — d'un Créateur qui eût décidé de la faire accéder à l'existence sans l'orner des dons de la grâce —, est congénitalement tourmentée par une double contradiction qui — horreur ! — n'est en rien peccamineuse, qui est essentielle et non accidentelle, et qui invite au combat parce qu'elle a vocation à être surmontée. On pourrait dire en effet, si l'on cède à la faiblesse de ceux que la confrontation avec la contradiction remplit de malaise, que le corps est cet allié bienveillant de l'âme l'humaine, qui rend possible ses opérations spirituelles, mais qu'il est aussi ce compagnon sournois qui la trahit en la divertissant, l'alourdit et la fait chuter ; on pourrait ajouter que le corps est la condition obligée d'individuation de la nature humaine — et sous ce rapport il est ce qui fait qu'elle devient telle âme et telle personne ineffable —, mais tout autant qu'il est la racine de la concupiscence, cette force maligne qui combat la raison, mais qui n'est pas, de soi, l'effet du péché, caractérisant seulement la structure obligée de la nature humaine en tant que nature : le corps se présente donc encore tel ce mauvais compagnon qui ne la fait accéder à l'existence que pour la trahir. Il y aurait donc une indigence structurelle de la nature qui, humaine, fait pourtant qu'il y a personne ; l'homme naturel serait en conflit indépassable avec lui-même, sommé de lutter contre son être pour être cet être supportable à lui-même.

Ce qui est vrai, c'est que la contradiction, dans le réel, n'est pas nécessairement la marque de son inintelligibilité et de son absurdité ; il faut certes une certaine audace spéculative pour l'affronter en osant déclarer que le non-contradictoire est en soi négation souveraine de la contradiction consentie : ainsi l'acte n'est-il pas sans la puissance (même en Dieu dont la pure actualité n'exclut pas qu'il soit puissance active absolue), la forme sans la matière, quand l'être en puissance a pour essence (ou forme) de n'en pas avoir, ou de faire s'identifier les contradictoires qui, exclusifs l'un de l'autre en régime ontologique d'être en acte, s'identifient en et comme être en puissance, ce qui est bien le fait d'une contradiction réalisée ; comme non-être relatif, ainsi comme non-être qui est, l'être en puissance est bien une contradiction subsistante qui gît au cœur de l'être en acte. Ce qui est vrai, c'est que la nature, même non blessée, est telle que ses forces spirituelles sont sommées, pour accéder à l'exercice plénier de leurs puissances propres, de se rendre victorieuses des puissances inférieures toujours inclinées à se détourner du meilleur pour faire tendre vers le bas, et plus généralement qu'il est définitionnel de ce qui est esprit d'avoir la forme d'une victoire souveraine sur la matière assumée ; et l'effet du péché n'est nullement de créer cette tension qui rend la réalité inquiétante et risquée ; il est de rendre languides les forces qui l'assument. Il est donc naturel de lutter.

Or l'invitation au combat, à la lutte, à l'effort, est tenue, par maintes âmes, pour un scandale, une injustice, un désordre : on considère que si la paix est « le repos de l'ordre », l'état de guerre, pense-t-on, serait un désordre destiné à disparaître. Ce qu'elles prennent pour une injustice suscite leur colère et leur effroi ; elles ne sauraient mettre un tel désordre sur le compte du Créateur dont la perfection, par définition, exclut l'injustice. C'est pourquoi elles imputeront au fait contingent du péché l'existence de cette invitation au combat, mais il s'agira, pour de telles âmes, par une ruineuse illusion d'optique dont nous expliquerons le mécanisme ci-après, du combat de la surnature contre la nature, et non de la nature avec elle-même.

Elles ne refuseront pas la souffrance, parce que le christianisme est la religion de la Croix, mais elles ne consentiront à combattre que si le combat est pensé telle une épreuve aussi contingente, aussi peu définitionnelle de la nature intègre, que le péché lui-même. Si la lutte n'a lieu qu'au titre de remède au péché, à un désordre qui n'aurait pas dû avoir lieu, la fin poursuivie par l'introduction de la surnature restauratrice de l'ordre dans l'élément de la vie naturelle doit bannir cette dimension d'irascible inhérente à l'homme, de telle sorte que l'homme idéal auquel se réfère le pénitent soucieux de s'amender sera un pacifiste. Il sera conçu comme un pacifique non au sens où il aurait vaincu, par vertu naturelle pugnace, la guerre dont il conserverait alors la pugnacité en dépassant sa violence, mais au sens où il sera désormais dépourvu de toute pugnacité ; dès lors, dans le temps où il est mis en demeure d'avoir recours à cette énergie irascible, il n'en pourra user qu'avec des pincettes, parce qu'il s'agira pour lui d'un instrument douteux à lui concédé momentanément par l'ordre surnaturel auquel rien dans la nature intègre n'est supposé correspondre. Le combat mené par le bien-pensant surnaturaliste sera donc celui de l'homme surnaturel contre cet homme naturel dénaturé par sa tendance au conflit. C'est en ce sens que le combat du membre de l'Église militante prendra la forme d'un combat de la surnature contre la nature. Développons cette idée.

La surnature contre la nature.

§ 25. 2. Etant corrélativement dans l'incapacité — la doctrine catholique l'exclut — de considérer ce supplément d'être qu'est la grâce comme un dû, de telles âmes horrifiées par l'idée même de lutte auront néanmoins tendance à considérer que la nature humaine n'est vraiment naturelle qu'avec la grâce, et que l'état idéal de nature est celui du paradis terrestre, quand l'humanité de l'homme était complétée par la justice originelle ; tel était au reste le point de vue de l'Aquinate (« satis probabiliter poterit aestimare… » : *C. G.* IV 52), que nous avons évoqué dans notre § 18. 5. Tendues vers cet idéal nostalgique à jamais perdu, ces âmes sont comme congénitalement tourmentées, incapables de se penser telles qu'elles sont, et la fuite expédiente des questions qui fâchent prendra la forme d'une mentalité, d'un état d'esprit doté de la stabilité d'une seconde nature, qui n'est autre que le surnaturalisme : l'intromission de la foi tendra à éclipser la raison — ce qui soulage le pacifiste perplexe désireux de fuir les questions embarrassantes —, et c'est là le premier effet antalgique de ce court-circuit de la nature par la surnature ; il y a, dit-on alors, des questions qu'il est indécent de poser, de tels soucis relèveraient de la curiosité malsaine, ils cèlent un manque de confiance en la Providence, on devrait faire taire l'appétit de la raison confrontée aux « mystère naturels », etc. Et si l'on doit vivre l'épreuve — ainsi la souffrance — de la lutte contre les tendances mauvaises, ce n'est pas, pense notre pieux surnaturaliste, pour jouir de l'honneur d'être coopérateur, par la croix consentie, dans l'œuvre expiatrice de sa propre rédemption ; ce n'est pas, pense-t-on ainsi, parce qu'il est naturel à l'homme de combattre ; si l'on se sanctifie en luttant contre les tendances passionnelles qui rivent l'homme à la Terre, c'est au fond, de manière inavouée, pour fustiger la nature en tant que nature, cette nature si indigente qu'elle fait souffrir l'homme en nourrissant un conflit constitutif à l'égard elle-même ; c'est alors que la surnature reçue sera censée libérer l'homme de cette nature encombrante et mal faite ; la grâce aura vocation à s'y substituer ; et se faire consciemment surnaturaliste équivaut alors à exercer une espèce de *vengeance* aussi intense qu'elle est inavouée contre la nature en tant que nature. D'où, chez les surnaturalistes, cette tendance à cultiver ce que les Allemands nomment « die Schadenfreude », cette joie mauvaise qui s'empare de l'homme de ressentiment au spectacle des misères d'autrui, cette mentalité de révolté cuit à l'eau bénite et tordu par la haine à l'égard des beaux et bons naturels resplendissants de santé ; cette dilection morbide, inspirée par l'envie mais cautionnée par la charité, pour les laids, les boiteux, les ratés et les faibles.

Il est contradictoire, dira-t-on, de déclarer que la nature humaine hantée par une tension interne est parfaite dans son ordre propre, et qu'elle requiert la grâce pour fonctionner sans chuter ; si elle la requiert, c'est que cette dernière n'est pas gratuite. Oui, cela est contradictoire, et c'est pourquoi nous affirmons, de notre point de vue antisurnaturaliste, que cette tension interne n'est pas un défaut ou un manque, mais une qualité et un surcroît d'être : un être est d'autant plus élevé en dignité qu'il plus invité à coopérer au processus de sa position et de son maintien dans l'existence, ce qui suppose qu'il agisse sur lui-même en tant qu'autre, s'opposant à son opposition à soi native. Que se produit-il si, à une telle tension, n'est reconnu que le statut de manque ? Voici :

Parce que la position ci-dessus évoquée (nature indigente à subsister comme pure nature même si elle n'est pas déchue, *et* grâce ainsi requise quoique gratuite) est invivable cependant qu'inévitable aussi longtemps qu'on se refuse à faire de cette tension, de cette négativité chargée d'esprit belliqueux, une perfection positive de la nature humaine, on se représentera l'office de la grâce de la manière suivante : on fera porter à la nature humaine, sous l'étiquette, relevant de manteau de Noé, du « mystère naturel » qui enfouit toute revendication rationnelle, la responsabilité de cette tension, et puis l'on précisera que la grâce, niant, pour la réconcilier avec elle-même, le négatif constitutif de la nature, nie la nature elle-même puisque, aussi bien, ce négatif la définit. En d'autres termes, on fera glisser sur la nature (parfaite en son ordre puisque non peccamineuse, et en même temps imparfaite puisque requérant la grâce) cette contradiction aperçue au niveau de la grâce (gratuite et en même temps requise). Ce faisant, on aura bien chargé la surnature de l'office de nier la nature en tant que nature.

Le surnaturel dans l'homme, et le sous-homme.

§ 25. 3. Et il est difficile de ne pas discerner, dans cet état d'esprit, les caractères devenus classiques du sous-homme nietzschéen. Le sous-homme nietzschéen est le faible qui projette de faire de sa faiblesse une force, qui entend supplanter les forts sans faire l'effort de devenir fort, ainsi sans accepter de lutter contre ce qu'il y a de faible en lui. Pour parvenir à convertir sa faiblesse en force, il a souci d'affaiblir les forts, ainsi de les affaiblir afin de les dominer et, pour les affaiblir, il se jette dans l'ascétisme — entendu dans l'acception masochiste de la haine de soi — en retournant contre lui-même les énergies agressives naturellement destinées à s'exercer ad extra ; une telle stratégie lui permet de se faire croire, mais aussi de faire croire à autrui, qu'il existerait un « arrière-monde » (Dieu la Vérité objective, les Essences platoniciennes) sur lequel le faible s'appuie pour juger ce monde et le condamner, ainsi pour condamner la position des forts auxquels un tel monde fait la part trop belle. Et, en se jetant dans l'ascétisme, il vit sa haine de soi, envers de son hostilité envieuse à l'égard des forts, sur le mode d'une expiation vertueuse. Mais il est de mauvaise foi parce que, en dernier ressort, ce n'est pas la domination des forts sur les faibles qui l'indispose, c'est sa condition de faible incapable de se libérer de sa propre faiblesse. L'existence est vie, et la vie est force, aussi est-il nécessaire, pour oser exister, d'entretenir sa force qui, passivement vécue, dégénérerait vite : le bien est diffusif de soi et donc il s'enrichit du fait de se communiquer ; la force est un bien, donc elle s'accroît en se dépensant, elle s'enrichit de son propre exercice. Mais dire que la force n'est force qu'en s'efforçant à demeurer force, c'est dire que la tendance à l'entropie hante de manière indépassable le vivant en tant que vivant, et que tout acte vital est victoire sur le risque de la faiblesse ; qui dit victoire dit conflit, qui dit conflit dit chaos à surmonter. Et, comme l'écrit joliment Lucas Degryse (article « Le surhomme et la volonté de puissance », dans la revue « Le philosofoire », 2002-2003 n° 88), « selon Nietzsche, le surhomme est en effet celui qui assume son chaos intérieur et qui s'en rend le maître, mais sans essayer de le refouler ». Le sous-homme est donc, inversement, celui qui, secoué par un chaos intérieur qu'il sait indépassable, refuse de s'en rendre maître et croit s'en libérer en le refoulant, mais l'exerce sur le mode de la haine d'autrui pour l'avoir refoulé. Il est difficile de ne pas reconnaître, dans cette description, l'archétype du surnaturaliste consommé. Sa haine du « monde » et du péché, trop ostensible et trop verbeuse pour être honnête, est une haine de la vie, c'est-à-dire encore l'expression d'une vie anémiée.

Il va de soi qu'un catholique ne saurait cautionner la thèse du monisme de la volonté de puissance soutenue par Nietzsche ; nous retenons cependant de son analyse la vérité psychologique qu'elle enveloppe. Nietzsche croit pourfendre le catholique, et en général le chrétien, sans savoir que c'est le surnaturaliste qu'il condamne et auquel trop souvent se réduit le chrétien. Il va de soi, tout autant, que le catholique prône la charité et l'humilité, l'acceptation par chacun de sa petitesse et de tous les décrets de la Providence, l'oubli de soi, et l'extinction de l'esprit de révolte ; il sait que le refus de la transcendance se résout ultimement en subjectivisme et en déification du Moi, que seule une condition d'égalité convient à des petits Moi préoccupés chacun de la dérisoire déification de soi-même ; il sait d'instinct, avant même que de le conceptualiser, que ce culte nietzschéen de la force se prenant pour fin, comme fascination suscitée par des ovaires en état de manque, a un quelque chose de femelle bien éloigné de l'idéal aristocratique et guerrier dont un tel culte prétend s'inspirer. Le catholique non surnaturaliste sait encore que le refus de la transcendance, ainsi le refus de la grâce, est aussi refus, objectivement, de ce qui régénère une nature blessée affligée de langueur dans l'épreuve du surmontement de ses tensions internes, et que l'obsédé de la force se rend impuissant à faire maîtriser sa force par elle-même, se contentant de la subir et de jouir de ses effets exercés ad extra ; il sait donc que ce culte de la force pratiquée dans l'immanence d'un monde irrationnel en vient à exténuer cette force succombant à ses tensions constitutives, ce qui se résout soit dans la folie, soit dans l'abandon à l'hédonisme le plus plat, le plus commun et le plus dégradant.

L'observateur non éclairé mais de bonne foi déduira, contemplant l'affligeant spectacle des catholiques surnaturalistes, qu'il faut être un sous-homme pour être catholique, ce qui l'éloignera du catholicisme tout en attirant au catholicisme tous les hommes de ressentiment, les insatisfait congénitaux, les bras cassés, les complexés, les ratés, les névrosés, les laids et les faibles de toute espèce, et autres abandonnés de la nature. Le catholique rend donc un bien mauvais service à la promotion de sa religion en se faisant surnaturaliste, et en s'efforçant à persuader ses contemporains que la Tradition catholique, au rebours du modernisme, serait surnaturaliste, ou que l'antithèse du modernisme serait le surnaturalisme. Le surnaturalisme est la manière dont l'esprit de ressentiment, porteur d'esprit égalitaire, s'insinue dans le catholicisme. Il n'est donc pas étonnant que l'esprit théocratique en perte de vitesse ait fini par se faire démocrate avec le « Ralliement » et l'« Action catholique ».

Psychologie du surnaturaliste.

§ 25. 4. A toute distance du surnaturalisme, la doctrine saine et vraie du surnaturel nous enseigne que la grâce invite la nature déchue à se ressaisir, au double sens du terme : à se rassembler — à refaire ses forces en les corrigeant —, en conjurant l'entropie mortifère, et à se reconnaître, à accéder au savoir d'elle-même telle qu'elle est en vérité. Il est naturel de lutter, disions-nous. Mais qui dit lutte dit souffrance, de sorte que l'homme est bien, en effet, invité sur terre à souffrir pour gagner son Ciel : même en état de pure nature — ainsi selon le comportement induit, en et pour l'homme, par la présence de la seule nature humaine —, sa fin ultime n'eût pas été terrestre (il est par nature mortel), et l'idée d'un monde terrestre idyllique soustrait à toute tension est proprement satanique. Mais cette souffrance est d'abord celle d'une invitation à la lutte qui dit aussi, en droit, légitime jubilation de l'irascible.

C'est une chose que de consentir à souffrir selon une vie de combats résultant de la structure ontologique intrinsèquement conflictuelle et non peccamineuse — ainsi en soi excellente et aimable — de la nature humaine ; autant de combats dont, depuis la blessure du péché, l'homme, sans la grâce, sortirait certes vaincu ; une telle grâce, loin de contredire l'ordre naturel, l'épouse et en radicalise les forces et tendances belliqueuses en l'ouvrant au surnaturel par surélévation de sa condition ontologiquement limitée.

C'est une tout autre chose de prôner la lutte, et la souffrance qui l'accompagne, en identifiant en elles autant de conséquences du péché, comme si la lutte était un mal nécessaire, un désordre, une tension étrangère à la nature humaine envisagée en sa perfection idéale, mais un mal rendu nécessaire pour redresser une nature corrompue, en même temps qu'un châtiment. Le mal et le péché, en vérité, ne sont pas dans la tension et dans la lutte, ils sont dans l'indigence à assumer cette tension et cette lutte, et dans l'impuissance à les surmonter. Si elles sont, comme l'enseigne le surnaturaliste, tenues pour naître du péché, alors la lutte contre les tendances mauvaises, prescrite tant par la morale que par l'Évangile, sera conçue comme l'exercice d'une puissance surnaturelle non inscrite dans la nature, et de ce fait il y aura bien lutte pour le surnaturaliste, mais lutte de la surnature contre la nature elle-même. Il y a, en effet, lutte et irascibilité si et seulement s'il y a adversaire, ainsi scission intérieure ; quand cette scission interne génératrice de conflits est tenue pour accidentelle et intrinsèquement peccamineuse, ou bien pour l'expression d'une nature incomplète invivable en l'état, alors l'irascibilité susceptible de la résorber ne saurait s'enraciner dans la nature intègre, et c'est à la surnature qu'elle sera imputée, comme instance castigatrice vindicative fustigeant une nature assez perverse pour se révéler incapable de fonctionner seule, livrée à elle-même.

Ce qui caractérise psychologiquement le surnaturaliste, c'est cette conjugaison de pessimisme vigilant haïssant la joie de vivre et les beautés du monde toujours soupçonnées de détourner de la voie qui mène au Ciel, *et* de complaisance onirique pour les sociétés pacifiques imaginaires ayant extirpé d'elles tout ce qui pourrait relever d'une tension : selon notre pieux contempteur de toute inclination pour les « bruits de bottes », l'homme ne serait humain qu'au paradis terrestre, quand le lion et l'agneau allaient de concert boire à la même source, et ce sont cet homme innocent, cette société paradisiaque, qu'il faudrait viser comme modèles idéals régulateurs de la vie, tout en se tenant à distance circonspecte du monde réel en attendant la mort libératrice ouvrant au paradis céleste ; dans l'attente de cette mort libératrice à laquelle il aspire plus volontiers dans les mots que dans l'âme, le surnaturaliste vivra sa « sainte douleur » en passant son temps à dénigrer son prochain moins tourmenté que lui, plus vivant, plus à l'aise dans sa peau de réalité naturelle alimentée par un sang naturel et palpitant, couvrant ainsi sa jalousie pour les bien-nés du déguisement malodorant de la vertu indignée bien entendu éminemment encline à exercer sans réserve son devoir de « correction fraternelle ». Ce qui, de manière plus anecdotique mais envahissante, manifeste, entre autres choses fort communes dans certains milieux catholiques réactionnaires, cette tendance du surnaturaliste à se reposer passivement, selon un pieux prétexte (la transcendance de l'ordre surnaturel), sur autre chose que soi considéré en ses forces vives et sa combativité, c'est le choix de substituer les moyens surnaturels aux moyens naturels, telle la prière substituée au travail ou à la compétence : « Dieu pourvoira… » ; telle encore une dilection exclusive pour les médecines parallèles accompagnées d'eau bénite ; telle aussi la conviction qu'aucune initiative naturelle ne mériterait d'être embrassée sans la caution — voire le mandat — des dépositaires patentés du surnaturel, à savoir les ecclésiastiques : le choix du mari ou de l'épouse, du lieu de vie, de la profession, du candidat aux élections, de telle ou telle lecture, de tel ou tel groupe d'amis, de tel ou tel thérapeute, etc. ; telle aussi l'indifférence à l'égard des régimes politiques (seule la morale aurait de l'importance, un être moral pourrait faire son salut partout et pourrait partout être moral, et une démocratie gorgée de vertus chrétiennes aurait le « mérite » de prévenir l'orgueil des pouvoirs politiques forts) ; tel enfin le recours unilatéral, pour expliquer le temps présent, aux révélations privées et aux théories conspirationnistes.

C'est d'un tel recours que nous allons désormais parler.

CHAPITRE DEUXIEME

Le conspirationnisme,
travers incapacitant des Réactionnaires.

Complotisme, conspirationnisme, surnaturalisme.

§ **26.** Nous prendrons les deux mots « complotisme » et « conspirationnisme » pour des synonymes. Ils désignent la dénonciation d'une action subversive ou d'une conjuration menée secrètement, dans une communauté, par un groupe d'individus, action subversive destinée à renverser un certain ordre au profit d'une nouvelle organisation favorisant une autre communauté, donc substituant une élite à une autre. Cette action subversive entend faire passer ses initiatives et ses résultats pour des effets impersonnels liés à la nature des choses, au hasard, à la nécessité économique ou autre, en masquant son efficience, ses intentions délibérées et ses auteurs réels ; la conspiration relève donc du mensonge et de la ruse. Il s'agit, pour le conspirateur dont le conspirationniste dénonce les méfaits, de mettre sur le compte de causes impersonnelles moralement irresponsables des intentions réfléchies mais inavouables, donc de substituer la responsabilité d'une cause formelle controuvée à celle d'une cause efficiente réelle qui sera inavouée, maquillée et celée, pour conjurer toute réaction de la part du peuple abusé. Et le conspirationnisme entend dénoncer de telles ruses. Sans nous attarder sur ces sujets qui sont connus des lecteurs, nous pouvons prendre pour exemples de discours conspirationnistes la dénonciation des mensonges relativement au réchauffement climatique[7], à certaines pandémies, à l'immigration de masse, au travail des femmes, à l'avènement de la Révolution française ou bolchevique, à la déchristianisation qui serait le simple effet du progrès de la science et de l'évolution naturelle des mœurs, au Covid, à Pearl Harbour (1941), au torpillage du Lusitania (1915), à l'explosion de l'USS Maine en 1898 à Cuba, à la création de l'Europe de Bruxelles, à la Shoah, aux guerres menées sous faux drapeau, etc. Le complotisme est donc fondé sur l'idée selon laquelle tout ébranlement de l'ordre ancien a pour cause réelle l'initiative d'un noyau humain (franc-maçonnerie, judaïsme politique, crypto-marxisme, les multinationales, les banques, les jésuites…) dissimulé, extérieur à la société, ou lové en elle comme un chancre, un ennemi infiltré, de sorte que jamais la société et l'ordre ancien ne seraient responsables des bouleversements qu'ils subissent.

Il y a des complotistes qui ne sont pas surnaturalistes, et des surnaturalistes qui ne sont pas complotistes. Néanmoins, le surnaturalisme dispose au complotisme. Si les effets de la surnature doivent s'accomplir en s'opposant aux caractères d'une nature tenue pour non seulement blessée et déréglée, mais encore intrinsèquement inachevée, incomplète du fait de cette tension structurelle qui l'habite et que nous avons évoquée ici plus haut (en particulier dans notre § 18. 5), cette nature humaine ne peut pas ne pas manquer de rationalité, et les effets collectifs de cette nature humaine ne peuvent pas ne pas exclure une raison immanente participée par la plupart des hommes, qui expliquerait leurs comportements et la conjugaison de ces derniers, c'est-à-dire les comportements des masses humaines : si la nature humaine prise en elle-même est tenue pour incomplète, alors la condition humaine est inintelligible, elle ne peut être que le jouet des passions elles-mêmes manipulables ; d'où le recours systématique, pour expliquer les grands tournants historiques, à des causes ponctuelles incapables de s'inscrire dans une

---

[7] Ici, la conspiration consiste à attribuer à des causes personnelles coupables (les pollueurs) imaginaires des effets dont les responsables sont en vérité des causes impersonnelles (turbulences solaires cycliques).

rationalité impersonnelle se médiatisant dans les subjectivités des acteurs de l'histoire.

Il existe un sens de l'histoire.

§ **27. 1.** L'homme est doué de libre arbitre : on ne saurait déduire les actes qu'il va poser, il est donc exclu que l'on puisse jamais déduire l'histoire qui n'est pas science puisqu'il n'y a de science que du nécessaire. Elle comporte néanmoins de la rationalité, elle contient de l'intelligibilité. D'abord la volonté est appétit rationnel, elle est essentiellement mue par la raison : il y a quelque chose à comprendre dans les actions des hommes induites par leur liberté ; quant aux actions qui ressortissent à ce qu'il y a de non libre dans l'homme, elles procèdent aussi de la causalité immanente de leur nature, laquelle, de manière générale, est « ratio indita rebus ab arte divina » (*Somme théologique*, Iᵃ IIᵃᵉ qu. 13 a. 2), raison mise dans les choses par l'art divin : là encore il y a de l'intelligible puisqu'il y a de la finalité. Ensuite, à toute distance de l'idée comtienne de « physique sociale », ou de l'idée marxiste de déterminisme matérialiste (ontologie dite « du soupçon » : la superstructure spirituelle est tenue pour l'effet d'une infrastructure matérielle se dérobant dans la position de ses effets), il est néanmoins nécessaire d'admettre l'existence d'un sens de l'histoire, au double sens de direction et d'intelligibilité. Ce qui revient à dire que, dans l'espace (point de vue statique) et dans le temps (point de vue dynamique), il existe un projet qui anime de l'intérieur la communauté humaine, et cela signifie qu'elle a vocation à réaliser un tel projet qu'elle ne crée pas ; cela dit, elle peut toujours s'en écarter, mais ce sera au prix de son intégrité spirituelle et physique.

Il existe un projet a priori inscrit dans la nature de l'homme historique, qui conditionne — à tout le moins oriente — son devenir individuel et collectif, et cela pour deux raisons.

Tout d'abord, l'homme considéré en sa vie collective se fait habiter par des idées censées exprimer ce qu'il est, ce qu'il a vocation à être, ce qu'il aspire à être. Rassemblées en corps de doctrine, ces idées constituent des visions du monde et de la vie qui possèdent leur logique interne, en ce sens qu'y adhérer conditionne des effets bien déterminés. On est libre d'y adhérer ou de les refuser, mais ces doctrines une fois admises sont porteuses de comportements que l'homme épousera quand bien même ils contrediraient les raisons subjectives en vertu desquelles il a adopté de telles doctrines ; par exemple, on peut décider d'être marxiste par haine de l'individualisme consumériste qui inspire le libéralisme et ses défenseurs ; l'intention peut donc être généreuse mais, si l'on se fait disciple du matérialisme dialectique, on ne pourra pas échapper au destin social en lequel se consomme l'application historique du marxisme : une société de gueux dirigés par des privilégiés, tous étant mus par l'égoïsme sordide et l'absence totale d'aspirations spirituelles. Dès lors, parce que toute société, en tout moment de son existence, est habitée par une idéologie dominante, on peut prévoir jusqu'à un certain point les étapes du devenir d'une telle société : une rationalité se fait jour dans la série concomitante ou successive des actes humains contingents qui font la vie d'une telle société.

La série des faits et la théorie qui les rassemble.

§ 27. 2. De plus, l'histoire considérée comme connaissance du passé n'est pas réductible à l'exposé de la série des faits, parce qu'elle prétend comprendre ce qui s'est produit, saisir l'enchaînement des événements, les relations de cause à effet, ce qui contraint l'historien à procéder à des choix : tel événement est pour lui considéré comme plus déterminant que tel autre ; cela dit, un événement historique n'est pas cueilli tout élaboré dans la série connue des événements, il est construit, comme l'ont montré Lucien Febvre et Paul Valéry : la découverte, par l'Anglais Robert Talbot, en 1639, des propriétés thérapeutiques de l'écorce du quinquina, est de beaucoup plus importante, en ce qui concerne la configuration du monde après le dix-septième siècle, que la signature de tel ou tel traité à la même époque, et ce fait historique ne fut guère aperçu quand il se produisit, il fut même négligé par la mémoire des hommes, et c'est un fait qui ne se présenta pas comme tel ; les faits historiques, comme les faits scientifiques, sont « faits », présupposant une théorie qui en fait des faits. Aussi doit-on se rendre à cette évidence que l'histoire entendue comme « ce qui s'est passé et pourquoi cela a eu lieu » doit avoir livré son sens (son intelligibilité) pour qu'il soit possible d'identifier les faits méritant d'être retenus comme historiquement déterminants, cependant que c'est dans le seul fouillis des faits que se discerne un tel sens. Le sens requiert la connaissance des faits dont l'établissement présuppose la maîtrise du sens (autrement la grille d'interprétation des faits est arbitraire). Aussi l'histoire serait-elle impossible si l'on ne disposait, par des moyens qui ne relèvent pas du métier d'historien, de la vertu d'appréhender un sens de l'histoire. Si l'on observe que « sens » entendu comme « intelligibilité » se confond en fait avec le « sens » entendu comme finalité (la nature d'un être est sa fin, sa nature est son essence et son essence est son intelligibilité), on est invité à se rendre à l'évidence suivante : si l'histoire (la discipline de l'historien) est possible, c'est parce que l'histoire (ce que décrit l'historien) poursuit inconsciemment un but qu'elle laisse le soin de se faire réaliser par l'entrechoquement des libertés souvent irrationnelles des hommes. Ce sens ne doit pas être entendu telle une force invincible qui manipulerait les libertés. Il n'en est pas moins un principe directeur objectif orientant — mais sans les contraindre — ces libertés. On peut certes contester ce résultat en remarquant que ce que l'on entend méthodologiquement par sens (but) de l'histoire, et qui oriente la considération du passé, n'est autre que le présent de l'historien qui élabore l'histoire-connaissance. Mais ce présent est du passé presque aussitôt que posé, et il ne devient intelligible qu'à l'aune d'un présent nouveau à partir duquel toute l'histoire passée est récrite en bouleversant, voire en rendant littéralement faux, dans l'hypothèse, tout l'enseignement passé de l'histoire. On pourrait s'en tenir à ce point de vue relativiste et déclarer avec Pierre-Augustin Cournot que chaque génération se fait une histoire comme elle se fait des maisons et, quand elle est assez riche, des villes à sa guise. Quand bien même on se satisferait d'un tel relativisme aboutissant au fond à la volatilisation du concept même de vérité historique objective, on serait arrêté par le constat suivant : la manière d'écrire l'histoire est elle-même un fait historique, la forme qui organise le contenu du fouillis des faits innombrables est elle-même un élément du contenu, de telle sorte que d'une part ces histoires écrites sont souvent les seules sources permettant d'accéder au passé — ainsi aux faits — dont elles font mémoire, d'autre part elles ont exercé une causalité sur les lecteurs du temps où elles ont été élaborées ; elles ont conditionné la manière dont ils se sont perçus eux-mêmes et dont ils ont élaboré leur avenir qui se trouve être notre présent ; c'est d'ailleurs pour cette raison que l'acte d'écrire l'histoire est toujours, directement ou non, un acte politique. Si ces manières d'écrire l'histoire n'avaient de valeur que pour l'époque qui les vit naître, elles ne sauraient être prises en compte par les époques futures. Or elles le sont et elles doivent l'être : on doit bien accorder une valeur non relativiste aux différentes manières d'écrire l'histoire puisqu'elles font partie de ce que l'histoire est censée décrire et restituer objectivement. Autant, dès lors, reconnaître que le principe d'intelligibilité qui présida à leur élaboration n'est pas la seule considération du présent des historiens qui en furent les auteurs. Mais si l'on consent à leur reconnaître une valeur plus ou moins grande, c'est que l'on se réfère à un idéal intemporel : dans l'ordre qualitatif, toute hiérarchie s'établit à partir d'un maximum. On doit bien, dans l'exercice du métier d'historien, se référer à un principe idéal intemporel, ainsi à un sens universel qui a raison de terme, de clôture temporelle et de but intemporel. On peut préciser l'argument de la manière suivante : l'acte de faire œuvre d'historien, et l'historien qui écrit l'histoire, sont intérieurs à ce qui est à écrire : ils font partie de ce dont est tissée l'histoire des hommes ; sous ce rapport, le sujet (l'historien) est intérieur à son objet (ce dont il parle), mais de ce fait la *pensée* de l'objet est pensée (de soi) *de l'objet* par la médiation du sujet que contient cet objet. Et, si l'objet se révèle pensant, il est aussi sujet, il est même et d'abord ce premier sujet du développement de l'histoire, laquelle, hypostasiée comme Providence, est conception d'une fin, visée d'un projet, parce que tout processus — ici tout développement temporel historique — est nécessairement borné : l'acte de ce qui est en puissance exclut d'être infini ou sempiternel (à moins d'être cyclique, mais tel n'est pas le caractère d'un processus historique humain) puisque la puissance est intérieure à l'acte qu'elle conteste, ainsi qu'elle limite et que de ce fait elle finitise. Marx enseignait que les hommes font l'histoire sans savoir l'histoire qu'ils font ; Raymond Aron paraphrasant Marx écrivit que les historiens font l'histoire sans savoir l'histoire qu'ils écrivent ; les deux aphorismes sont exacts, mais ce qui les fonde est que l'Histoire se fait faire par les hommes en sachant ce qu'elle fait parce que, poursuivant un but, elle est le Sujet de son processus, c'est-à-dire d'un processus dont les hommes sont les exécutants conscients et libres, par là sont les causes, mais sans en être la cause première.

Culture et civilisation.

§ 27. 3. S'il existe une histoire-connaissance idéale dont s'approche avec plus ou moins de bonheur le travail des historiens, c'est que l'objet de l'histoire-connaissance, à savoir l'histoire de ce qui est, ou de ce sur quoi l'on enquête, existe lui aussi : il existe par conséquent une histoire et une organisation idéales de la communauté humaine, dont les hommes, de fait, s'écartent toujours parce qu'ils sont imparfaits, mais à laquelle les hommes tendent par nature à se conformer, quelque infidèles qu'ils lui soient dans les faits. Ce qu'il y a d'imprévisible, qui échappe à tout concept, est précisément d'une part ce coefficient d'éloignement, qui a raison de privation, par rapport à la ligne idéale, d'autre part l'ensemble des moments par lesquels un tel idéal a vocation à être actualisé. Parce que le propre d'une privation est qu'elle est suspendue à ce qu'elle conteste (l'être de la cécité est le non-être de la vue), l'irrationalité des comportements individuels et collectifs infidèles à leur destin idéal participe encore de l'intelligibilité de ce destin.

On sait que, pour Hegel par exemple, cette fin de l'histoire, qui ne prétendait ni arrêter le cours du temps ni interdire au futur d'apporter des nouveautés, désignait l'avènement de l'État rationnel, le « divin terrestre », la monarchie prussienne politiquement forte et socialement libérale. On peut certes discuter la pertinence de ce point de vue. Quant à nous, nous nous contenterons beaucoup plus modestement d'évoquer de manière toute formelle l'état d'un monde humain habité par des hommes qui, tous devenus catholiques (parce que le catholicisme est la seule vraie et définitive religion), seraient tous devenus vertueux et saints, réalisant sur Terre la vraie paix dont nous avons vu qu'elle n'est pas l'absence du conflit mais le résultat du surmontement de cette tendance conflictuelle assumée. Bien savant serait celui qui pourrait prétendre sans confiner au ridicule décrire l'état idéal du monde humain réalisable historiquement et inspirant les désirs et les actions des hommes au titre d'intention objective active exercée en eux depuis toujours par leur nature commune. Malgré tout, ce n'est pas parce qu'il est des réalités qu'on ne saurait déduire et que l'on peut appréhender seulement par induction que ces réalités manqueraient d'intelligibilité. Si la paix est le repos de l'ordre quand l'ordre est la disposition des choses en vue d'une fin, la paix est recherche d'une fin qui est à l'origine du processus historique universel ; si l'on se souvient que la nature d'une chose est sa fin et que la fin de cette chose est, de ce fait, sa nature, il sera moins grotesque d'oser déclarer que la fin — ultime en exécution parce que première en intention — de l'histoire universelle est l'actualisation de toutes les potentialité positives de la nature humaine ; et c'est ce qui nous paraît recevable dans le concept moderne de perfectibilité. Souvenons-nous, cela dit, de l'enseignement de Pie XII évoqué ici dans notre Introduction : « *La vie nationale est, de sa nature, l'ensemble actif de toutes les valeurs de civilisation qui sont propres à un groupe déterminé, le caractérisent et constituent comme le lien de son unité spirituelle* ». Au regard de ce que nous venons de comprendre concernant le but poursuivi par l'histoire, nous pouvons affirmer que le sens de l'histoire — lequel n'est nullement, dans son effectuation, ablatif de contingence —, ce sens entendu comme finalité qui est aussi intelligibilité, n'est rien d'autre que l'actualisation des virtualités positives des génies nationaux harmonisés entre eux, ainsi hiérarchisés, réconciliés chacun avec lui-même et les uns avec les autres. Le sens de l'histoire est ainsi la recherche d'une réalisation politique de la civilisation. Il est le déploiement de cultures harmonisées, dans un processus d'harmonisation qui perfectionne chacune d'entre elles, et au sein d'une totalité politiquement unifiée qui se nommera *la* civilisation. Nous nous souviendrons de ce résultat quand nous aborderons la question du nationalisme. Mais nous pouvons dès à présent affirmer que ce que le complotiste explique par des interventions individuelles maléfiques relève d'abord de l'impuissance des hommes, plus ou moins accusée, à se mettre à l'écoute d'un tel sens de l'histoire.

Surnaturalisme et complotisme.

§ **27. 4.** Cela dit, si l'on tient, avec le surnaturaliste, la nature humaine pour un principe désormais privé de son droit à tendre vers sa fin propre (la fin surnaturelle est supposée avoir remplacé cette fin naturelle), alors le comportement des hommes habités par cette nature se voit dessaisi de la rationalité attachée à la finalité que cette nature constitue pour ceux qu'elle habite : redisons-le ; la nature d'un être est sa fin, donc la fin d'un être est sa nature. En climat intellectuel surnaturaliste, on en vient donc à mésestimer le poids d'intelligibilité, porteur de savoirs prévisionnels, attaché à la causalité de la nature humaine, et l'on substitue, à la recherche d'une telle intelligibilité, celle d'événements fortuits surgissant de la volonté de quelques-uns qui, pour parvenir à leurs fins personnelles rarement plébiscitées par le grand nombre, doivent celer leurs intentions et leur efficience, de sorte qu'ils seront tenus pour être les auteurs de complots. Ce complotisme se double, chez le surnaturaliste, d'une « apparitionnite » compulsive, pour les raisons qui inspirent le complotisme : si la condition humaine est dépourvue de rationalité, l'unique mode de compréhension du présent et de prévision de l'avenir qui subsiste reste la consultation des augures, en l'espèce chrétienne celle des révélations privées qui, soutenues et entretenues par la curiosité et l'angoisse, ainsi par les passions, fleurissent dans tous les sens et en viennent à étouffer toute réflexion rationnelle, voire tout bon sens. Et la passion soupçonneuse qui inspire cette mentalité est douée du pouvoir de s'auto-entretenir : derrière tel fait est à découvrir un secret, mais ce secret aussitôt dévoilé se voit chargé du pouvoir d'en celer un autre, et cela à l'infini ; on ne cherche pas tant pour trouver une ultime explication que pour éprouver le plaisir de dévoiler, de faire advenir l'occulte au jour, aussi doit-il toujours subsister de l'occulte pour que le plaisir maniaque du dévoilement ait sempiternellement du grain à moudre.

Complotisme et « contre-Église » : première difficulté.

§ 28. On peut à présent aborder la première difficulté liée à la systématisation de l'esprit complotiste. Si en effet Dieu est cause immédiate et exclusive, par la dispensation de sa grâce tenue pour se substituer à la causalité de la nature, de tout ce qu'il y a de bon dans le monde et dans l'histoire, alors le mal doit en retour être tenu pour l'œuvre directe du démon, et l'histoire devient, dans cette perspective, le spectacle de la formidable lutte entre Dieu et le diable, auquel assistent passivement les hommes supposés seulement capables de choisir leur camp et de se reposer sur leur champion en sollicitant ses bienfaits et sa protection. Or, dit-on, le démon a des adeptes, des affidés qu'il s'agit de démasquer. Donc l'explication du passé éloigné ou immédiat, ainsi du présent, prendra la forme d'une enquête qui ne pourra être que conspirationniste.

Ce point de vue revient à hypostasier le mal (on parle alors de « contre-Église »), au point de développer une mentalité dualiste, manichéenne et au fond gnostique excluant que l'on puisse jamais éradiquer le mal, lequel est pourtant, en vérité, tout entier non-être, suspendu à ce qu'il conteste, mais aussi intérieur à chaque homme et non extérieur aux partisans du bon combat. Dans sa forme édulcorée, cet acte d'hypostasier le mal prend la forme du surnaturalisme. Il y a certainement des hommes pervers qui entendent bien construire ce qu'il est convenu de nommer une « contre-Église », et telle est probablement la vérité inavouée de la Maçonnerie. Mais cela vient de ce que, pour eux, le vrai Dieu est Lucifer, le Dieu de la Bible étant le Dieu mauvais, en sorte que pour eux l'Église luciférienne est la vraie Église, et que c'est l'Église catholique qui s'oppose à cette vraie Église, qui va contre l'Église et qui est la « contre-Église ». Pour un catholique, il n'y a pas à proprement parler de « contre-Église » entendue comme une réalité positive douée d'une existence propre autonome ; elle n'a d'être que de ce qu'elle conteste et qu'elle présuppose pour le nier ; tout son être est celui d'une privation, c'est-à-dire d'un non-être. Elle n'en existe pas moins, mais à la manière dont existe la cécité, laquelle n'existerait pas si la vue n'existait pas. Mais les premiers responsables des privations, tant celles qui sont d'ordre spirituel que celles relevant des ordres intellectuel ou matériel, sont précisément les dépositaires de ces biens dont on dit qu'ils sont affligés de privations : la victoire des méchants, comme l'enseignait saint Pie X, résulte de la faiblesse des bons.

Les microbes et la maladie.

§ 29. Il y a incontestablement une part de vérité dans le complotisme. La promotion de la liberté des femmes était destinée, sous couvert d'honorer leur liberté et de les soustraire à la tyrannie de mauvais époux, à les mettre au travail pour le plus grand intérêt du capitalisme, à faire baisser la natalité en favorisant les divorces et les avortements afin de justifier le recours à l'immigration. On a mis en place, dans le même ordre d'idées, de nombreuses dispositions donnant l'impression de rendre économiquement nécessaire le recours à l'immigration de peuplement, alors qu'on entendait secrètement détruire l'identité ethnique de nos pays européens, etc. Tout cela était et demeure éminemment calculé. Il y a eu et il y a des complots, et il est opportun de les dénoncer. La question est de savoir si ces complots sont la cause première des décadences, ou bien s'ils sont des causes instrumentales qui cachent des causes plus profondes par lesquelles les premières sont mues. Elle est aussi de savoir si tout progrès dans la décadence a pour cause un complot[8].

Il peut paraître expédient de faire porter par les comploteurs la responsabilité de toutes les décadences : deuxième difficulté.

§ **30. 1.** En d'autres termes, et au titre de deuxième difficulté d'une systématisation de l'esprit complotiste, nous dirons que cet esprit permet de s'innocenter des maux que l'on subit, de se rendre innocent des phénomènes de décadence. Ce sont, dit-on, les méchants qui opèrent, ce ne sont jamais les partisans du « bonum certamen » qui auraient failli. Tout était parfait, se persuade-t-on, avant les montages complotistes.

En vérité, ce ne sont pas les microbes qui affaiblissent l'organisme et le rendent malade ; c'est parce que l'organisme était déjà affaibli que les microbes ont pu faire leur œuvre mortifère dans ce corps. Vivre est conjurer la mort, vivre a la forme d'une victoire incessante sur le néant, comme le rappelait le vitaliste Bichat (mort en 1802) : la vie est l'ensemble des fonctions qui résistent à la mort. Quand l'organisme ne se bat plus, il ne vit plus, non seulement parce qu'il faut combattre contre ses ennemis, mais encore parce que vivre *est* combattre, vivre est nourrir en son sein le risque de la mort pour se donner l'épreuve de la surmonter. Est vivant ce qui a en soi le principe de son mouvement, dont le mouvement de sa propre genèse et régénération ; le mouvement est passage d'un contraire à un autre ; le vivant est donc ce qui s'identifie à lui-même, ce qui devient ce qu'il est (comme nous y invitent Nietzsche et Pindare), en s'anticipant dans le contraire de lui-même qui doit de ce fait lui être consubstantiel et qui a pour

---

[8] Parallèlement, un catholique ne saurait repousser toutes les révélations dites privées. Mais il sait qu'elles ne sont pas l'essentiel de sa vie spirituelle, et il ne reçoit comme authentiques que celles qui sont reconnues par l'Église, non sans, de plus, respecter le plus grand impératif de prudence pour ce qui est de l'interprétation qu'elles appellent.

vocation d'être nié : il n'y a pas de paix sans l'épreuve du risque de la guerre, il n'est pas d'amitié sans celle du risque du surgissement d'ennemis, comme l'enseigne l'hégélien de droite — et catholique — Carl Schmitt ; le vivant est ce qui nourrit, en son sein d'être en acte, un être en puissance en lequel il s'aliène afin de le surmonter, mais il ne s'y aliène que par l'acte à raison duquel il s'en rend victorieux en l'actualisant, se faisant poser par ce qu'il pose. Ainsi, si vivre est combattre, ce qui refuse de combattre dépérit, non d'abord parce que des ennemis en voudraient à sa vie innocente, mais parce qu'il se trahit lui-même de manière non innocente et fait surgir ses propres ennemis par le simple fait de s'affaisser sur lui-même.

La manie du complotisme consiste à s'innocenter de sa propre décadence. Avant 1789, tout était pourtant déjà là pour que la Révolution surgît, tels les injustices et dysfonctionnements divers révélateurs d'un inachèvement de la raison politique ; tel le fait d'un pouvoir encore domestique et non explicitement politique en acte, parce qu'il n'y avait pas d'État à proprement parler, mais une fidélité au Prince et à sa dynastie, renforcée par une multitude de coutumes disparates sédimentées ; de fait, il n'y avait pas d'organicité (selon laquelle, de manière générale, un tout se fait vivre de la vie de ses parties qu'il pose en son propre sein et que donc il fait vivre), mais une société d'ordres juxtaposés depuis longtemps dégénérés en classes devenues hostiles entre elles. Sur ce point, nous épousons la position de Marcel Clément, exprimée par lui dans son *Enquête sur le nationalisme* (page 153, ouvrage sur lequel nous reviendrons bientôt) dans les termes suivants : « Sous la monarchie, l'hypertrophie de quelques grandes familles a menacé périodiquement l'autorité du roi et les libertés du peuple, et l'équilibre politique n'a été conquis que lentement. Ce n'est qu'au treizième siècle que saint Louis a pu interdire les guerres privées, et après lui, l'abaissement des Grands restera l'un des soucis périodiques de la monarchie ».

L'histoire de France est la France même se faisant, le contenu du résultat est le processus même, parce que le résultat du processus historique est lui-même dans l'histoire et prend la place d'un événement historique lui-même assujetti au devenir ; c'est au moment où le processus de genèse de la France entendue comme nation constituée fut en passe de s'achever que, freinant des quatre fers devant les ultimes métamorphoses qui restaient à faire pour qu'elle décollât de son devenir et se posât en véritable résultat, elle s'est défaite, et ce sont les ennemis de la France catholique qui ont fait son unité étatique et nationale, mais en se fondant sur des principes faux, constructivistes, individualistes, rousseauistes, voltairiens (c'est-à-dire lockiens), bourgeois, maçonniques, rationalistes (entendons par là : émancipés de la férule du magistère ecclésial, et de ce fait, en vérité, irrationnels). Comme on sait, les émigrés de Coblence, selon le mot de Talleyrand, n'avaient à leur retour rien appris et rien oublié. En dénonçant les complots qu'il voit partout, le conspirationniste réenclenche le processus qui a mené à la décadence, loin de la conjurer ou de restaurer l'ordre. Plus radicalement, une simple restauration, solidaire du complotisme, est toujours un échec qui renforce la subversion au lieu de l'éradiquer ; c'est pourquoi toute authentique restauration est en même temps, de manière obligée, un acte révolutionnaire.

L'idéal national est-il une chimère ?

§ **30. 2.** Il vient d'être question de maturité d'une vie nationale, et maints esprits sceptiques pourront contester la pertinence de cette idée : une nation, diront-ils, n'est jamais que ce qu'elle doit être, parce qu'elle n'a pas à être quelque chose, sinon dans l'esprit des rêveurs qui prennent le fait pour le droit, érigeant arbitrairement en finalité ce qui n'est qu'événement contingent. Parce qu'une nation est immergée dans le temps dont elle ne sort jamais qu'en mourant, ainsi est toujours en devenir, on peut se demander si l'idée de maturité d'une réalité nationale a un sens, ou n'est pas arbitraire ; si la réponse est négative, c'est l'idée même de nation qui est volatilisée, s'il est vrai qu'une nation est une manière d'être homme ayant raison de modèle pour ceux qui lui appartiennent. Elle doit être dotée d'une idéale fixité pour assumer la fonction de modèle, pour permettre de déclarer si à tel ou tel moment de sa vie elle est conforme ou non à ce qu'elle doit être. Essayons de montrer que l'identité nationale n'est pas un concept creux ou arbitraire, nonobstant l'impossibilité où l'on se trouve de déduire a priori ses contours. Cette courte méditation, accidentellement suscitée au cours d'une réflexion sur le conspirationnisme, se révélera utile lorsque nous aborderons la question du nationalisme, dans notre troisième partie.

L'homme étant par nature un animal politique, la vie nationale est par définition — l'étymologie le corrobore — l'expression d'un aspect privilégié, archétypal, de la nature humaine. Usons d'une analogie pour l'illustrer. Un portraitiste, dont le propos est, selon l'heureux mot de Paul Klee, non de reproduire le visible mais de rendre visible l'invisible — c'est-à-dire, en l'occurrence, l'intérieur de la personne qu'il peint, son caractère profond, sa différence individuelle qui est spirituelle —, s'efforce à choisir, parmi toutes les attitudes accidentelles, tous les profils de ce visage, celui qui révélera le mieux l'essence de cette personne en tant qu'essence individuée. Parmi toutes ses manières d'apparaître, il en est une, privilégiée, qui dévoile ce qu'il est dans le fond son caractère. Ce qu'il est, est irréductible à la série de ses manifestations ou à la somme de ses actes, et pourtant, si le souci de faire venir au jour ce dont les apparences sont plus des masques que des apparitions n'est pas vain, il faut bien qu'il existe un accident extérieur qui, parmi tous les autres, ait le privilège de faire apparaître l'essence intérieure. Et c'est le miracle de l'œuvre d'art qui révèle que la chose est possible. L'émotion esthétique, qui appartient au registre de la délectation de l'intellect, l'atteste : est beau ce qui est vrai, ce qui est vraiment ce qu'il a à être. Il va de soi qu'une œuvre d'art n'est pas déductible, autrement le génie artistique pourrait se mettre en équation. Mais qu'elle ne soit pas déductible ne signifie pas qu'elle n'existerait pas ou (ce qui revient au même) que l'appréciation de sa perfection ou finitude (entendue aussi comme état de ce qui est achevé et parfait, ainsi « fini ») ne serait que subjective. Il en est de même pour une nation.

De son propre aveu, un artiste ne sait pas ce qu'il va produire parce qu'il est telle une femme en gésine ; il souffre aussi longtemps qu'il est gros de son œuvre tardant à se manifester. S'il souffre, c'est qu'il est en conflit avec lui-même, rendu par l'inspiration comme étranger à soi, extérieur à soi, tourmenté par le désir de faire venir son fruit au jour. Mais tout désir, tout appétit, procède de la nature de celui qui désire, et cette même nature ramène à elle celui qu'elle habite du fait que le désir, déséquilibre sporadique, révèle une inadéquation, en tant qu'il est manque, de l'homme avec lui-même. Si la satisfaction du désir de produire est négation de cette extériorité à soi du sujet désirant, c'est que la production de cette œuvre est l'acte à raison duquel l'homme, s'identifiant inchoativement à son essence ou nature à laquelle il se rend, se réconcilie avec lui-même et, ce faisant, *s'intériorise*. L'artiste s'intériorise en s'extériorisant, se pose en s'opposant. Selon un mouvement analogue, la pensée n'est, comme activité intérieure, effective ou actuelle, qu'en faisant l'effort de s'extérioriser en se naturalisant dans la choséité des mots : ce qui se conçoit bien s'énonce clairement, et l'indicible est la plupart du temps, sous des dehors emphatiques, le constat d'une pensée à l'état de fermentation, par là à l'état potentiel. Si donc l'artiste s'intériorise ou se conforme à son essence en extériorisant son œuvre, c'est que *cette même œuvre est extériorisation de soi de son essence*. Mais ce qui fait l'essence de l'homme, c'est sa raison. Toute véritable œuvre d'art, à toute distance de la célébration du sentiment, contracte par là le statut de cristallisation d'une virtualité de la raison. Or la raison est universelle ; donc l'œuvre d'art est objective. La beauté de l'œuvre, qui la fait œuvre d'art, est une propriété de l'objet, et on la saisit par induction ; qu'elle ne soit pas déductible ne la rend pas subjective ou irrationnelle. Il en est de même pour cette espèce de réalité que l'on désigne en parlant d'identité nationale.

Quand on s'interroge sur le bien-fondé de l'existence des nations, on évolue dans l'élément de la contingence, et l'on est confronté au problème de l'intelligibilité de la contingence, c'est-à-dire de la recherche d'une rationalité qui ne relève pas de la déduction, mais qui a trait à l'induction ; c'est la rationalité problématique qui préside à la genèse et à la définition, expressive de leur maturité, des nations historiques. De manière générale, il faut se référer à l'aporie du « Ménon » de Platon : ce que l'on connaît, on ne le cherche pas parce que l'on ne cherche que ce que l'on ne possède pas ; mais on doit bien posséder ce que l'on cherche pour savoir ce qui est à chercher ; on doit donc savoir *secundum quid* ce que l'on ne sait pas. Platon répond à l'aporie par la doctrine de la reconnaissance, ou anamnèse conceptuelle : dans une autre vie (mythe du « Phèdre »), l'âme a vu les Intelligibles (la Beauté, la Justice en soi), a chuté dans un corps en oubliant ce qu'elle avait vu, et le contact avec telle ou telle chose belle suscite en elle la mémoire de ce qu'elle ne se savait pas savoir : toute connaissance est reconnaissance, apprendre est se ressouvenir. Ainsi explique-t-on, dans le domaine affectif, le « coup de foudre ». Les philosophes ont expliqué diversement ensuite ce que Platon résolvait par le mythe, et nous n'aborderons pas ici l'examen de ces explications. On retrouve ce problème par exemple dans l'explication de la genèse du langage : il faut disposer de la raison en acte pour fonder conventionnellement une langue (il doit y avoir concertation entre partenaires, ainsi dialogue, par là langage), cependant qu'il faut disposer d'une langue pour actualiser la puissance ou capacité de penser, ou de raisonner (c'est dans les mots que nous pensons, le langage n'est pas le simple véhicule de la pensée, il est constitutif de son actualisation) ; on retrouve la même action réciproque quand on s'interroge sur le bien-fondé de telle ou telle novation linguistique : est-elle actualisation et perfectionnement, ou trahison de l'esprit ou du génie d'une langue ? Ou bien une langue n'est-elle jamais dans les faits que ce qu'elle doit être, parce qu'il n'y aurait pas d'archétype normatif d'une langue qui ne serait, au fond, que le résultat de l'usage qu'on en fait ?[9] De même, il faut disposer d'une connaissance a priori du bien commun universel (existence de certaines nations qui sont dans l'« intentio naturae »

---

[9] Une résolution de ces problèmes est à chercher dans l'idée suivante : l'esprit qui pense et s'exprime dans une langue doit *être* langage pour être habilité à acquérir une langue ; en termes scolastiques, l'intellect possible doit être le verbe de l'intellect agent, sans cesser d'être puissance à produire des verbes, car alors il possède a priori ce qu'il cherche, et l'induction est reconnaissance dans l'objet de ce qu'il ne se savait pas posséder. Mais, répétons-le, tel n'est pas l'objet du présent travail.

et abandon d'autres nations vouées à périr en étant assumées par les premières, puis hiérarchisation des nations destinées à subsister) pour accepter ou regretter telle ou telle organisation politique du monde à un moment donné de l'histoire, cependant que c'est dans l'histoire seule que se discernent la genèse de l'esprit des peuples et l'opportunité de cette genèse.

On ne peut déduire a priori, en partant d'une idée abstraite de l'Homme, l'esprit des peuples et les organisations nationales en lesquelles ils se concrétisent ; corrélativement, on ne peut nier la rationalité qui préside à leur naissance, ou encore réduire à une pure contingence sans raison (effet de purs rapports de force ou résultat de l'entrechoquement de libertés arbitraires et d'intérêts privés) le fait de l'existence de tel ou tel peuple et de telle ou telle nation ; on ne peut que prendre acte de l'existence de ces nations forgées dans et par l'histoire, et tenter ensuite de « reconnaître » (au sens platonicien) en elles un mode idéal d'expression de tel ou tel aspect excellent de la nature humaine. Autant, sous ce rapport, l'existence des États-Unis d'Amérique paraît tératologique (la culture américaine infantilise et avilit), autant l'esprit français, l'esprit allemand, l'esprit hispanique ou l'esprit italien (etc.) attestent une excellence qui fait d'eux des paradigmes en lesquels nous reconnaissons quelque chose de la nature humaine qui, tout entière quoique non totalement investie en chacun de nous, est en attente de son extériorisation culturelle. Ce qui n'est pas dans l'intention de la nature périt tôt ou tard parce qu'il est contre nature, laquelle nature est « *ratio* indita rebus ab arte divina » (saint Thomas d'Aquin), *raison* mise dans les choses par l'art divin, de sorte que ce qui est contre nature est aussi irrationnel. Ce qui est mauvais, ainsi contre nature, et qui subsiste néanmoins, c'est quelque chose d'analogue à la cécité dont tout l'être est celui d'une privation de la vue, ainsi un manque, lequel n'existe que par ce dont il est le manque. Ce qui est mauvais, qui n'a pas vocation à exister, est suspendu à ce qu'il conteste et vit de ce qu'il nie, ainsi vit de ce qu'il épuise, de sorte qu'il s'affaiblit lui-même en affaiblissant les autres ; la démocratie égalitaire, l'esprit états-unien ou l'esprit du communisme font incontestablement partie de ces réalités déshumanisantes ; on peut en dire autant des nations artificielles telles que la Yougoslavie ou la Tchécoslovaquie, ou encore telles ces nations passées (obsolètes) dans l'appétit de la matière des peuples (Kurdes, Basques, etc., dont le réveil artificiel est entretenu par le désir mondialiste de détruire les nations existantes). Si les grandes nations européennes sont nées et ont subsisté en croissant et en engendrant des produits culturels effectivement civilisateurs et à portée universelle, c'est qu'elles étaient dans l'« intentio naturae », et donc il faut les accepter. On a quelques raisons de penser que la France en fait partie ; ce qui la définit et lui confère valeur d'archétype, ainsi sa vocation, c'est l'aptitude à se faire le lieu géographique, racial et spirituel de tous les aspects du génie indo-européen ; nous reviendrons sur ce point. D'où la pertinence et la fécondité du concept hégélien de « ruse de la Raison », selon lequel l'avènement de la rationalité s'accomplissant dans l'élément des réalités historiques par essence grevées de contingence (ainsi d'irrationalité) s'effectue en se médiatisant dans les passions humaines, le conflit des intérêts privés (l'ambition toute privée du César franchissant le Rubicon, porteuse de l'avènement de la majesté providentielle de l'Empire romain).

La nation prise comme idéal n'est pas une chimère. Comme toute réalité vivante, elle devient, et ce qu'elle devient n'est autre qu'elle-même, et le moment où elle le devient est celui de sa maturité. La France est devenue la France au moment où elle s'est vue dotée d'une diversité interne l'habilitant, par ses provinces variées, à être un résumé de l'Europe, et à ce moment l'absolutisme de l'Ancien régime appelait, pour que fût actualisée cette unité dans la diversité, l'idée moderne et antique, mais non médiévale, de l'État. C'est ce tournant qu'elle n'a pas su prendre. D'où l'explosion de la Révolution française. La mentalité conspirationniste rendra raison de cette explosion par l'intervention de sectes maçonniques. Un argumentaire relevant de la philosophie de l'Histoire l'expliquera par des raisons relevant des exigences intemporelles du Politique, de l'essence politique de l'homme.

Empoisonneurs empoisonnés.

§ **31.** Les complotistes ne voient pas que les ennemis de la société d'ordre, traditionnellement définis comme juifs et francs-maçons, sont eux-mêmes des produits de cette société en laquelle ils évoluent ; ils sont sécrétés par l'esprit du temps. Ils ne sauraient donc forger leur époque de part en part puisqu'ils en procèdent. Toutes les idées judéo-maçonniques ont préexisté à l'instauration du pouvoir et des institutions judéo-maçonniques. La vision juive du monde est celle du gnosticisme ; tels furent la cabale de Louria, le carpocratisme de Sabbataï Tsevi, repris, comme l'établit Gershom Scholem, de la gnose irano-babylonienne : les fondements de la vision juive du monde opposée à la vision chrétienne du monde ne sont pas d'origine juive, mais ont été empruntés au monde indo-européen et adaptés aux intérêts stratégiques du judaïsme antichrétien ; les principes de la République jacobine sont issus au moins en partie de Rousseau qui n'était pas franc-maçon. Et, dévorant ses propres enfants, la Révolution a guillotiné maints francs-maçons, dont Junius Frey, disciple de Jacob Franck (lui-même disciple de Sabbataï Tsevi), membre des Illuminés de Bavière, guillotiné avec les dantonistes en 1794 ; il en fut de même pour le fameux Anacharsis Clootz.

Il ne nous déplaît pas, pour illustrer ce travers de la psychologie du complotiste hypertrophiant l'importance des initiatives subversives d'une minorité au détriment de l'influence de la surdité des esprits (autant les dirigeants que les dirigés) relativement à la causalité d'un sens à l'œuvre dans l'histoire, de citer un auteur contemporain de romans policiers (mais oui…, pourquoi s'en priver si le propos est pertinent ?), faisant dire à l'un de ses personnages :

« *L'apophénie pathologique figure dans le DSM-5, le manuel diagnostique et statistique des troubles mentaux, parmi les troubles relevant du spectre de la schizophrénie. La forme dont est atteinte Judith <un personnage du roman> n'est pas rare et en dit long sur la façon dont certains, en ce début de XXIème siècle, se perdent dans le labyrinthe des symboles et des signes qu'une certaine contre-culture fait circuler partout. Elle est à mon avis* *la conséquence d'une surinterprétation systématique, de cette fascination obsessionnelle d'une partie du public pour les sens cachés, les significations ésotériques, les fantasmes de grandes manœuvres orchestrées par les puissants et qu'on serait capable de démasquer rien qu'en naviguant sur un moteur de recherche et en discutant dans des forums. Nous désirons si ardemment trouver un ordre dans le désordre, une explication, avoir un semblant de contrôle sur le chaos qui gouverne nos vies. Au fond, les complotistes sont des crédules qui se prennent pour des incrédules et qui croient les autres crédules. Ce qui ne veut pas dire, je le répète, que les complots n'existent pas. C'est comme celui qui, à force de crier au loup, n'est plus écouté quand le loup survient… »* (Bernard Mignier, *Un œil dans la nuit*, XO éditions 2023 coll. Pocket, page 392).

Il y a en effet des complots, et le mépris ostensible et indéfiniment ressassé, par les médiats serviles, des « intellectuels » patentés à l'égard de toutes les théories conspirationnistes, est lui-même un élément constitutif de ces complots réels qui en viennent à être niés par les pusillanimes en peine de ressembler aux « intellectuels ». Mais l'explication des grands tournants historiques par la seule influence des auteurs de complots est à notre avis une erreur. Une conspiration relève de la cause seconde, non de la cause première. L'esprit général d'une époque est le produit de l'adhésion volontariste ou tacite d'une majorité de personnes à une idée centrale expressive d'une conception globale de la vie et de ce qui est tenu pour une valeur ; une telle idée centrale est douée d'une logique interne qui fait ployer à ses conclusions les volontés de ceux qui y adhèrent. Or les comploteurs désignés par les conspirationnistes, supposés exercer une causalité plus déterminante que celle de l'esprit de leur temps et de la logique qui l'anime, sont eux-mêmes les produits de cet esprit. Donc en dernier ressort c'est la rationalité des idées qui meut le monde, se subordonnant les autres causes auxquelles on ne confère une portée essentielle que par irrationalité passionnelle. Il est plus facile et plus « croustillant » de chercher un sens au chaos dans les signes ésotériques d'une spiritualité de pacotille que de méditer sur les conséquences obligées dont est gravide l'adhésion à une idée. L'adhésion à l'abominable philosophie dite des « droits de l'homme » est plus déterminante que les manœuvres, intrigues et pitreries cultuelles dérisoires auxquelles se livrent les impétrants maçons.

Vérités captives confisquées par les propagateurs d'erreurs : troisième difficulté.

§ **32.** De ce fait, et au titre de troisième difficulté liée à la systématisation de l'esprit conspirationniste, le complotiste cédant à la fascination des complots (derrière un phénomène il y a toujours une cause cachée, laquelle cèle une cause plus cachée encore, et ainsi à l'infini) se rend incapable de discerner les vérités captives des doctrines fausses, lesquelles ont le mérite de révéler négativement les bienfaits de ce que la société, avant d'être subvertie par ces fausses doctrines, avait été incapable de découvrir, et dont l'application lui eût permis de résister efficacement aux attaques des corrupteurs. Par exemple, les Jacobins ont accouché, en la dénaturant, de l'idée de nation, alors que l'Ancien régime avait été incapable de la définir et de l'adopter en son propre sein ; pourtant — nous l'établirons avec soin dans notre troisième partie — l'idée de nation est une catégorie essentielle du Politique, tout comme l'idée de volonté générale. C'est ce que nous aborderons en discutant un aspect de l'enseignement de Pie XII commenté par Marcel Clément. On peut faire une observation analogue, dans l'ordre religieux, à propos des traditionalistes catholiques incapables de comprendre que Vatican II propose de mauvaises réponses à de pertinentes questions, en particulier celle du désir naturel de Dieu, et celle du problème du point de suture entre fini et infini, entre nature et surnature.

Pays légal et pays réel.

§ **33.** Le complotisme suppose, pour se rendre intelligible et crédible, l'admission de la réalité de la césure entre pays légal et pays réel — le pays légal étant, dit-on, forgé par les subversifs, et le pays réel étant victime du pays légal. Il n'y a pas, en vérité, de différence réelle entre les deux, tout simplement parce que le peuple est toujours plus puissant que ses dirigeants. S'il subit une tyrannie, c'est qu'il y consent tacitement ; s'il subit un matraquage idéologique, c'est qu'il le plébiscite implicitement. Il n'est interdit à personne dans les pays occidentaux de ne pas regarder la télévision, les films dégradants, de ne pas lire les ouvrages promus par l'intelligentsia mondialiste, de ne pas épouser les mœurs décadentes du temps (amour libre, avortement, contraception, société des loisirs, recours aux drogues), etc. Ce qui permet au passage de faire remarquer que, d'une certaine façon, tout régime est démocratique, en ce sens qu'il a toujours l'aval du peuple par le seul fait d'exister. Il y a donc une vérité captive contenue dans l'idée démocratique, et c'est en la plébiscitant, après l'avoir dégagée, que l'on peut efficacement lutter contre la démocratie qui est en effet, fondamentalement, quoi que l'on ait pu enseigner sur ce sujet, corruptrice et contre nature ; nous reviendrons aussi sur ce point plus bas. Or ce travail de discernement des vérités captives, le complotiste se dispense de le faire, parce qu'il croit que la démocratie moderne est tout entière née de l'influence des sectes maçonniques, incapable de contenir quelque vérité captive que ce soit.

La démocratie est toujours mauvaise.

§ **34.** Attardons-nous sur ce concept de « vérité captive ». Préalablement, et pour conjurer toute ambiguïté, montrons que la démocratie est toujours mauvaise, même celle qui n'est pas fondée sur le dogme de la souveraineté populaire. En effet, reconnaître au peuple la tâche de nommer les détenteurs du pouvoir (supposé, en l'occurrence, venir de Dieu) revient à lui reconnaître le pouvoir de les nommer ; or le peuple est médiocre et ne peut être que médiocre, quelle que soit la valeur des individus qui le composent, parce qu'il doit être ordonné pour que ces individus révèlent le meilleur d'eux-mêmes en faisant s'harmoniser des points de vue divergents, de sorte que, sans cet ordre imposé, la somme des talents et points de vue particuliers est incomparablement plus faible que les meilleurs d'entre eux pris séparément du fait que, comme simple somme, ils s'annulent, s'affaiblissent les uns les autres au lieu de s'enrichir les uns par les autres ; aussi le peuple, médiocre, ne peut élire que ceux qui sont expressifs de la médiocrité de la voix qui résulte de son concours, à savoir des chefs médiocres. Cela n'empêche pas la démocratie de contenir une vérité captive ignorée des antidémocrates, sauf du courant fasciste. Efforçons-nous de la dégager.

Démocratie et personnalisme.

§ **35. 1.** Pour les uns, la société naît d'un contrat, ce qui absurde à divers titres. D'abord, dans la mesure où l'homme n'entre en société que s'il y voit son intérêt privé, il trahira cette société en se désolidarisant d'elle aussitôt qu'elle lui réclamera un sacrifice excédant selon lui les avantages qu'elle lui apporte, et la société aura tôt fait de tendre à la décomposition de manière chronique. Ensuite, si elle naît d'un contrat, c'est qu'elle est une réalité artificielle et non naturelle, au point que les contraintes inhérentes à la vie en société seront vécues par ses membres comme autant de violences faites à la souveraineté de chacun, et derechef la société vivra à crédit, dépendant de la sociabilité fragile de ses membres tout entière livrée à leurs humeurs. De plus, si la famille est une réalité dont il est impossible de nier le caractère naturel du fait de la dualité de sexes complémentaires également nécessaires à l'éducation de la progéniture, ainsi à la condition de l'existence même de la société, c'est que la société est une composition de familles plus que d'individus. Or si la loi qui préside à l'unification des individus au sein d'une même famille est naturelle, c'est que la loi présidant à l'unification des familles au sein d'une même société est aussi naturelle, et non contractuelle. Il en est ainsi parce que le renouvellement des familles suppose que l'union de leurs rejetons fasse se croiser les familles, et la possibilité de croisements interfamiliaux suppose que les familles appartiennent préalablement à la même communauté d'intérêts, avec des affinités antécédentes rendant possible le désir de se croiser : la genèse de nouvelles familles suppose l'existence de la société, elle ne saurait être le principe premier de genèse de la société même ; tout au plus est-elle le principe de sa régénération ou de sa pérennisation.

D'autres, se revendiquant d'Aristote de manière abusive, conçoivent la société telle une réalité certes causée par la nature de l'homme et non point par la décision de contracter, mais il s'agit selon eux d'une réalité rendue nécessaire par le seul constat de l'indigence de l'homme solitaire à satisfaire la totalité de ses besoins physiques et spirituels. Aussi en viennent-ils à déclarer que la société, certes naturelle, est pour l'homme, et qu'il est faux de tenir que l'homme serait pour la société. Néanmoins, naturelle, la société ainsi envisagée se reconnaît comme fondement une « intentio naturae » caractérisée, comme toute chose, par l'espèce de bien en lequel celui qu'une telle « intentio » anime reconnaît sa fin propre. Or cette fin propre est justement nommée bien commun, bien de la communauté prise comme communauté. Déjà, si l'homme n'était animé que par des besoins, par des appétits le faisant tendre vers des biens qu'il ne convoite qu'en vue de lui-même, de sa satisfaction privée et de sa jouissance, il ne serait pas mû par le désir de fonder une famille qui exige de lui, en tant qu'individu, plus de sacrifices qu'elle ne lui apporte d'avantages ; s'il le fait, c'est sous l'injonction de l'espèce humaine qui parle et se veut en lui et se le subordonne. Aussi la pulsation qui l'invite à fonder la société, union de familles, s'enracine-t-elle dans une nature qui, loin de l'inviter à ne se préoccuper que de lui-même, le somme de s'occuper d'elle et de se mettre à son service, et c'est à ce titre qu'il fonde une famille et une société : il y trouve son bien certes, parce que tout effort et toute tendance visent par nature un bien, mais il s'agit d'un bien qu'il aimera en tant qu'il se rapportera à lui, ou encore qu'il aimera en lui voulant du bien, et non en se voulant du bien ; ce qui ne l'empêche pas, ce faisant, de trouver son bien dans l'exercice de cette fonction oblative et même sacrificielle. Tel est le bien commun, bien d'un tout qui ne se réduit pas à la somme de ses parties ; bien d'un tout qui, comme bien, n'est pas la somme du bien des parties de ce tout ; bien d'un tout pris comme tout qui peut exiger ponctuellement le sacrifice de telle ou telle de ses parties. Il en résulte que l'amour de l'homme pour la vie sociale et pour la société l'invite à les aimer comme un moyen aime servir la fin dont il est et se veut le moyen. C'est la société qui a raison de fin, même si cette fin, politique, n'est pas le dernier mot de l'appétit humain ; même si, en d'autres termes, elle n'a pas raison de fin ultime. Déclarer que la société est pour l'homme, c'est signifier corrélativement que le bien — dit bien commun — de la société est pour le bien particulier de l'homme. Lorsque Pie XI enseigne (dans *Divini Redemptoris*) que la société est pour l'homme et que cela ne signifie pas que le bien commun politique serait subordonné au bien particulier des membres de cette société, il entend éviter de favoriser l'erreur personnaliste, mais on peut se demander s'il l'évite véritablement. Le bien commun tel qu'il l'entend sera l'ensemble des conditions — honorables et précieuses — à raisons desquelles l'homme n'est plus empêché de se soucier de son bien propre ultime, bien vertueux, bien spirituel, bien surnaturel en dernier lieu, mais bien privé qu'on le veuille ou non. Et le personnalisme ne dit pas autre chose. Pie XII, dans son radio-message « Sur la démocratie » de Noël 44 déjà évoqué ici dans notre introduction, reprendra l'enseignement de Pie XI en déclarant que l'homme, « loin d'être l'objet et comme un élément passif de la vie sociale, en est au contraire et doit en être et demeurer le sujet, le *fondement et la fin* <nous soulignons> ». Faire de l'homme la fin de la société, tout en maintenant que le bien commun l'emporte en valeur sur le bien particulier, cela signifie au mieux que chaque homme en tant que membre d'une société a le devoir moral de se mettre au service de la société, mais cela parce qu'elle est au service de l'homme ; cela signifie donc que l'homme a le devoir moral de sacrifier ses biens temporels ou terrestres — auxquels aura été réduit le bien politique — pour servir le bien privé vertueux qui le finalise et qui finalise ses frères et concitoyens. Mais cela revient à renoncer à l'idée d'une supériorité intrinsèque du bien commun sur le bien particulier.

Le tout et la partie et leurs biens respectifs.

§ **35. 2.** Les papes Pie XI et Pie XII savaient parfaitement pourtant que le respect de la philosophie politique de saint Thomas, à laquelle ils entendaient demeurer fidèles, exigeait que l'on fît mémoire du caractère diffusif de soi du bien en général, ainsi du bien qui est d'autant meilleur que plus commun, et d'autant plus apte à avoir raison de fin qu'il est meilleur. Et cette exigence conceptuelle, qui aurait dû les préserver de tout penchant personnaliste, eût exigé que le bien commun politique ne fût pas réduit à l'ensemble des conditions matérielles ou organisationnelles d'une vie sociale finalisée par l'homme entendu comme personne, sujet de la vie sociale ; le bien commun n'est pas réductible à de telles conditions parce que le propre d'un bien matériel (au sens large du terme) est d'être divisible, commun comme peut l'être l'air que nous respirons et dont chacun d'entre nous jouit d'une partie ; la communauté du bien commun déclaré « diffusif de soi » est d'un autre ordre : est diffusif de soi un bien qui, au rebours d'un bien divisible, s'enrichit du fait d'être communiqué, est un bien dont la communicabilité est définitionnelle de son degré de perfection, est donc un bien qui est éminemment participable, et d'autant moins divisible qu'il est plus participable ; une vertu ou une vérité peut être tout entière en chacun sans requérir d'être divisée pour subsister en plusieurs, et c'est à ce titre qu'elle est participable ; mais en tant qu'il est d'autant plus aimable à chacun de ceux dont il est le bien qu'il est plus communicable et plus largement communiqué à d'autres que lui, un tel bien exclut d'être un bien privé, un bien qui appartiendrait à celui qui en jouit, puisque ce type de bien ne consent à se faire posséder par ceux qu'il enrichit qu'en les sommant de se mettre au service de sa diffusibilité, de sa diffusion à d'autres qu'eux. Un tel bien ne se donne que pour se subordonner ceux auxquels il se donne ; le bien est aimable, et l'aimer en lui voulant du bien revient à épouser l'acte à raison duquel il s'aime lui-même. C'est donc un bien qui a raison de fin et non de moyen. Il est contradictoire de subordonner un tout à ses parties en prétendant que le bien commun ne serait pas subordonné au bien des parties ; et il est contradictoire d'affirmer que le bien commun politique serait l'ensemble des conditions requises pour permettre à chacun, comme personne ou sujet de la vie sociale de s'ordonner à sa fin spirituelle, et que ce bien commun politique n'aurait pas raison de moyen.

Aussi les commentateurs de Pie XI et de Pie XII soucieux de respecter les exigences du bien commun dont la communauté n'est pas réduite à celle d'une communauté matérielle en sont-ils venus à distinguer en l'homme l'individu de la personne, ou, ce qui revient au fond au même, la formalité de citoyen terrestre de la formalité de citoyen céleste ; ils diront dans cette perspective que l'individu ou citoyen terrestre est finalisé par la société en retour finalisée par la personne ou citoyen céleste. Mais alors on est complètement personnaliste et, de ce fait, démocrate : si l'homme est fin de la société et sujet — et non « objet » — de la vie sociale, il doit en être le dirigeant, car s'il est le dirigé d'un chef qui vise le bien du tout pris comme tout (c'est son office exclusif, sans quoi il est un mauvais chef), il est l'objet d'une volonté qui exerce la fonction de volonté *du tout*, et il se révèle objet de la société dont il est l'organe, et non exclusivement sujet.

§ **35. 3.** Tirons un bilan partiel des considérations qui précèdent : la cause de l'existence de la société n'est pas la pression du besoin que chaque homme a d'autrui pour parvenir à la satisfaction de ses besoins physiques et spirituels. Corrélativement, ce n'est pas la société qui est pour l'homme, c'est l'homme qui est pour la société : il est tout entier pour la société, bien qu'il ne soit pas totalement pour elle. Autre corollaire : le bien commun n'est véritablement commun qu'en tant qu'il a raison de fin pour ceux qui l'appètent. Enfin, le personnalisme déclaré ou pieusement celé est directement solidaire de l'esprit démocratique.

Pourquoi y a-t-il société humaine organisée ? Politique et religion.

§ 35. 4. La vraie cause de l'existence de la société, c'est que la nature humaine, principe de genèse et de croissance, est tout entière quoique non totalement en chaque homme ainsi invité à s'excéder chronologiquement dans la procréation, et synchroniquement dans l'engendrement de la Cité qui réalise mieux qu'un seul homme les potentialités de la nature humaine. Le bien commun est ainsi la réalisation en acte, dans un « homme en grand », de toutes les potentialités de l'essence humaine. Si nos désirs procèdent de notre nature et nous ramènent à elle, c'est qu'elle se veut en nous et que nous tendons vers elle en nous rapportant à elle. C'est ce qu'enseigne saint Thomas d'Aquin (*Somme théologique*, II^a II^{ae} q. 26 a. 3 ad 2) : « la partie aime le bien du tout parce que cela lui convient ; mais elle ne l'aime pas de telle façon qu'elle rapporte à elle-même le bien du tout, mais plutôt de telle façon qu'elle se rapporte elle-même au bien du tout » ; dès lors, l'homme est ordonné à la société comme à sa fin. Mais ce n'est pas sa fin ultime, parce que la nature humaine a un mode de subsister plus parfait que son mode mondain, à savoir l'Idée divine, de sorte que la vérité de la pulsion politique animant l'homme est la religion.

Expliquons-nous en usant d'une analogie. Une tasse dont on augmente la quantité devient soupière, avec cette précision essentielle que la limite supérieur quantitative de la tasse, qui appartient à cette dernière, est aussi la limite inférieur quantitative de la taille de la soupière, ce qui fait qu'il existe une limite commune aux deux manières d'être qui les fait s'identifier nonobstant leur caractère opposé : le maximum quantitatif de l'une est immédiatement sa conversion qualitative en l'autre, sa sublimation, sa suppression qui en même temps la conserve. Si la réalité en acte de chacune des deux manières d'être est exclusive de l'autre, elle se sauraient s'identifier, et pourtant c'est bien ce qu'elles font quand l'une devient l'autre, dans l'acte même, ponctuel, de son devenir l'autre ; il en résulte que l'on doit admettre la chose suivante : elles s'identifient l'une à l'autre en un terme quantitatif commun parce que chacune des deux a la structure ontologique d'une victoire sur son être en puissance en lequel elle s'aliène, selon la forme schématique d'un mouvement circulaire par lequel chacune se fait le résultat d'un processus ayant ce dernier pour origine : la réalité s'anticipe dans son être en puissance pour se faire provenir de l'actuation de cette puissance dont se fait positionnelle cette même actualité ; si l'on se souvient que deux contraires s'excluent dans l'être en acte mais s'identifient dans leur être en puissance, on comprend que deux réalités qualitativement différentes (l'une ayant raison de contraire par rapport à l'autre) puissent se rendre identiques l'une à l'autre dans le moment, qui est passage en un degré déterminé, de la sublimation de l'une dans l'autre. Quand le processus à raison duquel la tasse augmente de volume atteint le degré maximal de capacité quantitative de la tasse, cette dernière se défait en tant que tasse, se résout négativement dans le moment intestin de sa puissance à être elle-même, ainsi « va au gouffre » et sourd de cette puissance (qui est aussi puissance à être soupière) comme soupière en acte : la puissance est bien fondement de l'acte, sans être la raison suffisante de sa vertu fondatrice, laquelle gît dans l'acte lui-même, raison de l'être en puissance ; l'acte se fait positionnel de sa puissance à être lui-même ; la possibilité d'être de l'être ne précède l'être dont elle est le possible que parce qu'elle est elle-même soutenue, dans son être de possible, par un être en lequel préexiste, comme sa possibilité, la réalité résultant de l'actuation de ce possible. Nous dirons ainsi que la conversion brutale ou discrète — telle est ce que les scolastiques nommaient génération substantielle — d'une manière qualitative d'exister en une autre s'opère par assomption continue d'une limite quantitative. Et la tasse — qu'on nous pardonne le caractère incongru de cette analogie pédagogique — est à la vie politique ce que la soupière est à la religion. Le Politique s'absolutisant, dans sa recherche d'un bien commun d'autant meilleur que plus commun — ainsi, à la limite, dans la recherche d'un bien universel qui ferait de lui un État mondial si ce dernier pouvait subsister en acte —, se sublime en vie religieuse ou ecclésiale. Dans ces conditions, il devient pensable que l'homme soit tout entier (et non par un simple aspect, une simple partie ou une formalité restrictive de lui-même), quoique non totalement, ordonné à la société, et corrélativement tout entier et totalement ordonné à Dieu. Le Politique a vocation à s'excéder en religion, et l'État mondial, s'obstinant à poursuivre sans renoncer à lui-même sa réalisation politique en acte, serait telle une chrysalide aspirant à devenir papillon sans cesser d'être chrysalide, ce qui serait une monstruosité, tel le propre d'une réalité tératologique ayant pour pathologie substantielle d'être radicalement opposée à elle-même, insupportable à elle-même : l'homme de l'État mondial n'est ni politique ni religieux, il est inhumain, parce que l'État mondial est contre nature. Ce qui ne l'empêche pas d'avoir le statut idéel, intrinsèque à la réalité politico-religieuse, de « terminus ad quem » du Politique et de « terminus a quo » de la religion. Dès lors — nous le déclarons par anticipation — le Politique a vocation à faire se réaliser les virtualités de la nature humaine dans une extra-position communautaire de cette nature, mais particularisée par une identité *nationale* nécessairement particulière (la nation est principe d'individuation de l'État). On voit ainsi qu'il n'est pas de bien commun politique sans référence à une nation : la cause finale de la Cité est la réalisation en acte de toutes les virtualités de la nature humaine, mais à l'intérieur d'une communauté nationale de destin. Nous nous souviendrons bien sûr de ce résultat quand nous aborderons la troisième partie du présent travail, consacrée à l'idée nationaliste.

L'État mondial est intrinsèquement pervers.

§ **35. 5.** Il ne peut y avoir d'État mondial pour la raison suivante :

Il existe une nature humaine, et la nature humaine est tout entière quoique non totalement en chaque homme. Elle y est tout entière, autrement chaque homme concret ne serait qu'un avorton, n'étant pas pleinement humain ; elle n'y est pas totalement, autrement il n'existerait qu'un seul homme qui serait l'Humanité hypostasiée. Etant tout entière en chaque homme qui n'en épuise pas les potentialités, elle le pousse à s'excéder, à surmonter son individualité, pour la faire se déployer, s'incarner de manière chaque fois originale, ce qui se produit diachroniquement et synchroniquement. Diachroniquement : par la procréation ; synchroniquement : par l'intégration de l'individu en une société qui, tel un « homme en grand », fait s'expliciter la nature humaine mieux qu'en un seul individu ; un seul homme ne peut exercer tous les métiers et avoir tous les talents, de plus il est masculin ou féminin. Parce que nos désirs procèdent de notre nature et ramènent à elle (désirer, c'est manquer, c'est être inadéquat à son concept, c'est donc toujours désirer se rendre adéquat à sa nature), notre nature se veut en nous, et donc nous aspirons au bien de notre nature comme à un bien auquel nous sommes rapportés, et non comme à un bien que nous rapporterions à nous-mêmes. Or ce bien de notre nature est le bien commun — bien de la nature humaine elle-même, bien commun à tous les êtres de même nature —, lequel est le bien propre du tout pris comme tout, le bien propre de la société : il est la réalité en acte hiérarchisée de toutes les virtualités de l'essence humaine, à l'intérieur d'une communauté nationale de destin. Donc le bien commun, parce qu'il est un bien auquel on est rapporté, a raison de fin pour l'homme individuel. Et il est d'autant meilleur qu'il est plus commun. L'universel n'existe que dans les singuliers ; les essences ou natures ne subsistent que comme substances par définition singulières ; la nature humaine immanente à chaque homme lui enjoint donc — à lui qui n'exprime qu'un petit aspect des richesses de sa nature qui, par sa puissance de causalité, se veut en lui — de s'excéder dans une totalité concrète ayant l'universalité (autant qu'il est possible) des richesses de la nature humaine, *et* la singularité requise par la position de tout existant, et cette conjugaison s'obtient dans ce tout d'ordre qu'est la société, tout d'ordre qui n'est pas substantiel mais est composé de substances. Dire que la nature de l'homme se veut en lui, c'est dire qu'elle entend se déployer selon toutes ses virtualités, de sorte que chaque homme est face à la société comme le possesseur d'une essence qui s'« extra-pose » dans la réalité politique douée en retour du pouvoir de se subordonner un tel homme, conformément à l'intuition de Platon dans le livre IV de la « République » : oratores, bellatores, laboratores, comme référents de ce qui dans l'âme est intellect, « cœur », et désirs. Nous nommons « État » cette forme de la société, forme universelle de toute société humaine, mais nécessairement, au titre de condition de son incarnation, particularisée par un génie national.

Le bien commun est d'autant meilleur qu'il est plus commun. Il constitue une fin d'autant plus intégratrice qu'il est plus pleinement bien commun. Mais il n'appartient à un être de déployer de manière exhaustive les potentialités de sa nature (ou essence) que s'il ne se contente pas d'*avoir* sa nature, mais *est* sa nature même (chaque ange, selon la théologie catholique, est son essence, l'homme a une nature commune à tous les hommes). Si donc il existe un État mondial, il enveloppera (par définition) l'humanité entière et prétendra faire se réaliser de manière exhaustive l'actualisation des potentialités de la nature humaine. S'il est vrai que ce qui sait déployer toute sa nature est ce qui *est* sa nature, alors *l'État mondial sera la nature même de l'homme*. Or l'État est l'ensemble des relations sociales ; donc, dans cette perspective, l'essence de l'homme sera l'ensemble des relations sociales (thèse marxiste, *Thèses sur Feuerbach*). Cela dit, les relations sociales sont tissées par l'homme, posées par lui, engendrées par lui. Par conséquent, prôner l'État mondial revient à concrétiser l'idée selon laquelle l'homme est créateur de sa nature et, se donnant son essence, se donne son existence et se crée lui-même, se substituant à Dieu. Ce qui est évidemment satanique et destructeur de la vraie condition humaine. L'État mondial, envisagé comme fin de l'Histoire réalisable dans l'Histoire, c'est l'acte par lequel l'homme prétend accuser réception de la prise de conscience de sa propre déité. Et que l'idée d'État mondial se mette à flotter de manière lancinante dans l'esprit de nos gouvernants actuels visibles et dissimulés prouve que nous sommes entrés dans une ère apocalyptique.

Le bien est diffusif de soi.

§ **35. 6.** Et le bien est d'autant meilleur que plus commun parce qu'il est diffusif de soi : le bien est aimable, mais l'acte d'aimer est lui aussi un bien, ce qui revient à dire que le Bien absolu, source participée de tout bien, s'aime lui-même ; or ce qui s'aime s'unit à soi-même en tant qu'autre, se différencie de soi sans cesser d'être identique à soi, ce qui se consomme logiquement dans l'engendrement d'un autre en lequel se concrétise l'unité sans abolir la nécessaire différence :

Ce qui s'aime tend vers soi-même en tant qu'autre ; ce qui est autre que soi est à distance de soi, en attente de son unité avec lui-même ; mais ce qui s'unifie, en supprimant son altérité ou différence intestine, supprime l'amour qui n'est que dans la relation instaurée entre les différents (fussent-ils le même en tant qu'autre, le même en tant qu'il est un autre pour lui-même, c'est-à-dire en tant qu'il s'objective) ; or un tel amour entend ne pas se supprimer puisqu'il est aimable à lui-même ; l'amour fait aspirer celui qui s'aime à sa propre unité, mais sans détruire sa différence qui est condition d'amour ; une telle unité dans la différence se résout donc, ou ne surmonte sa contradiction, que dans l'engendrement d'un troisième en lequel les différents s'identifient sans cesser d'être différents.

Enfin, s'il est de la raison du bien de se communiquer (et engendrer est bien communiquer son espèce), c'est qu'il est d'autant meilleur que plus commun.

Il est permis, pour illustrer ce que nous venons de dire de l'amour en général, d'évoquer la relation obligée entre pensée et langage. Savoir est savoir que l'on sait, sans quoi « cela » penserait en nous sans que nous fussions les véritables sujets de notre pensée. Donc savoir est toujours savoir d'un objet *et* savoir de soi-même, savoir de soi de la pensée sachant quelque chose ; si la pensée n'est pensante qu'en étant objet pour elle-même, elle exige de se voir conférer un mode d'être objectal, et c'est dans et par le mot qu'elle le fait : il n'est pas de pensée sans mot, il n'est de pensée ou de sens que comme se « signi-fiant », s'aliénant dans la choséité d'un signe qu'en retour elle fait se renier en elle ou convertit à l'idéalité du sens ; en d'autres termes, la pensée n'est pensante que comme génitrice d'un « concept », d'un engendré, d'un verbe. Être, c'est être en acte, et être, c'est être un avec soi-même (ce qui se différencie de soi unilatéralement est ce qui se défait) ; donc être, c'est être en acte en tant qu'un ou identique à soi. Or la pensée est en acte en se dédoublant comme géniteur et engendré. Donc la pensée est une en assumant sa différence intestine, ce qui revient à dire que la pensée, plus haut degré de vie et plus haut degré d'être, n'est identique à soi que comme identité de son identité à soi et de sa différence d'avec soi. Et c'est là la forme de tout être en tant qu'être. Est identique à soi dans sa différence ce qui est réflexion, répulsion à l'égard de soi-même (différenciation de soi) qui est attraction (identification à soi). Le bien, qui est convertible avec l'être (il est l'être en tant qu'aimable), est diffusif de soi parce que l'être est réflexion : identique à soi parce que géniteur de soi-même en tant qu'autre. Et être géniteur par essence, c'est se diffuser.

L'esprit d'un peuple, volonté objective de la multitude.

§ 35. 7. Nous disposons désormais des concepts requis pour dégager, conformément à notre programme, la vérité captive enveloppée par l'erreur démocratique. Elle est celle du « Volksgeist » (l'esprit d'un peuple, organiciste, communautaire, inégalitaire). Il existe une nature humaine intangible, ainsi en particulier une nature de la volonté individuelle, nature commune à toutes les volontés, et chaque homme est invité à faire de sa volonté l'usage que lui prescrit sa nature (et ce que lui prescrit Dieu, Auteur de la nature) : toutes les volontés sont en droit ordonnées au bien commun qui est d'autant meilleur que plus commun, bien du tout pris comme tout. Et ce bien du tout est en même temps, parce que bien de la nature humaine elle-même tout entière quoique non totalement investie en chaque homme, le meilleur du bien de chacun. Ce qui permet de comprendre que ce bien est effectivement commun : si le bien commun était extérieur au bien particulier, s'il y avait le bien commun d'un côté, et le bien particulier de l'autre, ce bien commun serait la partie d'un tout composé de lui-même et des biens particuliers, et de ce fait il sera lui-même particularisé. L'idée de bien commun, solidaire de l'idée selon laquelle la nature de l'homme se veut en lui et se le subordonne, l'invite à l'aimer en se rapportant à elle, et reconnaît en ce bien commun le meilleur de son bien propre, suppose implicitement celle de volonté générale, laquelle doit être entendue comme expression de ce que veut objectivement la nature humaine en chaque homme.

Parce que le bien commun est le meilleur du bien particulier, alors il est définitionnel du bien commun — dont l'opérateur est le chef du peuple puisque sa personnalité est celle du tout pris comme tout — de se faire vouloir par chacun des membres de la multitude, de sorte que la volonté *du tout*, au génitif subjectif (le tout se voulant, ce tout incarné dans la personne du chef qui en est la conscience de soi), est aussi la volonté de chacun, d'où une vérité captive dans l'idée démocratique : le chef veut ce que tous veulent au fond d'eux-mêmes quand bien même ils ne le savent pas, et même lorsque leur conscience, qui peut être dans l'erreur, s'y refuse. Il en résulte que l'autorité n'est une autorité en acte qu'en tant qu'elle est *reconnue*, mais reconnue de gré *ou de force*. Le détenteur de l'autorité est la conscience de soi de l'esprit national d'un peuple.

Nous venons de convoquer de nouveau le concept de nation. Si l'on admet que la nation est une manière paradigmatique d'être homme, une formulation de ce qu'est l'homme idéalement représenté, mais selon une perspective particulière ou non exhaustive prise sur le tout de la nature humaine — et cela se vérifie par le fait que l'homme d'une nation reconnaît dans le génie d'une autre nation un aspect, non actualisé en lui, de cette nature qui palpite et se veut en lui, d'où la fécondité des contacts (et non des mélanges) entre cultures et ethnies différentes — , on doit affirmer ceci : le déploiement exhaustif de la nature humaine reconnue comme origine et fin du désir humain ne peut prendre qu'une forme communautaire, qui à la limite, coïnciderait avec l'État mondial si ce dernier supportait d'être incarné, ce qui s'est révélé impossible, pour les raisons que l'on a dites. Voilà pourquoi l'État dans son concept est indissociable de celui de nation.

Cette conclusion ne signifie aucunement que l'autorité du chef et ses décisions ne seraient que l'émanation de la résultante des volontés populaires prétendant au statut de souverain ; tant dans l'ordre de l'agir et du faire que dans celui du connaître, la vérité est objective et ne dépend ni du nombre ni des subjectivités qui l'embrassent, parce qu'elles se contentent de découvrir cette vérité qui les précède, et de s'y soumettre ; que la volonté du chef ait vocation à se faire reconnaître, de gré ou de force, par ceux qu'il gouverne — parce qu'il est dans la vocation des gouvernés de reconnaître, en ces décrets formulés par l'autorité, ce que veut objectivement la nature de leur propre volonté —, n'implique pas que le plébiscite du chef par le peuple serait le constitutif formel de la légitimité ; il en est le signe, non le principe. Le chef est l'interprète autorisé de ce que veut la nature humaine en chaque homme, nature qui préexiste tant au chef qu'au peuple en tant qu'Idée divine : le pouvoir vient d'en haut et non d'en bas ; le chef n'est pas le mandataire de ce que, de fait, veut une multitude d'hommes ; mais il est dans la nature même des Idées créatrices transcendantes d'exercer leur causalité dans l'immanence des créatures dont elles sont les Idées, c'est-à-dire comme natures ou essences de ces mêmes créatures ; le pouvoir se fait reconnaître par le bas, par ceux sur lesquels il s'exerce.

Démocratie toujours complice du dogme de la souveraineté populaire.

§ 35. 8. Mais la démocratie proprement dite est fondée sur le principe mauvais de la souveraineté populaire, ou se résout malgré elle dans l'acceptation de ce principe, ce qui fait que la démocratie est individualiste et à vocation égalitaire : l'individu a raison de fin, de plus tous sont également des individus, donc tous sont des individus égaux ; si l'homme est son individualité ineffable (nominalisme), il n'y a pas de nature humaine ; dès lors, étant libre mais dépourvu d'essence, il est sa liberté, cette antinature qui lui tient lieu de nature ; il n'est rien, et le substitut de son être sera son avoir, d'où la contradiction du libéralisme fondé sur le principe du « no harm principle » (ne pas faire de mal, ne pas nuire à autrui, fondement de la morale publique pour les utilitaristes : tout est permis s'il ne porte pas préjudice à autrui). La contradiction tient dans le fait que la revendication du droit à la liberté sans frein induit des inégalités inévitables (la prolifération des différences est génératrice d'inégalités), cependant que la liberté est sans frein si et seulement si elle se substitue à la nature humaine, réduit l'homme à un néant d'être (un indéterminé pur) dont le substitut d'être sera son avoir : étant également libres, les hommes revendiqueront des liberté égales, des libertés infinies égales par leur infinité même, et donc ils revendiqueront le droit d'avoir (des biens matériels) de manière absolument égale, d'où les virtualités communistes de l'esprit libéral.

En vérité l'autorité procède de Dieu et est ordonnée à l'ordre des choses, elle ne procède pas des caprices de la multitude supposée décréter ce que sont le vrai et le faux, le bien et le mal. Pour la pensée républicaine jacobine et pour la démocratie d'inspiration anglo-saxonne, la volonté générale est celle du peuple pris comme tout, comme personne publique assumant les personnes individuelles ou privées ; cette volonté générale qui se déléguera à un représentant élu sera la simple résultante de l'entrechoquement des libertés et des décisions individuelles. Mais ce n'est pas là ce que nous entendons par volonté générale.

Napoléon et la Révolution.

§ **36. 1.** On voit dès lors que le complotisme échoue à recueillir les vérités captives (idées de nation, de volonté générale, d'État) contenues dans les idées modernes et subversives. Il en est ainsi parce que le complotisme considère que tout mal viendrait des sectes corruptrices de la société et non de la société même, et que de ce fait aucune vertu n'aurait manqué à la société, avant la crise, pour que cette société fût aussi parfaite que possible. En vérité, il y a un esprit général qui anime la société, induit par la logique des idées que ses membres ont adoptées, qui est un principe de vie comme il peut être principe de mort, et qui est aussi peu dissimulé, pour le complotiste comme pour n'importe qui, que la « Lettre volée » d'Edgar Poe. Nous faisions observer plus haut (notre § 30) que la société d'avant la Révolution française ne disposait pas, entre autres choses, d'un véritable État. C'était le constat réaliste de Napoléon Ier : « La France n'était pas un État ; c'était la réunion de plusieurs États placés les uns à côté des autres, sans amalgame. Les événements des siècles passés, le hasard, avaient déterminé ce tout. La Révolution détruisit toutes ces petites nations et en forma une nouvelle. Il n'y eut plus de Bretagne, de Normandie, de Bourgogne ; il y eut la France… la France présente le spectacle de trente millions d'habitants, circonscrite dans des limites naturelles, ne composant qu'une seule classe de citoyens, gouvernés par une seule loi, un seul règlement, un seul ordre » (cité dans son *Histoire de la France*, 1947 / 2017 p. 388 par André Maurois qui ajoute au même endroit : « Un autre heureux effet de la Révolution a été d'achever l'unité de la France. Le royaume était composé de provinces qui avaient été réunies à la Couronne à des époques différentes. Elles étaient inégalement imposées, régies par des lois et des coutumes différentes, séparées par des douanes »). Ajoutons quant à nous que de tels bienfaits ne sont à mettre que par accident au compte de la Révolution jacobine, qui est intrinsèquement pernicieuse quoique gravide de vérités captives.

Cela dit, la question reste entière de savoir si Napoléon Bonaparte ne fut, de la Révolution française, que l'héritier bienfaisant de ses vérités captives, ou bien s'il fut solidaire de ce qu'il y eut de satanique en elle. Nous évoquons ici cette question pour deux raisons. D'abord, on ressasse depuis les publications de René Rémond (« Les droites en France ») que la typologie des droites serait adéquatement définie par le triplet « droite légitimiste, droite orléaniste ou libérale, droite plébiscitaire ou bonapartiste », ce qui renvoie le fascisme au registre du bonapartisme, et cela nous paraît conceptuellement contestable. Ensuite parce que le nationalisme français contemporain (nous sommes en 2024) le plus structuré, le plus solide, le plus intègre et le plus fécond, soutenu par les militants révolutionnaires les plus courageux, se trouve être celui qui revendique la paternité du bonapartisme en se recommandant du francisme de Marcel Bucard, lequel, d'abord « anti-antisémite » (au point d'insulter violemment Henri Coston), deviendra collaborationniste. Il est vrai que les authentiques défenseurs de l'identité nationale française avaient des raisons de se faire fascistes et antirépublicains, puisque la République jacobine est le poison qui détruit la France depuis 89 : Victor Hugo fanatiquement républicain, dans « Choses vues » (1867), écrivait de manière conséquente, avec l'emphase vulgaire qui convient à ce panégyrique en faveur de la France hypostasiée en Marianne jacobine vinassière ivre de mots creux, que sa France est une « maison de démocratie, une nation ouverte, qui appelle chez elle quiconque est frère ou veut l'être ». « Phénomène magnifique, cordial et formidable, que cette volatilisation d'un peuple qui s'évapore en fraternité ! Ô France, adieu, tu es trop grande pour n'être qu'une patrie. On se sépare de sa mère qui devient déesse. Encore un peu de temps, et tu t'évanouiras dans la transfiguration. Tu es si grande que voilà que tu ne vas plus être. Tu ne seras plus France, tu seras Humanité ; tu ne seras plus nation, tu seras ubiquité. Tu es destinée à te dissoudre tout entière en rayonnement, et rien n'est auguste à cette heure comme l'effacement visible de ta frontière. Résigne-toi à ton immensité. Adieu, Peuple ! Salut, Homme ! Subis ton élargissement fatal et sublime, Ô ma patrie, et, de même qu'Athènes est devenue la Grèce, de même que Rome est devenue la chrétienté, toi, France, deviens le monde ». Notre époque voit la réalisation de ce vœu délirant. Il ne faut pas dire que la France est malade et qu'il faudrait la soigner pour conjurer sa mort ; la France est déjà morte, seul son cadavre bouge, et il n'est pas tant question de la sauver que de la ressusciter.

On peut toujours évoquer, non sans raison, l'influence délétère des Juifs, des francs-maçons, des multinationales, des banques, des agitateurs du « wokisme arc-en-ciel » (etc.), quand on s'efforce à expliquer la décadence ; il faut néanmoins toujours en revenir, pour comprendre cette décadence, à la Révolution française et à la philosophie des droits de l'homme.

Il est bien dans la logique d'un peuple qui se met à définir sa différence spécifique par les « droits de l'Homme » d'en venir à s'identifier au monde, et c'est ce qui se produit sous nos yeux aujourd'hui. On comprend sous ce rapport que les véritables défenseurs objectifs de la patrie française par essence antirépublicaine aient été les forces de l'Axe ; Von Papen rappelait à bon droit que le national-socialisme est « la réponse chrétienne à 89 ». Mais le francisme de Bucard revendiquait l'héritage de 89 ; et les nationalistes français héritiers de Bucard revendiquent aujourd'hui l'héritage de Bonaparte. Napoléon fut-il le sauveur de la France contre le jacobinisme, ou le serviteur du jacobinisme contre la France ? Peut-on être nationaliste français et bonapartiste ? Ce sont des questions incontournables, quand bien même la prestigieuse figure de Napoléon ne serait revendiquée, par les nationalistes français légitimement fascisants, que sous l'injonction d'un réflexe de fierté — ou plutôt peut-être d'amour-propre — les sommant de se donner plus volontiers des modèles historiques français que des modèles étrangers.

§ **36. 2.** Certes, comme le rappelle Maurois (p. 389), « Napoléon n'est pas la Révolution armée ; il est l'armée s'emparant de la Révolution ». Que Napoléon se soit contenté — ce qui eût fait de lui l'inventeur du fascisme, ainsi un vrai sauveur méritant toute notre gratitude — de recueillir et d'appliquer les vérités captives de cette Révolution, semble contredit par le fait que les bonapartistes après 1815 firent alliance contre les Bourbons avec les républicains. De plus, comme le rappelle Jean

Tulard dans son « Napoléon » (Fayard, 1987, p. 448), si les pamphlets royalistes firent de Napoléon l'héritier de la Terreur et le disciple de Robespierre (accusation assurément fondée en ce qui concerne le jeune Bonaparte), force est de constater que c'est là une chose que l'empereur déchu revendiqua : le Mémorial de Sainte-Hélène nous rappelle que, selon Napoléon, la Révolution, malgré ses crimes, fut « la vraie cause de la régénération de nos mœurs » ; que « rien ne saurait détruire ou effacer les grands principes de la Révolution » ; que « ces grandes et belles vérités doivent demeurer à jamais, tant nous les avons entrelacées de lustre, de monuments, de prodiges » (…). Il ajoutait : « L'impulsion est donnée, et je ne pense pas qu'après ma chute et la disparition de mon système, il y ait en Europe d'autre équilibre possible que l'agglomération et la confédération des grands peuples ». On peut en effet se demander, en considérant le phénomène du point de vue de l'esprit qui l'animait, si le bonapartisme et son intumescence impériale furent autre chose, en dernier ressort et dans leur essence profonde, par-delà les apparences de restauration d'un ordre ancien débarrassé de ses dysfonctionnements accidentels, que l'instrument de l'oligarchie ploutocratique du Directoire visant à stabiliser la Révolution, à la désolidariser de ses agitateurs égalitaires aussi enragés qu'utopiques et logiquement communistes, au profit d'une bourgeoisie voltairienne foncièrement libérale dans son esprit ; on peut se demander si l'épopée napoléonienne ne se réduisit pas à une puissance ultra-gallicane, fourrier des principes de 89 dans toute l'Europe, et de toute façon complètement maçonnique dans ses élites ; on peut se demander si Napoléon et le bonapartisme ne se réduisirent pas, par là, à l'organisation autoritaire et techniquement réaliste des conditions de viabilité de l'individualisme consumériste. Ce qui nous met à une distance infranchissable du nationalisme tel que nous l'entendons. Le catholicisme n'y fut au fond que toléré, réduit à une dimension instrumentale de l'identité française. Or nous avons vu (notre § 35. 4) que l'organicité politique supposait que la religion — qui pour nous ne peut être que la religion catholique — fût pensée telle la vérité du Politique lui-même ; si elle est sa vérité, elle ne saurait être réduite à son instrument.

Dans son « Napoléon, vues politiques » (Fayard, 1939), recueil de textes du grand homme établi et préfacé par l'académicien Adrien Dansette, historien et juriste, on trouve les formules suivantes :

« Le code civil est le code du siècle ; la tolérance y est non seulement prêchée, mais organisée, la tolérance, ce premier bien de l'homme » (*Note pour l'exposé de la situation de l'Empire*, octobre 1806). « J'ai semé la liberté à pleines mains partout où j'ai implanté mon code civil » (A Montholon, Sainte-Hélène). « Ma politique est de gouverner les hommes comme le plus grand nombre veut l'être. C'est là, je crois, la manière de reconnaître la souveraineté du peuple. C'est en me faisant catholique que j'ai fini la guerre de Vendée, en me faisant musulman que je me suis établi en Egypte, en me faisant ultramontain que j'ai gagné les esprits en Italie. Si je gouvernais un peuple de Juifs, je rétablirais le temple de Salomon » (A Roederer, août 1800). Dans son introduction, Adrien Dansette précise :

« Avec une ingratitude aveugle ou intéressée, on a accusé le grand homme d'avoir abattu la Révolution, volé au peuple le pouvoir et supprimé la liberté. La Révolution, tombée dans l'anarchie, n'avait d'autres issues que la contre-révolution qui l'eût détruite ou la dictature qui la sauva. En imposant la seconde alternative <sic>, Bonaparte se sépara, certes, des idéologues purs, mais assura la pérennité de leurs idées ». Dansette rappelle que la conception que Napoléon se faisait de la France à reconstruire enveloppait les idées suivantes : droit au divorce, répartition égalitaire des biens entre leurs enfants (d'où la destruction de la conception patrimoniale de la propriété privée), asservissement de l'Église à l'État entendu comme despote éclairé, maintien de l'abolition des corporations, désarticulation des régions en départements. « Bref, les individus ne sont que poussières en face d'un État tout puissant. Napoléon sauvait l'essentiel de la Révolution (…) La Révolution avait proclamé les droits de l'Homme, l'homme de tous les temps et de tous les pays ; Napoléon voulut étendre son Code Civil à l'Europe entière ». Napoléon dans sa retraite ne désavoua pas les idées du sous-lieutenant adolescent admirateur de Rousseau et de l'abbé Raynal. Par ses propos de Sainte-Hélène, « obéissant à une logique secrète, l'empereur consacrait au terme de son existence, la primauté de l'idéologie de sa jeunesse, en lui rendant, pour le moins, un hommage semblable à celui que l'hypocrisie rend à la vertu. Le cycle s'achevait que des formules connues ont exprimé : Napoléon ou la Révolution couronnée ; Napoléon ou la Révolution bottée, Napoléon fut l'une et l'autre, couronnée à l'intérieur, bottée à l'extérieur, la Révolution toujours ».

Autre chose est de faire la synthèse du bien et du mal, de l'ordre et de la révolution égalitaire et individualiste, autre chose est de dégager les vérités captives de l'erreur pour les restituer au camp du Bien, à ce camp qui n'avait, pour son malheur obstiné, pas su les apercevoir avant que ne se levât l'armée du Mal. Certains diront que Napoléon a ramassé, dans le ruisseau, une couronne abandonnée par des lâches, des incompétents et des décadents, et piétinée par des criminels ivres d'une rage destructrice infernale ; et qu'il a fait de cette couronne ce qu'il pouvait en faire pour la sauver dans des circonstances tragiques ; il y a beaucoup de vrai dans ce propos ; Napoléon fut l'adversaire de la perfide Albion et son Blocus continental fut à deux doigts de réussir. Néanmoins, d'autres diront, pour des raisons tout aussi fondées, que Napoléon ne fut pas une préfiguration du fascisme organiciste, mais un instrument de la Subversion individualiste et libertaire logiquement destinée à se consommer en mondialisme. Pour un fascisme parvenu à cette maturité doctrinale que seule lui vaut une adhésion complète aux exigences d'un catholicisme bien compris, la prestigieuse figure de Napoléon demeure, de manière indépassable, ambiguë. Peut-on faire un modèle de ce qui est équivoque ?

Responsabilité du peuple dans le processus de sa décadence.

§ **37.** Cette parenthèse achevée, revenons au complotisme dont nous avons essayé de dégager les travers.

Il convient, malgré eux, de nuancer cette condamnation du complotisme, et d'abord parce que, comme nous l'avons déjà souligné, la condamnation, sur un ton suffisant d'« intellectuel » supposé bien informé, de toute forme d'explication conspirationniste, est un élément constitutif et terriblement efficace de cette conspiration qu'est l'esprit de la subversion.

La condamnation sans nuance du complotisme suppose, de plus, la responsabilité foncière du peuple dans le processus de sa décadence. On pourrait en effet penser, au vu du diagnostic qui précède, que les conspirationnistes sont plus des effets de la décadence que des causes, et qu'il convient de s'en désintéresser en se rendant indifférent à l'égard des dangers et des ennemis qu'ils dénoncent. Or il est une raison qui empêche de s'en tenir à une telle résolution conclusive. Voici pourquoi :

Les élites corruptrices — financières et judéo-maçonniques — des démocraties fondées sur le principe de la souveraineté populaire, ainsi libérales, favorisent l'avènement des démocraties pour se débarrasser des sociétés d'ordre qui les mettent au pas et qui font servir l'argent au bien commun ; mais, parce que la démocratie est le régime inspiré par l'individualisme, ces élites entendent bien faire servir le régime à leur profit ; ce qui n'est autre chose que d'épouser la logique égoïste et subjectiviste qui inspire la démocratie, aussi bien dans le peuple (par là moralement coupable, passionnément attaché au régime démocratique) que dans ses élites. Mais ce même peuple, quelque avili qu'il soit, conserve la sourde réminiscence de sa vocation à admirer et à servir de vraies élites pour le service du bien commun, ainsi nourrit potentiellement une tendance passive, une disponibilité à trahir la démocratie avilissante et à se débarrasser de ses fausses élites. Pour maintenir la démocratie (barrière contre toute société d'ordre) et dominer la masse à leur profit, les élites n'ont d'autre solution que de contrôler la masse en maîtrisant, par l'argent mais aussi par les sociétés de pensée et sectes diverses, tous les moyens d'influencer cette masse : culture (universités, programmes scolaires, laboratoires de recherche, journaux, arts, littérature, cinéma, activités sportives etc.) et conditionnement des mentalités. Ce qui n'est autre que la réhabilitation de la figure rousseauiste du Législateur : la démocratie est chose trop sérieuse pour être confiée au peuple tenu (mais il ne faut pas le lui dire) pour incapable de savoir ce qu'il veut, et requérant l'office d'un Esprit tout-puissant, aussi nécessaire qu'il est inavouable, qui guide, oriente, actualise la volonté générale (rousseauiste) et lui fait vouloir ce qu'elle doit vouloir pour que la démocratie soit possible. Dès lors, ce ne sont pas les sectes qui expliquent le mensonge démocratique et l'oligarchie ésotérico-financière qui le promeut, c'est la démocratie qui, par son besoin d'un Législateur, explique le surgissement des sectes, des Loges, des sociétés de pensée, des clubs, etc. (la maçonnerie est en effet le clergé de la République, religion de l'Homme).

La vraie volonté générale (le Volksgeist) considérée en son acception recevable ne peut accéder à l'existence qu'en se libérant de la démocratie. L'esprit réactionnaire, incapable d'opérer une réflexion critique sur lui-même, est spontanément enclin à développer une vision complotiste de l'histoire afin d'innocenter de sa propre responsabilité la société d'ordre figée dans son inachèvement à laquelle il est attaché. Ce faisant, il croit libérer le peuple de la démocratie en dénonçant les sectes maçonniques qui la dirigent discrètement, alors que c'est la démocratie qui suscite ces sectes. Tel est le danger du complotisme qui se trompe à propos de la hiérarchie des maux, mais telle est aussi la raison pour laquelle on doit aussi ne pas se désintéresser des complots en les réduisant trop vite à des épiphénomènes : le peuple ne peut pas s'empêcher d'imiter ses élites, de vouloir être formé par elles afin de s'assimiler à elles, d'intérioriser leur idéologie et d'épouser leurs manières d'être ; et cela a pour conséquence que la destruction des fausses élites et de leur inspirateurs maçons est une condition préalable à l'efficacité de la dénonciation des méfaits de la démocratie.

Il est en effet dans la nature des membres d'un peuple, les hommes étant des animaux raisonnables se reconnaissant dans le tout en lequel chacun saisit une extériorisation déployée de sa nature intérieure, d'imiter leurs élites, parce que ce tout en lequel ils se reconnaissent est forgé par ses élites. Et cette tendance à imiter ses élites est indéracinable. La seule solution au problème des dangers liés au mimétisme des élites est de faire en sorte que les élites soient véritablement aristocratiques et méritent d'être imitées. C'est pourquoi il n'est d'autre solution, pour promouvoir le bien commun, que celle consistant à sortir de la démocratie toujours promotrice de médiocres manipulés par des cyniques, ainsi de la démocratie effectivement démocratique, car seul un gouvernement non démocratique, quoique soucieux d'incarner la volonté générale au sens (non rousseauiste) où nous l'entendons (Volksgeist), est à même de produire et de se faire exercer par des élites authentiques, réellement aristocratiques. On a vu que le peuple est toujours médiocre aussi longtemps qu'il n'est pas ordonné, mis en ordre par une autorité : le peuple est certes capable de reconnaître dans ses chefs l'incarnation de la raison, mais reconnaître dans les meilleurs l'incarnation de ce que le peuple doit vouloir n'équivaut pas à être habilité à désigner les meilleurs.

Or c'est ici que le bât blesse : le peuple est sourd à toute argumentation l'invitant à se libérer de l'erreur démocratique aussi longtemps que, baignant en atmosphère démocratique, il subit la pulsion compulsive d'imiter ses élites, lesquelles le rivent à l'erreur démocratique ; il doit être guéri de la démocratie (condition requise pour discerner dans les élites démocratiques autant d'anti-élites) pour accéder au moyen de s'en guérir (en finir avec la fascination mimétique des élites qui lui mettent dans la tête qu'il faudrait être démocrate à peine de n'être pas humain, afin de se soustraire à l'esprit démocratique qu'elles diffusent), de sorte qu'une telle maladie de l'esprit semble indépassable. Dès lors, on est mis en demeure, pour le salut du peuple, de déconnecter ce dernier de ses fausses élites en lui montrant le caractère mensonger, cynique, manipulateur et avilissant des entreprises de ces dernières ; ce qui revient à dénoncer le pouvoir des sectes.

En soi, dans l'ordre ontologique de causalité, les sectes sont générées par l'idée démocratique, de sorte que l'éradication des sectes n'est nullement le principe suffisant de destruction de la démocratie ; mais dans l'ordre psychologique et pédagogique de compréhension de la nocivité de la démocratie, la dénonciation et la destruction des sectes conditionnent la libération de l'illusion démocratique.

Conclusion de la deuxième partie.

§ **38.** Concluons cette réflexion sur le conspirationisme. C'est la faiblesse préalable du corps, son impuissance à lutter, qui rend possible l'influence délétère des microbes. Leur attribuer la responsabilité de tous les maux, c'est se dispenser de faire l'effort de lutter, ainsi de vivre puisque la vie est lutte. Mais quand les microbes sont installés, il faut bien les détruire parce qu'ils entretiennent la faiblesse. La France républicaine et jacobine est une erreur, elle est intrinsèquement mauvaise, et elle a mis deux siècles à accoucher de ses ultimes effets corrupteurs, à savoir du mondialisme en lequel elle consomme ses virtualités subjectivistes gravides de la déification satanique de l'homme. Aujourd'hui, on ne peut se passer — le peuple étant devenu ce qu'il est, complètement gagné aux idées de ses tyrans démagogues — d'une épuration violente dirigée contre les sectes et lobbies, d'où la légitimité du conspirationnisme, mais d'un conspirationnisme non passionnel, critique, raisonné, sélectif. Et de plus, surtout même, une telle entreprise n'est féconde que si elle sait reconnaître aux sectes et lobbies le statut de causes seulement instrumentales (ce à quoi ne se résout pas l'école conspirationniste, ou conspirationnisme érigé en école).

Quant à l'« apparitionnisme » que nous avons déclaré psychologiquement solidaire du complotisme, nous nous permettrons de voir en lui autre chose qu'une innocente manie, parce que, dans l'esprit de ses adeptes, il finit par contracter plus de poids que celui des dogmes de la foi et des raisons objectives de croire. C'en est au point que, au moins dans certains milieux catholiques de Tradition, l'acquisition du tour d'esprit « apparitionniste » en vient à devenir le critère de l'authenticité de l'appartenance à la Tradition ; qui ne verse pas dans cette mentalité est jugé « suspect » et est tôt ou tard rejeté. La chose est déjà grave parce que les « suspectés » n'ont guère d'autre choix, en situation d'ostracisés, que de se tourner vers des chapelles qui les admettront et qui, elles, ne seront pas traditionalistes, qui par là seront lestées de modernisme. Mais le mal est encore plus grave dans les séminaires de Tradition, toutes tendances confondues : un séminariste se doit de digérer les coquecigrues « apparitionnistes » et/ou surnaturalistes de ses maîtres, à peine de prendre le risque d'être éjecté sous le prétexte qu'il n'a pas la vocation. La chose est particulièrement sensible en France, en cette France que sa revendication d'être la « fille aînée de l'Église » remplit de prétentions et d'arrogance, à telle enseigne que les séminaires français du courant non conciliaire font de l'adhésion au surnaturalisme et à l'« apparitionnite » la condition « sine qua non » de la pérennité de la Tradition catholique. Il ne faut donc pas s'étonner que de tels insupportables abus d'autorité, fruits de la volonté de puissance ecclésiastique, déconsidèrent la cause de la Tradition, la fragilisent en la divisant, la marginalisent et finissent par lui faire rater sa vocation de salut de l'Église.

Chapitre troisième

L'antinationalisme,
rejeton malade de l'augustinisme politique.

Théocratie et antinationalisme.

§ 39. 1. La tentative de retour à la théocratie médiévale de Boniface VIII, opérée par les réactionnaires hostiles à Vatican II, ne s'explique pas par leur seule animosité à l'égard de Vatican II et par le souci d'en redresser les erreurs théologiques. Elle s'explique aussi par des affinités politiques bien déterminées. Dans l'esprit des catholiques traditionalistes, Vatican II a accompli sur le plan religieux ce que la Révolution française a fait sur le plan politique ; les réformateurs ne s'y sont pas trompés : le Père Congar parla de « Révolution d'Octobre », et le cardinal Suenens vit dans le concile « 1789 dans l'Église ». Il s'agissait, sur deux plans différents, de la même chose : substituer le culte de l'homme au culte de Dieu, substituer l'autorité et la souveraineté de l'homme à l'autorité et à la souveraineté de Dieu. Lutter contre Vatican II, c'est donc aussi lutter contre la Révolution française. Or cette dernière a accouché de l'idée de nation. Dès lors, pensent les réactionnaires, il faut lutter contre l'idée de nation supposée par essence solidaire des principes de 89 et de la philosophie des droits de l'homme. Ces mêmes réactionnaires ne conçoivent pas qu'il puisse s'agir d'une vérité captive, c'est-à-dire d'une vérité confisquée par les propagateurs d'erreurs, s'emparant d'elle à l'insu des partisans du « bon combat » — parce que cette vérité se trouve avoir été méconnue d'eux —, et la dénaturant au point que ces derniers en viennent à ne reconnaître en elle qu'une erreur. Dès lors, si la réalité de la nation française n'est tout de même pas niée, aujourd'hui, par les surnaturalistes, au moins le nationalisme doit-il être condamné, qui, évoquant toujours une « troisième voie » entre Ancien régime et démocratie ploutocratique, évoque immanquablement, de manière légitime, l'idée fasciste : un nationalisme vraiment étranger aux principes de 89 et au libéralisme, lesquels sont historiquement promoteurs par accident de l'idée de nation et par essence de la dénaturation de cette idée, ne peut, s'il est conséquent, qu'être fasciste. Mais le fascisme n'est pas théocratique et il est franchement anti-surnaturaliste. Donc, aux yeux de l'ultramontain réactionnaire, c'est qu'il ne peut être que moderniste. Ce même fascisme n'est pas démocratique, il n'est assurément pas recevable par un démocrate-chrétien, aussi ne peut-il, pour l'ultramontain conciliaire toujours plus ou moins moderniste, être chrétien. On comprend ainsi que réactionnaires religieusement intégristes et démocrates-chrétiens conciliaires finissent par se rapprocher les uns des autres quand il est question de condamner le fascisme, mais aussi ce qui à la fois le prépare et entre dans sa composition, à savoir le nationalisme.

Culture et civilisation.

§ **39. 2.** Dans son radio-message de Noël 1954, Pie XII commençait par exprimer sa crainte de voir capoter les projets d'unification de l'Europe ainsi capable de mettre un terme aux rivalités traditionnelles qui faisaient s'opposer tragiquement ses peuples. Il redoutait que la haute politique ne s'orientât à nouveau vers un type d'État nationaliste — nous remettons à plus tard l'évocation de la polysémie du mot — qui eût compromis la cohésion de l'unité européenne face aux blocs américain et soviétique. Il n'y aurait plus eu de bien commun rassemblant dans l'unité des États de cultures analogues inspirées par les caractères de l'ancienne Chrétienté. Ce que redoutait aussi Pie XII, c'est que ce nationalisme agressif et fermé hostile à l'idée de bien commun européen ne suscitât par réaction des nationalismes coloniaux du même type, empêchant « le processus d'évolution vers l'autonomie politique <de ces peuples>, que l'Europe aurait dû guider avec prévoyance et attention ». L'Europe que Pie XII tenait en estime était définie par lui tel « l'ensemble des valeurs spirituelles et civiles que l'Occident a accumulées en puisant aux richesses de chacune des nations qui le composent, pour les répandre dans le monde entier ».

On s'aperçoit par là que le pape considérait l'Europe comme le foyer naturel de la civilisation, s'il est permis de déclarer — ce que nous pensons — qu'il existe des cultures et une seule civilisation ; il y a des cultures qui sont autant de manières particulières de signifier les caractères spirituels et les exigences normatives — religieuses, esthétiques, scientifiques, philosophiques et/ou morales — de l'unique nature humaine participée par tout homme ; chacune d'entre elles y parvient avec plus ou moins de bonheur, mettant en évidence tel ou tel aspect plus ou moins essentiel de la condition humaine. La civilisation désigne alors cet idéal régulateur et non réalisable historiquement d'une culture qui serait la culture du genre humain entendue non comme la somme des cultures existantes, mais comme la culture d'un peuple identifié à l'humanité entière dans la perspective irréalisable d'une unique nation mondiale qui serait informée par un unique État mondial. Et nous espérons avoir montré en quoi l'État mondial est intrinsèquement pervers. La civilisation ne saurait, non plus, consister en la somme ou synthèse des cultures existantes pour cette raison qu'elles sont souvent incompatibles entre elles, ne produisant pas des valeurs complémentaires ; et elle ne saurait consister dans le choix sélectif de ce qu'il peut y avoir de meilleur en chacune parce que tout choix est comparaison qui suppose référence à un idéal commun aux choses mesurées ; or cet idéal à partir duquel on pourrait prétendre élaborer la culture universelle serait cette culture même qu'il faudrait ainsi posséder pour trouver les moyens de la chercher et de la définir. La civilisation, c'est ce en quoi aspire à se constituer et à s'achever une culture ; c'est le résultat de la prétention à l'universalité de chaque culture particulière. Nous reviendrons sur ce point quand nous aurons exposé les raisons profondes de l'hostilité de Pie XII à l'égard du nationalisme. Remarquons tout de suite qu'on pourrait parler de civilisation historiquement réalisable, mais alors il s'agirait d'une détermination d'essence religieuse, et de religion *révélée*, ainsi *surnaturelle*, non strictement culturelle puisque toute culture est expression de l'acte par lequel la nature humaine se dit à elle-même ses propres exigences et/ou son propre contenu développé ; et cette religion révélée ne peut être que le catholicisme, qui est la seule vraie religion révélée. Il y a donc les cultures naturelles et la civilisation catholique, avec un « point de suture » idéal et idéel entre les deux sphères correspondant à ce qu'eût été la civilisation en état de pure nature. Et, si l'on déclare comme Pie XII que l'Occident constitue un ensemble de valeurs spirituelles puisées dans chacune des nations d'Europe et destinées à être communiquées au monde entier, c'est que cette Europe se trouve être, en ce qui concerne ce qu'il y a de naturel (par opposition à l'ordre surnaturel) en elle, ce qui s'approche au mieux de l'idéal de civilisation dont nous venons de parler. Et c'est bien ainsi que le reste du monde considère l'Europe, de manière avouée ou récusée, voire refoulée. Quoi qu'il en soit du rapport exact entre culture et civilisation, le pape, on le voit, tenait l'Europe pour le centre spirituel du monde, son guide moral, et il se désolait qu'elle fût incapable de s'unifier pour remplir son rôle d'opérateur privilégié du bien commun universel. Nous ne pouvons qu'adhérer à ces raisons d'être inquiet, et sous ce rapport nous ne pouvons que plébisciter la leçon du pape. Est-ce à dire pour autant qu'il faudrait renoncer à toute forme de doctrine nationaliste ? C'est ce à quoi Marcel Clément, commentateur de Pie XII, invitait ses lecteurs, en précisant que le nationalisme et l'internationalisme seraient deux maux symétriques inspirés par la même erreur. Nous montrerons au contraire que les nations ne sont fécondes que si elles se vivent sur un mode nationaliste, avec toutes les tensions que cela implique, et qu'elles ne surmontent leur nécessaire antagonisme qu'en se faisant subsumer par une idée impériale.

Quelques définitions.

§ 40. « La crise intellectuelle contemporaine se manifeste, entre autres, dans le domaine de la langue. Nous assistons à une détérioration du vocabulaire et nous voyons les mots employés les uns pour les autres. L'État, la nation, la patrie sont ainsi trop souvent confondus », nous dit à juste titre Marcel Clément dans son *Enquête sur le nationalisme* (o. c.). Cela dit, la définition de ces concepts, supposée nous permettre de dégager la perversité ou la légitimité du concept de nationalisme, se révèle elle-même être conditionnée, dans l'esprit de Marcel Clément, par ce jugement négatif porté sur le nationalisme qu'il se représente comme fermé et agressif, et stérile et malfaisant à raison de son agressivité même, de telle sorte que l'explicitation préalable des termes destinée à permettre de développer une pensée impartiale sur le statut de la nation est déjà éminemment partiale et controversable. Marcel Clément ajoute en effet : « La confusion s'aggrave, lorsqu'elle porte non plus sur ces réalités elles-mêmes, mais sur des représentations intellectuelles de valeur fort inégale : l'étatisme, le nationalisme, ou sur une vertu, le patriotisme ». Sa manière de définir la nation, l'État, la patrie, loin d'introduire à une réflexion sans préjugé sur le nationalisme, est déjà une arme fourbie pour le condamner. Les proclamations d'objectivisme, gage de sérieux et de sagesse, sont souvent inspirées par un subjectivisme insidieux, voire par une ruse rhétorique visant à imposer, aux subjectivités auxquels s'adressent les auteurs de telles proclamations, des prémisses incapacitantes les contraignant à épouser des thèses qui en vérité n'ont rien d'objectif et ne s'imposent nullement de soi. Marcel Clément pose en principe que la nation ne serait pas une catégorie politique, et que le nationalisme consisterait dans son essence à pervertir la nation en la politisant. Qu'on en juge :

Pour Marcel Clément, l'État est une institution naturelle, et naturelle en tant qu'elle est ordonnée au bien commun (ici, nous n'avons aucune objection à formuler) ; cette institution désigne la société politique, ou l'autorité légitime qui la dirige, ou l'organisme dirigeant de la société civile. Marcel Clément oppose l'État à l'étatisme en lequel il voit une violation du principe de subsidiarité, c'est-à-dire une usurpation, par l'État, de prérogatives qui reviennent naturellement aux familles, aux professions, aux municipalités. Notre auteur nous invite à ne pas confondre la nation et l'État, mais voici pourquoi selon lui :

« L'État est une réalité politique. La Nation ne se confond pas avec une organisation juridique de familles poursuivant le bien commun sous l'autorité du gouvernement. Elle apparaît comme une communauté de valeurs spirituelles, morales, culturelles ». Puis il cite Pie XII pour étayer son propos : « *La vie nationale est de sa nature l'ensemble actif de toutes les valeurs de civilisation qui sont propres à un groupe déterminé, le caractérisent et constituent comme le lien de son unité spirituelle. Elle enrichit en même temps, par sa contribution propre, la culture de toute l'humanité. Dans son essence, par conséquent, la vie nationale est quelque chose de non politique ; c'est si vrai que, comme le démontrent l'histoire et l'expérience, elle peut se développer côte à côte avec d'autres, au sein d'un même État, comme elle peut aussi s'étendre au delà des frontières politiques de celui-ci* (Pie XII, message du 24. 12. 54, édition française de *l'Osservatore romano* du 7. 1. 55) ». Comme preuve de cette assertion dépolitisant le concept de nation en réduisant le Politique à l'État, il évoque la nation française qui excède les frontières politiques de la France, et qui enveloppe par exemple le Canada français : la nation française canadienne subsiste dans un État canadien qui contient aussi une nation anglaise : deux nations pour un même État.

Une telle déconnection entre État et nation, qui fait se concentrer le Politique dans le seul concept d'État, lui permet de poser sa conception — péjorative — du nationalisme :

C'est, selon l'enseignement de Pie XII cité par Marcel Clément, « *l'erreur qui consiste à confondre la vie nationale au sens propre avec la politique nationaliste ; la première, droit et gloire d'un peuple, peut et doit être développée ; la seconde, source de maux infinis, ne sera jamais assez rejetée... La vie nationale ne devint un principe dissolvant pour la communauté des peuples que lorsqu'elle commença à être exploitée comme moyen pour des fins politiques, à savoir quand l'État dominateur et centralisateur fit de la nationalité la base de sa force d'expansion. On eut alors l'État nationaliste, germe de rivalités et source de discordes* (Pie XII idem) ». L'Allemagne hitlérienne serait l'illustration parfaite de cette définition, ainsi que tous les États qui ont fait du vieux « principe des nationalités » le ressort de leur impérialisme.

Voici enfin ce Marcel Clément nous dit de la patrie :

« (…) le milieu de vie à l'égard duquel nous avons une dette qui relève de la vertu de piété, vertu, on le sait, annexée à la justice. On parlera, dans ces conditions, de la petite patrie, pour parler d'un pays, ou d'une province. On parlera de la Patrie de façon plus courante, en désignant par là la société politique à l'égard de laquelle on a une dette. Mais on pourra avec plus de vérité encore parler de la Patrie du Ciel, de ce sein du Père auquel les baptisés que nous sommes sont appelés comme vers le parfait milieu de vie, lorsque seront réalisés les nouveaux Cieux et la nouvelle Terre (Apocalypse) ».

§ **41.** Nous reviendrons bien sûr sur ces considérations développées par Marcel Clément dans le sillage de l'enseignement de Pie XII. Préalablement, tentons de définir le nationalisme à partir de l'usage qui en fut fait par ceux qui sont à l'origine du mot lui-même, afin d'éviter de tomber dans l'implicite pétition de principe en laquelle nous enferme la démarche de Marcel Clément ; c'est que, en vérité, il se fait de la nation une certain idée (oui ou non est-elle une catégorie politique ?) en fonction du jugement réprobateur qu'il porte sur le nationalisme, afin de donner l'impression de mesurer la valeur du nationalisme à l'aune d'un concept objectif, non idéologiquement connoté, de la nation.

Selon Jacques Ploncart d'Assac (*Enquête sur le nationalisme*, 1969, Lisbonne), le mot « nationalisme » fut utilisé pour la première fois au XVIIIème siècle pour désigner un mouvement de réaction contre le cosmopolitisme maçonnique. On trouve ce terme dans le même sens chez Augustin Barruel (*Mémoires pour servir à l'histoire du jacobinisme*) qui l'a relevé chez l'Illuminé

Weishaupt, lequel prétendait opposer l'amour général au nationalisme ou amour national.

Pour le même Jacques Ploncart d'Assac (dans ses célèbres « Doctrines du nationalisme »), le terme de « Nationalisme » fut inventé par Prévost-Paradol sous le Second Empire, et il désignait alors le principe des nationalités, c'est-à-dire ce que l'on nommera plus tard le nationalitarisme ou droit des peuples à disposer d'eux-mêmes. Maurice Barrès, dans « le Figaro » du 4 juillet 1892, publia un article intitulé « la querelle des nationalistes et des cosmopolites » : le nationalisme proprement dit serait le devoir des peuples de rester eux-mêmes, ce qui le distingue de et même l'oppose au droit des peuples à disposer d'eux-mêmes. En gros, par-delà l'origine controversée du terme « nationaliste », nous distinguerons quant à nous trois acceptions de ce mot : le nationalitarisme, le nationalisme nominaliste, le nationalisme réel.

Le nationalitarisme est cette conception de la nation qui est attachée au principe des nationalités, et nous voyons en lui cette erreur riche de la vérité captive qu'est le véritable nationalisme. André Frossard déclare justement, dans l'*Enquête* (p. 172) de Marcel Clément :

« Il n'est pas douteux que le nationalisme jacobin a été, en France, aussi totalement que possible, un modèle du nationalisme condamné par Pie XII. C'est lui qui a, le premier, fondé l'État sur la nation, en mettant dans le peuple la source ultime de la souveraineté (…) Cet absolutisme d'État a déterminé les guerres idéologiques de la Révolution et de l'Empire. Surtout, il a servi de modèle concret au principe des nationalités appliqué en Europe et dans les autres continents. Nous ne devons pas oublier devant les incendies qui se sont multipliés en Asie et en Europe qu'ils ont été allumés par les principes de la Révolution française ».

Et Frossard d'ajouter, p. 173 : « le nationalisme des 'Grands ancêtres'<les Jacobins> n'était pas en réalité un nationalisme français. La France n'était pour lui que l'instrument d'une idéologie rationaliste : la substitution de la souveraineté du Peuple au lieu et place de la souveraineté de Dieu ».

Nous souscrivons à la thèse d'André Frossard : le nationalitarisme est mauvais parce qu'il est l'expression du principe de la souveraineté populaire, c'est-à-dire de l'idée démocratique consommée, qui en son fond déifie l'homme en faisant de ce dernier l'origine de tout pouvoir. Et c'est ce nationalisme-là qui fut d'abord condamné par Pie XII. Mais la condamnation du nationalisme en général ne serait acquise que si tout nationalisme était nationalitaire.

Cela dit, si le nationalisme considéré en son intégrité et non en sa déviation nationalitaire consiste dans ce devoir des peuples de demeurer eux-mêmes, fidèles à un héritage qu'un Maurras, non sans quelque raison, identifiait à la patrie (qu'il ne distinguait pas de la nation), il reste à se demander si tout héritage mérite d'être reçu. Il existe une nature humaine commune à tout homme, par-delà les différences raciales et culturelles, qui rend l'homme à l'image de Dieu, et que toute culture, tout héritage national, se doit de respecter, dût-on pour ce faire se désolidariser d'un héritage ancestral qui dès lors n'a plus de raison d'objet d'un devoir inconditionnel. C'est pourquoi le nationalisme entendu comme devoir inconditionnel de rester soi-même repose sur un refus coupable inavoué, celui de considérer le caractère universel et normatif des exigences de la nature humaine et donc du droit naturel, divin parce que naturel. Ce type de nationalisme, que l'on pourrait qualifier d'anglo-saxon (« Right or wrong, my country »), se fonde sur le principe d'un relativisme des valeurs tenant chaque système culturel lié à une ethnie ou à une nation comme ne valant que pour les ressortissants de cette nation, sans aucune référence à un absolu du Vrai et du Bien. Tant la religion catholique que la philosophie récusent cette position récemment reconduite par un Claude Lévi-Strauss par exemple, selon lequel on ne pourrait juger la valeur d'une culture qu'à l'aune des principes d'une autre culture, et que l'on est toujours au fond le sauvage de quelqu'un. Ce faisant, le fondateur du structuralisme ne s'apercevait pas qu'il tombait, comme tous les nominalistes (qui sont en même temps, de manière nécessaire, des empiristes), dans une contradiction *in actu exercito* : « L'illusion fondamentale de l'empirisme scientifique

<i.e. d'un empirisme érigé en doctrine> est toujours celle-ci, à savoir qu'il utilise <lui qui récuse la valeur universelle des concepts et leur portée réaliste en les réduisant à des mots> les catégories métaphysiques de matière, de force, et en outre celles d'un, de multiple, d'universalité, d'infini aussi etc., ensuite qu'il poursuit l'enchaînement de syllogismes au fil de telles catégories, en cela présuppose et emploie les formes de l'enchaînement syllogistique, et en tout cela ne sait pas qu'il contient et pratique ainsi lui-même une métaphysique et utilise ces catégories et leurs liaisons d'une manière totalement non critique et inconsciente » (Hegel, *Encyclopédie*, 1830, *Concept préliminaire* § 38). Dans le même esprit, on doit observer que le relativiste qui érige en universel son relativisme (« *toute* valeur est relative à la culture particulière où elle naît, et elle ne saurait transcender les cultures particulières et contingentes historiquement déployées ») ne s'aperçoit pas que, ce faisant, si on lui applique le critère immanent du contenu de son jugement, il se condamne à tenir son relativisme pour relatif à sa culture occidentale nominaliste localement circonscrite et datée, et il se voit interdire de prétendre parler pour toutes les cultures.

Si donc une acception du nationalisme est recevable — et c'est celle que nous ferons nôtre, solidaire de l'affirmation d'un Dieu transcendant, créateur, tout-puissant, rémunérateur et vengeur, origine de tout pouvoir au point qu'un dépositaire humain du pouvoir politique n'est jamais qu'un tenant-lieu temporel de Dieu, à toute distance de quelque dogme de la souveraineté populaire que ce soit —, c'est celle d'un devoir des peuples de rester eux-mêmes, pour autant que ce qu'ils sont incarne adéquatement des valeurs universelles enracinées dans la nature humaine.

Vie nationale et politique nationaliste : premier volet de l'enseignement de Pie XII.

§ 42. Revenons maintenant à l'enseignement de Pie XII, dont nous retenons deux volets. Voici le premier :

« La vie nationale est de sa nature l'ensemble actif de toutes les valeurs de civilisation qui sont propres à un groupe déterminé, le caractérisent et constituent comme le lien de son unité spirituelle. Elle enrichit en même temps, par sa contribution propre, la culture de toute l'humanité. Dans son essence, par conséquent, la vie nationale est quelque chose de non-politique ; c'est si vrai que, comme le démontrent l'histoire et l'expérience, elle peut se développer côte à côte avec d'autres, au sein d'un même État, comme elle peut aussi s'étendre au delà des frontières politiques de celui-ci ». Cet enseignement très dense nous inspire les réflexions qui suivent.

Première remarque.

Marcel Clément reconnaît lui-même (page 152 de l'Enquête) qu'un même État peut regrouper dans une même patrie des traditions nationales différentes, « non sans que de délicats problèmes d'unité dans la diversité se trouvent posés ». Ce qui revient à confesser qu'un État multiracial et multiculturel a beaucoup de mal à subsister pour cette simple raison que sa composition n'est pas conforme à l'ordre des choses, aux exigences de la nature humaine. Plusieurs nations peuvent être intégrées à un même État, en dépit des prétentions nationalitaires ; mais il est difficile de concevoir une même nation éclatée en plusieurs États, sauf si les membres de cette nation, émigrés de leur État national d'origine, en viennent progressivement à modifier substantiellement leur identité nationale réduite au statut de matière d'éduction d'une nouvelle identité nationale ; dans le cas contraire, les hommes d'une même nation aspirent à vivre ensemble sous une même autorité, ainsi dans un même État. Développons ce point et, pour ce faire, rassemblons les résultats auxquels nos analyses précédentes nous ont conduit.

La nature d'un être est sa fin, donc la fin de cet être est sa nature ; un tel être est individuation de sa nature dont il n'épuise pas les richesses et qui le somme de la faire se déployer dans une forme communautaire qui est politique. Se rendre adéquat aux exigences de sa nature qui se veut en lui, c'est, pour l'homme, projeter des déterminations culturelles ayant raison d'idéaux et de valeurs, en lesquelles il se représente ce qu'il a à être, afin de s'y conformer, et l'ensemble de ce processus n'est autre que la culture qui enveloppe les spéculations métaphysiques les plus élevées, les productions artistiques les plus sublimes, et les plus humbles canons des goûts culinaires ou des modes vestimentaires. Tout autant, se vouloir la partie d'un tout, mais partie ayant raison d'organe d'une communauté vivante tendant à hypostasier cette nature humaine qu'il ne peut, comme individu, faire subsister qu'en en restreignant les virtualités, c'est, pour l'homme, « extra-poser » sa nature intérieure en lui conférant le statut de forme de ce tout dont il se veut l'organe, et c'est là s'accomplir en se faisant le serviteur d'un « homme en grand ». Et la forme universelle de ce tout, en droit commune à tous les touts politiques historiquement existants, est celle de l'État. Mais un tel tout, à peine de dégénérer, par « hubris », en cet État mondial qui est la mort du Politique en même temps que la mort de l'humanité dans l'homme, se doit de n'être jamais que la réalisation limitée des exigences de la nature humaine « extra-posée » qui sera ainsi tout entière en chaque État réel, quoique non totalement. Ce qui suppose l'existence d'un principe de particularisation de la forme universelle de l'État. Et ce principe de particularisation, voire d'individuation, n'est autre que la nation, la vie nationale.

Qu'est donc, cela dit, le bien commun d'un tel État ? On sait qu'il doit répondre au réquisit suivant : il doit être le bien du tout pris comme tout et le meilleur bien de chacun des membres de ce tout ; il doit être le bien même de la nature humaine, mais de cette nature particularisée par une manière nationale de subsister ; par conséquent le bien commun se révèle telle la réalisation en acte de toutes les potentialités de la nature humaine, à l'intérieur d'une communauté nationale de destin. Dès lors, sous quels traits se dessine ce bien commun, cause finale de la société ? Tout simplement dans la figure du développement concret, structuré par un État, d'une vie nationale.

Force est d'en tirer une première conséquence.

Si, comme le rappelle Marcel Clément (p. 11 de son livre), la Nation se distingue de l'État en tant qu'il est l'« organisation juridique de familles poursuivant le bien commun sous l'autorité du gouvernement », alors la nation n'est pas indifférente à l'État qui l'organise, elle lui est même intrinsèque : la forme en tant qu'incarnée est la matière en tant qu'informée ; la chose se vérifie jusque dans le cas de ces réalités spirituelles telle l'âme humaine, qui, ayant vocation à subsister nonobstant leur séparation d'avec le corps — leur principe individuant — dont elles sont la forme et l'acte, conservent ces notes individuantes acquises par leur commerce avec ce corps. On ne peut donc plus dire que la nation serait une réalité essentiellement non politique. En tant qu'elle est principe d'individuation de l'État, principe limitateur destiné à faire subsister l'État dans une forme particulière conjurant l'État mondial, la nation a raison de cause matérielle. Cela dit, en tant qu'intrinsèque à l'État existant historique individuant l'Idée de l'État, par là en tant que consubstantiel à cet État particulier, l'idéal national a raison de cause formelle : si ce qu'il y a de formel dans la Cité est l'extériorisation, intégratrice des personnes, de la nature intérieure qui anime chaque personne, alors cette extériorisation, qui est la vie nationale même unifiée par l'idée de l'État, contracte le caractère formel de l'État qu'elle rend réel. La nation est le degré maximal d'« extra-position » possible de la nature humaine immanente à chaque homme. La nation se révèle ainsi telle la nature humaine idéale réalisée dans une perspective limitée mais obligatoire (puisque c'est cette limitation qui en rend possible la réalisation), et elle doit se définir tel le terme du processus à raison duquel la nature, cause efficiente en chacun, a raison de cause finale pour chacun et pour tous. La nature humaine se révèle cause efficiente et cause finale du processus d'extériorisation de soi de l'homme dans la communauté politique ; elle est extériorisée dans la vie nationale comme culture vécue par les personnes, et dans la nation vivante inclusive des personnes comme communauté de destin. Cette extériorisation s'achève dans l'État, forme universelle, de sorte que la vie nationale est un moment de ce processus d'extériorisation de soi de la nature humaine. Il en résulte ceci :

D'abord, si la nation est un moment obligé de l'éduction de l'État, elle appelle d'elle-même, en vertu de sa dynamique immanente, un tel État, et elle exclut d'être éclatée en plusieurs États. Ce qui n'empêche pas que plusieurs vies nationales puissent être actualisées par un seul État. Et cela invalide les prétentions démocratiques du nationalitarisme.

Ensuite, si la nation est intrinsèque à l'État comme son principe de particularisation, elle est nécessairement une catégorie politique. Et ce résultat contredit les vœux de Pie XII et de Marcel Clément. Par suite, s'il est vrai que doit être nommée « nationaliste » toute société faisant de sa vie nationale une détermination politique, c'est-à-dire étatique, alors toute vie nationale se vit en droit dans une tonalité nationaliste. Dès lors, s'il est des nationalismes condamnables, ce n'est pas en tant que nationalismes qu'ils le sont, mais en tant qu'ils sont autant de déviations du vrai nationalisme.

Comme principe d'individuation de l'État, destiné à conjurer la tentation de l'État mondial, la nation a raison de cause matérielle de la société. Mais comme « extra-position » possible (ni universelle ni singulière, universelle dans son vœu et particulière dans les faits, expressive de tout l'homme sans l'être totalement) de la nature humaine, la nation est un moment du processus à raison duquel la nature humaine, immanente à chaque homme comme cause efficiente de son advenue à l'existence et de la pulsation qui lui intime de s'intégrer dans une vie communautaire, se veut elle-même comme fin de ce même homme qu'elle se subordonne. Et sous ce rapport la nation a raison de cause finale de la société, ce qui revient à dire qu'elle se confond avec le service du bien commun lui-même.

Si l'analogie entre corps et âme d'une part, nation et État d'autre part, est recevable, on doit observer ceci :

Le corps est pour l'âme, il est instrument de l'âme, il n'est pas quelque chose de spirituel comme l'est l'âme, et il a raison de moyen pour l'âme. Cependant, il est comme conservé dans et par l'âme se séparant de lui dans la mort, dans la mesure où l'âme n'est cette âme singulière que par référence aux déterminations individuantes du corps qu'elle a habité et dans lequel elle a commencé d'exister. Sous ce rapport, les déterminations du corps sont intrinsèques à l'âme parce qu'elles sont quelque chose de formel.

De même, la vie nationale est pour la vie politique de l'État, elle est instrument de cette vie, elle n'est pas quelque chose de politique comme l'est l'État, et elle a raison de moyen pour l'État. Cependant, la forme universelle de l'État ne subsiste qu'individuée par la vie nationale, et ainsi les déterminations nationales qui affectent l'État sont intrinsèques à l'État en tant qu'État, et sous ce rapport elles ont raison de cause formelle ; l'État pris non dans son sens restrictif d'appareil gouvernemental, mais dans son sens vrai de projection communautaire de la structure ontologique de l'âme humaine, se confond avec la cause formelle de la Cité, laquelle cause formelle s'identifie à la cause finale, puisque dans les réalités vivantes la forme, l'efficience et la fin tendent à s'identifier. Et sous ce rapport la vie nationale a bien raison de fin et se confond avec le bien commun.

Si « la vie nationale est de sa nature l'ensemble actif de toutes les valeurs de civilisation qui sont propres à un groupe déterminé, le caractérisent et constituent comme le lien de son unité spirituelle » (Pie XII) ; si d'autre part, comme l'enseigne Marcel Clément, la réalité politique, à savoir l'État lui-même, est « une organisation juridique de familles poursuivant le bien commun sous l'autorité du gouvernement » (p. 11 de l'Enquête), on est invité logiquement à conclure ceci : cette vie nationale, bien commun (car ensemble de valeurs spirituelles et principe de l'unité spirituelle de la communauté) de tous les membres de la société, est intrinsèque à l'État.

Condamnation de l'État-nation : deuxième volet.

§ **43.** Deuxième volet de l'enseignement du pape : *« La vie nationale ne devint un principe dissolvant pour la communauté des peuples que lorsqu'elle commença à être exploitée comme moyen pour des fins politiques, à savoir quand l'État dominateur et centralisateur fit de la nationalité la base de sa force d'expansion ».* La formule appelait d'être explicitée, et c'est ce qui est accompli par Marcel Clément aux pages 166 et 168 de son livre. L'auteur rappelle (p. 166) l'enseignement de Pie XII tiré de l'encyclique *Summi pontificatus*, qui formulait la même pensée qu'à Noël 1954, et qui condamnait « l'État considéré comme mandataire de la nation ». Et notre commentateur de rappeler (p. 168) que le nationalisme (condamné par Pie XII dans son essence même), qui consiste à exploiter la nation comme « moyen pour des fins politiques », fait que la nation « se corrompt précisément au moment où l'État (ou la politique) s'identifie en quelque façon avec la réalité essentiellement non politique qu'est la nation ».

Nous comprenons donc ceci : une politique qui, par son organe étatique propre, se fait le mandataire de la nation, ainsi l'instrument de ses prétentions qui sont le mandat que la nation lui confie, est une politique dans laquelle l'État fait de la nation le moyen de ses fins politiques, c'est-à-dire la base de sa force d'expansion ; et cette politique a pour principe d'identifier l'État et la nation.

Si l'État est le mandataire de la nation, il est son exécutant et son porte-parole, ainsi son instrument ; on voit mal qu'il puisse faire de la nation l'instrument de ses fins politiques, sauf si l'un et l'autre sont chacun moyen et fin sous des rapports différents. On peut alors comprendre que l'État se fasse l'instrument de la gloire nationale et de son hégémonie sur les autres nations, tout en étant ce qui satisfait ses propres visées en épousant et en servant les vœux de la gloire nationale et de son appétit de puissance, mais dans ce cas on est contraint de dire que l'État et la nation sont une seule et même chose envisagée sous deux rapports différents : l'État est la réalité en acte de la nation qui est la puissance de l'État, au double sens de puissance à devenir État, et de cette puissance que revendique l'État comme sa possession. Et cela revient au fond en effet à faire de la nation une catégorie politique désignant une réalité intrinsèque à l'État. En tant que la nation est puissance de l'État au sens de puissance à devenir État, l'État est sa fin, elle est son moyen et il la préserve ou la sert comme une fin se met au service des instruments de sa réalisation sans cesser d'en être la fin ; en tant que la nation est cette puissance que possède l'État, elle est quelque chose de déjà étatique et contient de ce fait une dimension formelle qui à ce titre a déjà raison en elle-même de fin, de sorte que l'État est moyen de la nation entendue comme idéal culturel, moral et politique destiné à s'imposer ad extra.

Droit international régissant les rapports entre nations.

§ **44.** Il est clair, dans cette perspective, que le nationalisme contient une instance polémique, guerrière, non contingente. Et c'est ce qui fait que Marcel Clément en vient à lui reprocher (p. 171 de son livre) de chercher « le bien particulier et l'utilité d'un pays au détriment, sinon nécessaire, du moins éventuel, des autres » ; ce reproche consiste à dénoncer une violation du principe selon lequel un bien est d'autant meilleur que plus commun, de sorte qu'il doit exister un bien commun des nations qui transcende le bien commun de chaque nation.

Les choses seraient simples, et l'objection serait fondée, si ce bien commun, universel et terrestre à la fois, était pensable sans se résoudre en aspiration à l'État mondial. Marcel Clément pense apporter une solution réaliste à ce problème en invoquant (p. 154) l'idée d'un droit international :

« La société politique est une société parfaite. Elle trouve en elle-même ce qui lui est nécessaire pour atteindre sa fin : le bien public. Toutefois, ce n'est pas dire que la société politique puisse se constituer comme si elle réalisait le terme absolu de toute vie sociale temporelle. C'est depuis l'aube de la pensée humaine que le besoin a été ressenti d'une organisation juridique entre les États qui ne fût pas une simple coexistence. Aujourd'hui surtout, avec la facilité, la rapidité et la multiplicité des communications, la nécessité de préciser le fondement juridique des relations entre les sociétés politiques se présente avec une urgence toute particulière ». Pie XII fit, dans son message radiophonique de Noël 1941, la synthèse des conditions (régies par la morale) d'élaboration d'un ordre juste de la Société des États : reconnaissance de leur indépendance, respect des droits nationaux (afin de protéger les minorités culturelles et linguistiques), coopération économique entre les États (répartition des richesses évitant les grandes disparités de richesses), limitation des armements. Ces dispositions supposent acquise l'acceptation du caractère non politique de vie nationale, et débouchent logiquement sur deux réalités nouvelles (p. 155 de l'*Enquête*) : une « Famille des nations » qui fait de ces dernières autant de richesses complémentaires les unes des autres, et une « Société des États » requérant un Droit public.

Ces projets souffrent des difficultés suivantes :

D'abord, nous avons montré (notre § 43) qu'il était impossible de déconnecter la vie nationale de la vie politique.

Ensuite, l'idée d'un droit public régissant les rapports entre nations est une chimère ; le « droit des gens » relève en fait de la morale, ne jouit d'aucune puissance politique coercitive effective, parce qu'il est définitionnel du droit de présupposer une autorité politique, c'est-à-dire un État. Il y a résolution non violente des conflits entre parties quand elles sont régies par des rapports de droit, lequel suppose une instance capable de faire appliquer ses décrets en les imposant, ce qui suppose un État ; il y a droit international seulement s'il y a État mondial, ou quelque chose qui en tient lieu et qui s'arroge ses privilèges. Le droit international est toujours, dans les faits, la caution de l'État le plus puissant dans des relations qui ne sont jamais tranchées que par des rapports de force débouchant ultimement dans la guerre ; si les membres d'un tribunal international, privés d'une force souveraine les rendant indépendants, sont mandatés par les États qu'ils ont vocation à juger, ils se réduisent nécessairement à des serviteurs des intérêts des États qui les délèguent, et c'est l'État le plus puissant qui l'emporte dans les conflits à régler. On a certes pu parler d'un droit international qui serait régi par l'Église au temps où les nations d'Europe étaient catholiques, à tout le moins chrétiennes. Outre le fait que le poids moral de l'Église n'empêchait pas les guerres entre nations chrétiennes, faire de l'Église le régulateur intrinsèque d'une conception du Politique revient à faire d'une instance surnaturelle la condition obligée du fonctionnement d'une communauté naturelle, ce qui exclut que la nature puisse fonctionner sans la grâce, en compromettant la gratuité de cette dernière.

Enfin, on ne voit pas pourquoi ni comment l'État pourrait se dispenser d'être démocrate dans l'exercice de sa souveraineté interne, s'il est sommé de se faire démocrate dans ses relations avec les autres États ; si le principe démocratique vaut pour la détermination du bien le plus commun, a fortiori doit-il valoir pour la détermination du bien commun plus restreint des sociétés politiques soumises au bien commun planétaire. L'État prôné par Pie XII et Marcel Clément, solidaire de la thèse du caractère non politique de la vie nationale, est au fond l'État démocratique, lequel conditionne une conception personnaliste du bien commun par là réduit à l'intérêt général, à un intérêt général saupoudré de vertu chrétienne contaminée par la philosophie des droits de l'homme ; le bien commun se limite à la recherche de la prospérité individuelle et de la paix entendue comme disposition des choses habilitant chaque individu à exercer sa liberté sans entraves, pourvu qu'elle soit compatible avec celles des autres. C'est d'ailleurs pourquoi cette conception du rapport entre vie nationale et vie politique, solidaire d'un recours à une Société des États cousine d'une Famille des nations, adopte cette conception moderne du droit qui, d'objet qu'il était pour Aristote, le droit romain et saint Thomas d'Aquin (objet de la justice, juste proportion entre biens divisibles), devient le privilège d'un sujet, telle une exigence que tout sujet humain pourrait revendiquer du seul fait qu'il est homme. En effet, si l'homme en vient à se représenter son humaine condition dans la forme d'exigences qu'il pourrait revendiquer, si par ailleurs il est reconnu à l'office de l'État d'être garant du respect du droit qu'il promeut, alors, nécessairement, c'est l'État tout entier qui sera destiné à servir le respect des droits que s'arroge l'individu condescendant par contrat à entrer en société. Et l'on est immédiatement en démocratie. Et c'est bien ce que confessait Pie XII d'une part dans son radio-message du 24 décembre 1944 (évoqué ici dans notre introduction), d'autre part ce même Pie XII dans son message radiophonique du 24 décembre 1953 (cité par Marcel Clément p. 149 de son *Enquête*) : « (…) le mariage, la famille, l'État, la propriété privée tendent, par leur nature, à former et à développer l'homme comme personne, à le protéger, et à le rendre capable de contribuer, par sa collaboration volontaire et sa responsabilité personnelle, au maintien et au développement, personnels également, de la vie sociale ». Il n'est pas abusif, supposé que « tendre à » signifie ici de manière implicite « a pour vocation de », de reconnaître, en un tel enseignement, une profession de foi démocratique et personnaliste.

Le concept même de nation est porteur d'une prétention à l'universel.

§ **45.** Nous pensons qu'il est dans l'ordre des choses que cette tendance polémique constitutive d'une identité nationale ait vocation à être dépassée, mais qu'elle n'est vouée à être dépassée de manière féconde que si elle est d'abord reconnue et assumée, ainsi tenue pour non intrinsèquement peccamineuse. Une nation, avons-nous vu, est une réalité spirituelle dotée de conditions matérielles d'incarnation historique : un peuple entend signifier, en cette formation nationale de lui-même, et en ces productions historiques qui en découlent (culture et mœurs), non seulement ce qu'il est et ce qu'il aspire à être en tant que tel peuple particulier, mais encore ce qu'est la nature humaine et ce que tout homme doit être ; il est inévitable qu'il en soit ainsi dès lors que, aussi bien, ce qui pousse l'homme à entrer en communauté et à se sacrifier pour elle est la causalité immanente de sa nature qui se veut en lui, aspire à se faire objectiver — à se faire extérioriser, concrétiser, réifier — par lui dans la forme communautaire d'un État qui est, quant à lui, l'idée universelle de l'État tripartite accédant à l'existence selon la manière d'être particulière obligée d'une vie nationale. Si la réalité nationale érige en idéal l'identité particulière d'un peuple, elle fait de cette identité un principe normatif, un paradigme. Qui dit idéal dit devoir-être ; si l'identité française est un idéal supposé ne valoir que pour les Français, alors l'identité française nous dit bien ce qu'il faut être, croire et être pour être français ; mais elle ne nous dit pas pourquoi il est préférable d'être français plutôt qu'autre chose. Si, en revanche, l'identité française non seulement nous apprend ce qu'il faut être, croire, faire, pour être français, mais encore nous dit pourquoi il est préférable d'être français — ainsi de choisir de rester français plutôt que de changer de patrie —, c'est que cette identité se veut expressive de ce que chaque homme doit être pour être homme, et non seulement pour être français ; dans ce cas, l'identité nationale est bien la projection de valeurs définies par la nature humaine elle-même, qui est commune à tous les hommes, et de valeurs que l'on veut définitionnelles non seulement des Français mais de la condition humaine en sa globalité ; si les caractères qui définissent l'identité française n'avaient pas la prétention d'exprimer, pour les Français eux-mêmes, la meilleure manière d'être homme, ces Français n'auraient aucune raison de ne pas emprunter hors de chez eux tout ce qui pourrait leur sembler meilleur que ce qu'ils sont, et alors l'identité française, indéterminée, serait inexistante ; et ce qui est dit ici des Français et de leur identité pourrait être dit de n'importe quelle nation. Toute nation particulière s'objective ainsi dans un idéal à prétention universaliste, et c'est pourquoi les nations constituées sont toutes, aussi longtemps qu'elles ne sont pas subsumées par un principe supranational, en état d'antagonisme latent, ou actuel. Cet antagonisme est objectivement et nécessairement porteur d'aspirations impériales à l'hégémonie. Et c'est bien là ce qu'évoque Thucydide dans son *Histoire de la Guerre du Péloponnèse* (livre V chapitre 7).

Impérialisme athénien.

§ **46.** Dans ce discours des Athéniens aux Méliens, originaires de Lacédémone, les premiers rappellent que « dans le monde des hommes, les arguments de droit n'ont de poids que dans la mesure où les adversaires en présence disposent de moyens de contrainte équivalents et que, si tel n'est pas le cas, les plus forts tirent tout le parti possible de leur puissance, tandis que les plus faibles n'ont qu'à s'incliner ». C'est là une évidence de fait, mais c'est aussi quelque chose de légitime dans la mesure où l'ultime mode naturel de règlement des différends entre communautés relevant d'États différents n'est autre que la guerre, ou la négociation qui n'est qu'une manière de faire la guerre à moindres frais : il n'y a de droit à proprement parler que s'il existe des tribunaux et une autorité politique — ainsi étatique — pour faire exécuter leurs sentences ; au-delà de cette sphère, il n'existe que des vœux qui relèvent de la moralité, et tel est le « doit de gens » qui appartient au registre de l'éthique et non à celui du droit. La morale est finalisée par le souci d'acquérir des vertus, le droit l'est par celui de définir la juste proportion dans la répartition des biens extérieurs et/ou divisibles (la dignité de la personne humaine relève des biens intérieurs qui n'offrent pas matière au droit) ; quand bien même des protagonistes seraient éminemment vertueux et consentiraient à respecter les règles de la morale, ces dernières ne sauraient répondre à la question d'une équitable répartition entre biens extérieurs, et il ne resterait, en cas de différend, que la force pour trancher. Les Athéniens ajoutent pour cette raison, afin de préciser que ce dialogue qu'ils sont en train de mener est lui-même l'expression d'un rapport de force encore pacifique, qu'ils ont intérêt à épargner les Méliens qu'ils entendent soumettre, tout comme les Méliens ont intérêt à accepter d'être soumis afin d'éviter les horreurs stériles d'une destruction physique : devenir un allié tributaire permet au moins de conserver la puissance de son sol. Est-il dans l'ordre que telle ou telle Cité appartienne à l'empire athénien ? La morale ne le dit pas. Certes, la recherche de l'ordre — réalité spirituelle — n'est sans doute pas étrangère aux considérations morales. Mais c'est seulement après que cet ordre a été instauré qu'il est possible de reconnaître, en cette nouvelle disposition des choses, un ordre, c'est-à-dire une disposition des choses en vue d'une fin qui sera un bien commun pour tous ceux qu'il intègre. Il était dans l'ordre, dirions-nous aujourd'hui, que la Bretagne et la Bourgogne en vinssent à se réduire au statut de provinces françaises, mais c'est la genèse de la France qui a posteriori en établit le bien-fondé, par sa beauté et par les bienfaits qui résultent pour les provinces soumises elles-mêmes de cette genèse hégémonique. *L'instauration d'un ordre ne peut pas se passer, indépendamment de toute considération morale, et aussi morales soient les dispositions des protagonistes, d'un moment qui relève du pur rapport de force, lequel peut néanmoins être vécu sur un mode pacifique ; et il est dans l'ordre des choses qu'il en soit ainsi ; c'est seulement après que l'ordre a été instauré qu'il devient possible de régler les conflits internes en se dispensant théoriquement de tout rapport de force, en médiatisant les rapports humains par le magistère des lois et l'arbitrage des tribunaux.* Thucydide montre dans la suite du texte que tant les Athéniens que les Méliens peuvent exciper de la protection des dieux, parce qu'il existe une loi naturelle que les Athéniens définissent comme suit :

« Nous croyons, étant donné ce qu'on peut supposer des dieux et ce qu'on sait avec certitude des hommes, que les uns et les autres obéissent nécessairement à une loi de nature qui les pousse à dominer les autres chaque fois qu'ils sont les plus forts. Cette loi, ce n'est pas nous qui l'avons faite et nous ne sommes pas les premiers à l'avoir mise en application une fois qu'elle a été établie. D'autres nous l'ont transmise et nous lui obéissons, comme feront tous ceux qui viendront après nous. Nous savons que vous-mêmes ou tout autre peuple, vous n'agiriez pas autrement si vous disposiez d'une puissance comparable à la nôtre ».

L'idée importante qui se dégage de ce texte, c'est qu'il existe une espèce de ruse de la raison, comme le professe Hegel, qui veut que l'ordre, et le souci désintéressé de l'instaurer, se médiatisent dans le poids de la force substituée au droit, ou plutôt tenant lieu de droit, et dans celui de l'intérêt privé (telle l'ambition) momentanément soustrait au souci du bien commun, ou ponctuellement indifférent à ce dernier. Il est dans l'ordre, il n'est pas contraire à la justice, que la recherche de l'ordre — laquelle est juste — s'accomplisse moyennant un moment d'irrationalité, d'absence de justice, de neutralité ou d'indifférence éthico-juridique, qui se solde par le recours à la force déconnectée du droit, c'est-à-dire à la violence. Il nous paraît même que l'acceptation sans révolte ou sentiment d'indignation de ce qui vient d'être exposé, constitue non certes l'essence de l'esprit de l'homme de droite, mais connote au moins le caractère qui définit de la manière la plus sûre sa mentalité en général : accepter ce fait de nature, à savoir que la justice se fait dépendre de la force pour être instaurée, sans pour autant cesser de revendiquer pour la justice le statut de principe normatif de la force ; il est juste qu'il y ait, sinon de l'injustice, à tout le moins de l'« a-justice », de même qu'il est rationnel qu'il y ait de l'irrationnel. L'homme de droite croit tellement à l'existence d'un ordre naturel dont le respect constitue sa dignité et son honneur, qu'il ne craint pas d'affronter les moments d'éclipse de cet ordre, en tant qu'il est persuadé que, en eux, l'ordre ne se défait que pour se refaire plus excellemment, se concentre, se ressource, s'intériorise pour mieux s'extérioriser. Si le réel se soustrait à son ordre naturel, il se défait et entre dans le néant ; dès lors, s'il fait, de ce néant en lequel il risque de sombrer, une détermination obligée de sa réalité, si donc il est tel qu'il contient son autre comme assumé et sublimé, il ne risque plus d'être menacé par lui, il est réellement réel, et en retour — comme il le sera bientôt établi — il est rationnel à proportion du degré de sa réalité. Si la raison est contradictoire, c'est que la contradiction est rationnelle et, si le réel est rationnel, c'est qu'il contient, de manière obligée, de l'irrationnel et de l'irréel, ainsi de la violence ou puissance de néantisation.

Ordre de distribution aux parties, ordre de constitution du tout.

§ **47.** Pour étayer la thèse qui vient d'être exposée, faisons mémoire de l'enseignement suivant de saint Thomas (*Somme théologique*, Iᵃ qu. 65 a. 2 ad 3) :

Contre Origène, qui pensait que l'inégalité des créatures procédait d'une chute consécutive au péché d'esprits à l'origine égaux, le docteur angélique enseigne que l'inégalité des créatures est un bien voulu par Dieu.

« Origène a prétendu que la créature corporelle n'a pas été faite à partir d'une intention première de Dieu, mais pour châtier le péché de la créature spirituelle. En effet, selon sa thèse, Dieu ne fit au commencement que les créatures spirituelles, et il les fit toutes égales. Et comme elles jouissaient du libre arbitre, certaines se sont tournées vers Dieu et ont reçu, selon la qualité de leur conversion, un rang plus ou moins élevé, tout en demeurant dans leur simplicité. Les autres, qui s'étaient détournées de Dieu, furent attachées à différents corps selon la mesure de leur éloignement à l'égard de Dieu.

(…) Écartons donc cette conception erronée, et considérons que l'univers entier est constitué par l'ensemble de toutes les créatures comme un tout l'est par ses parties. Or, si nous voulons fixer la cause finale d'un tout et de ses parties, nous trouvons ceci : 1° chacune des parties existe en vue de ses actes, comme l'œil existe pour voir ; 2° la partie la moins noble est faite en vue de la plus noble, comme le sens pour l'intellect, le poumon pour le cœur ; 3° toutes les parties existent en vue de la perfection du tout, comme la matière en vue de la forme (les parties sont en effet une sorte de matière pour le tout). Enfin, l'homme tout entier existe en vue d'une cause extrinsèque, par exemple la jouissance de Dieu. Ainsi en est-il pareillement dans les parties de l'univers (…).

L'égalité selon la justice a sa place là où il y a rétribution. Ce qui est juste, c'est qu'on rétribue à égalité pour des choses égales. Or il n'y a pas de place pour cela dans la première constitution des choses. Un maître d'œuvre ne commet aucune injustice quand il place des pierres de même nature à des endroits différents d'un édifice. Car il ne le fait pas à cause d'une diversité antécédente qui serait dans les pierres, mais en recherchant la perfection de l'édifice tout entier ; et cette perfection ne peut être réalisée si les pierres ne sont pas réparties de façon diverse dans l'édifice. Il en est de même pour Dieu : au commencement, parce qu'il voulait la perfection dans l'univers, il institua les créatures diverses et inégales selon l'ordre de sa sagesse et sans injustice, aucune diversité de mérites n'étant par ailleurs présupposée ».

Un tout n'est que par son unité puisque la totalité est unité d'une pluralité. Qui dit pluralité dit différence. L'unité suppose des différences, ainsi des inégalités. Et l'unité dans la diversité dit l'harmonie et la justice. On accordera plus de soin à l'entretien de la pierre qui sert d'autel, dans une demeure, à celle sur laquelle on installe des latrines ; c'est l'ordre de la distribution aux parties. Mais supposé que les pierres soient au départ, avant la construction de la demeure, parfaitement égales, il n'y aura aucune injustice à ce que l'on choisisse arbitrairement telle pierre plutôt que telle autre pour construire l'autel, parce que l'ordre de constitution du tout n'est pas celui de la rétribution aux parties ; si les deux ordres devaient coïncider, la primauté du tout sur ses parties serait oblitérée, et serait supprimé le bien commun, parce que la partie pourrait revendiquer d'être la fin du tout (la constitution du tout serait pour la rétribution aux parties, selon une logique méritocratique individualiste). Supposé, cela dit, que de telles pierres soient dotées de liberté d'action, de conscience et de volonté, et qu'elles soient invitées à coopérer à la construction de l'édifice ; aucune ne pourra revendiquer un droit pour justifier sa prétention à servir à la construction de l'autel. Comment, dès lors, se comporteront-elles ? Elles entreront en compétition, et le vainqueur sanctionné par la force gagnera sa place, de sorte que l'ordre surgira du désordre : la force brute est encore porteuse d'un ordre qui se risque en elle. Ce n'est pas à dire que l'on pourrait impunément, dans une perspective machiavélienne, substituer la force (en l'espèce de la ruse) au droit dans tous les domaines et en toutes circonstances ; cela ne signifie pas non plus que la force servirait toujours le droit et qu'il suffirait d'être fort pour être juste. Cela signifie seulement que la recherche du juste — lequel est normatif de la force — reconnaît dans la force même une tendance naturelle, une convenance ontologique à produire du juste, au point que la force peut, dans certains cas, être tenue pour entretenir à l'égard du droit le rapport que la puissance entretient à l'égard de l'acte. C'est pour cette raison que, loin d'avilir celui qui en est investi, le pouvoir le dispose à la grandeur ; évidemment, cette disposition peut être trahie et il existe des chefs indignes ; mais de manière générale le pouvoir élève et rend meilleur celui qui en est investi. C'est pour l'homme de gauche, et seulement pour lui, que le pouvoir rendrait nécessairement mauvais[10]. Et c'est pour cette raison encore que l'homme de gauche est démocrate et que la démocratie est en son fond le produit d'une pulsion de gauche : si le pouvoir est mauvais cependant que nécessaire, on doit s'en prévenir, et la seule manière de se prévenir du pouvoir d'autrui devenu mauvais du fait de ce pouvoir même, c'est que tous aient une petite partie du pouvoir dont la dangerosité sera désamorcée par sa petitesse.

Contre Pascal.

§ **48.** C'est même à raison de cette leçon de saint Thomas qu'il est permis de dénoncer le scepticisme, le fidéisme — c'est-à-dire l'appel implicite à la révolte subjectiviste que rend possible toute relativisation de l'échelle objective du vrai et du bien — d'un Blaise Pascal enseignant que l'affirmation de la culture entendue comme seconde nature ne serait que l'envers de l'affirmation de la nature ou de l'ordre naturel réduit à une première culture. En effet, le sommet de la rationalité, c'est l'idée de système, c'est-à-dire de ce qui repose sur soi en étant le rendre raison de soi-même ; si le point de départ d'un discours n'est pas fondé, l'ensemble de l'édifice conceptuel est suspendu dans le vide, perd donc sa puissance de coercition normative de la liberté qui alors s'en donne à cœur joie. Or l'idée de système est celle de ce qui pose ce qu'il présuppose, de ce qui rend raison de son point de départ ; de ce qui, dès lors, comme mouvement circulaire, a la forme d'une réflexion elle-même définie par une négation de négation (l'acte de se fuir se révèle acte de tendre vers soi-même,

---

[10] Pensons au discours de Saint-Just à la Convention (13 novembre 1792) :

« *On ne peut point régner innocemment* : la folie en est trop évidente. Tout roi est un rebelle et un usurpateur. Les rois mêmes traitaient-ils autrement les prétendus usurpateurs de leur autorité ? Ne fit-on pas le procès à la mémoire de Cromwell ? Et, certes, Cromwell n'était pas plus usurpateur que Charles Ier ; car lorsqu'un peuple est assez lâche pour se laisser mener par des tyrans, la domination est le droit du premier venu, et n'est pas plus sacrée ni plus légitime sur la tête de l'un que sur celle de l'autre ».

la répulsion est attraction, l'extrême de l'éloignement de soi se consomme en un changement de sens) : négation souveraine de sa propre négation, négation de sa remise en cause ; la Raison, la rationalité du réel, son intelligibilité intrinsèque, consiste, étant en droit systématique, dans l'acte concomitant et souverain de s'aliéner dans un moment de déraison et de surmonter ce dernier. L'être en puissance, comme non-être qui est, comme irrationalité subsistante, fait bien s'identifier les contraires qui s'excluent dans l'être en acte, et il est rationnel que l'acte en général se pose en actuant la puissance qui en retour lui est suspendue et donc qui procède de lui parce qu'il se risque en elle. Il est donc bien rationnel qu'il y ait de l'irrationnel. L'acte se risque de manière obligée en l'être en puissance dont il se fait procéder, parce que, si l'acte se prétend exclusif de la puissance, il confesse malgré lui qu'il est en puissance à poser de la puissance aussi longtemps qu'il n'est qu'acte ; et l'acte purement acte n'est pas ce qui répugne à la puissance puisqu'il est puissance *active* ; il ne répugne qu'à ce qu'il peut y avoir de passif dans et comme la puissance.

Le droit de la force (ou droit dit « du plus fort »), qui est contradictoire (comment pourrait être un droit ce qui par définition est mesuré par le droit ?), est encore un moment obligé de la force du droit. Dénier à la force en tant que force le droit de se vouloir productrice de droit, c'est dénier au droit le droit d'être fort. L'homme de gauche est égalitariste parce qu'il exige de se prendre pour fin et, pour se donner un semblant de justification, il en appelle au droit pour tous de se prendre pour fin. C'est pourquoi il refuse d'être subordonné à un bien commun qui aura raison de tout dont il ne sera qu'une partie. Ce faisant, il refusera par principe la sanction de la force, parce que cette sanction, nécessairement inégalitaire (elle produit un vainqueur et un vaincu), est productrice d'un ordre ayant raison de tout et de bien commun qui précisément l'arrache à son auto-adoration. Mais en déniant à la force sa vertu de produire du droit, il dénie au droit le droit d'être fort. On voit bien que l'égalitarisme hait la force parce qu'elle peut être productrice d'ordre qui récuse la prétention de la liberté à se prendre pour fin. S'il l'embrasse volontiers, au point d'en user passionnellement, c'est dans la mesure où elle se fait destructrice d'ordre et esclave de la liberté débridée, mais précisément : ce n'est plus une force qui se veut être l'ambition de celui qui, à tort ou à raison, prétend incarner et actualiser l'ordre ; c'est la force fiévreuse du ressentiment des faibles qui entendent par la force supprimer le droit d'exister de la force.

Le christianisme assume en le transfigurant le donné naturel.

§ **49.** Nous pouvons à présent revenir sur la question du nationalisme dont a vu qu'il est structurellement porteur d'une tendance belliqueuse et impérialiste. Athènes en fut un exemple. Et plus généralement tous les peuples forts de l'Antiquité furent nationalistes, au sens où pour eux l'identité nationale était une réalité politique. C'est ce qui invita l'historienne maurrassienne Marie-Madeleine Martin, dans sa réponse à l'*Enquête* (p. 54) de Marcel Clément, à écrire : « Au XVIIIème siècle, les philosophes de l'Encyclopédie d'abord, les Révolutionnaires ensuite, tentèrent de détruire brusquement les traditions de leurs aïeux pour composer un ordre politique *idéal*, capable de s'adapter à l'homme *idéal*. L'une des premières étapes de cet effort, dans le domaine qui nous occupe, fut de prouver que la patrie existait indépendamment du prince, et de ressusciter l'antique théorie romaine de l'État-souverain, de l'État-dieu à laquelle l'ancienne France avait toujours refusé d'adhérer ».

Nous ne reprendrons pas à notre compte cette remarque de l'historienne, parce que, selon nous, la substitution de la nation et de l'État à la dynastie relève non de la substance des Lumières et des Jacobins, mais de la vérité captive de leurs doctrines ; mais cette vérité captive s'oppose autant — pour des raisons différentes — aux thèses monarchistes d'Ancien régime qu'aux Lumières et aux Jacobins. Elle est leur vérité captive parce que, la surnature n'abolissant pas la nature mais la restaurant en la surélevant, il était dans la vocation du christianisme, au terme de ce processus de fécondation d'un monde antique à l'agonie et mêlé à un monde barbare étranger tant à la culture gréco-latine qu'à la pensée chrétienne, de réassumer les grandeurs de l'Antiquité. Il fallait aller au-delà de l'idée de l'État déifié, mais il fallait l'assumer, quitte à le restreindre au statut de « divin *terrestre* ». Et l'instance polémique définitionnelle du nationalisme impérialiste et guerrier n'est pas une déviation de l'idée nationale, au contraire elle en découle de manière nécessaire. Rappelons pourquoi :

L'esprit d'une nation, la fin objectivement visée par la pulsion humaine génératrice de vie nationale, veut que cette nation s'envisage telle l'expression adéquate de la nature humaine, de telle sorte que ses propres caractères se veulent, en droit sinon en fait, exprimer non une identité nationale parmi d'autres, mais la manière la plus adéquate de penser et de se représenter la nature humaine elle-même. Aussi toute nation est-elle constitutivement, au moins dans le temps de sa genèse qui est corrélatif de la prise de conscience d'elle-même, une prétention à l'universalité. Mais une nation vit de la pulsation même qui préside à cette genèse, aussi doit-on dire que ce qui lui donne de commencer d'exister est aussi ce qui lui donne de se régénérer, dans le moment où l'acte de se régénérer est son acte même de vivre, c'est-à-dire son acte d'exister. Par conséquent une nation ne subsiste qu'aussi longtemps qu'elle exerce et prolonge l'acte de sa propre naissance, l'acte de s'inventer, de se découvrir et de se construire, au point qu'une nation qui en aurait fini avec l'acte de se définir et de se chercher serait une nation qui meurt. Être, pour elle, c'est naître et grandir, dans un mouvement dont elle n'est le résultat vivant que si ce même résultat entretient en son sein l'actualité du processus dont elle est le résultat. Il en est des nations comme des langues ; une langue n'est parfaite, ainsi achevée et fixée dans une identité immobile, que dans son statut de langue morte (tel est le latin à bon droit réservé à l'Église chargée de définir des dogmes intangibles qui, à ce titre, doivent être formulés dans une langue préservée de tout changement autant qu'il est possible) ; vivante, la langue est intrinsèquement évolutive, toujours en mouvement. L'acte de s'achever est donc aussi, pour la nation, l'acte de mourir. Mais, tout autant, elle existe aussi longtemps qu'elle s'invente —

c'est-à-dire se découvre — une prétention à l'universalité, et à cette condition ; de plus, ce qui est prétention à l'universalité tout en étant par essence en recherche sempiternelle de soi, c'est ce qui, incapable de se circonscrire, ainsi de se reconnaître une limite, tend ainsi nécessairement à prendre toute la place. Donc elle est toujours, aussi longtemps qu'elle existe, une telle prétention, une entité invinciblement habitée par la propension à se substituer à l'autonomie de ses semblables, en les conquérant et en se les subordonnant ; elle n'entend pas nécessairement les assimiler, mais elle a vitalement besoin de se faire reconnaître par eux, de force, telle l'incarnation la plus excellente possible de la condition ou nature humaine. Dès lors, la coexistence des nations est nécessairement un entrechoquement de prétentions conflictuelles, générateur de haines et de conflits mortifères qui, précisément, compromettent l'avènement du bien commun de chaque nation, dans le moment où paradoxalement l'héritage national, qui doit être reconnu comme constitutif du bien commun des membres d'une nation, exige sa prétention à l'universalité. Un principe de résolution est ainsi attendu, qui soit apte à assumer — parce qu'elle est incontournable — en la dépassant cette dimension belliqueuse de toute vie nationale qui n'est pas décadente, c'est-à-dire qui n'a pas renoncé à elle-même. Nous le trouverons dans l'idée d'empire, que nous aborderons plus tard après que nous en aurons fini avec notre critique de la critique du nationalisme telle que menée par Pie XII et Marcel Clément. Prenons, pour l'heure, acte du fait que le reproche qu'ils adressent à l'idée de nationalisme désigne un caractère consubstantiel à l'idée même de nation aussitôt qu'elle est reconnue comme appartenant au registre de la vie politique.

Complémentarité et similitude.

§ **50. 1.** Parce que l'attribution d'un caractère politique au concept de nation entraîne nécessairement — ce qui nous paraît parfaitement exact — celle de nationalisme immanquablement porteur d'une instance d'impérialisme agressif (idée que nous plébiscitons aussi) mais qui, selon Pie XII, présente un caractère peccamineux par sa propension à engendrer, sans possibilité de dépassement, du désordre (c'est sur ce point que nous prenons nos distances), le pape enseigne que la nation est une réalité essentiellement non politique.

Or nous avons vu que cela est impossible. Il demeure intéressant d'évoquer les raisons, esquissées par Marcel Clément (page 150) dans son *Enquête,* invoquées pour justifier une telle position, parce que leur examen nous sommera de préciser les raisons pour lesquelles nous jugeons impossible de déconnecter la vie nationale de toute réalité politique.

Le commentateur nous invite à distinguer entre les institutions de droit naturel telles que la famille, la profession, la Patrie, et les groupements résultant de faits historiques contingents : telle est la classe sociale, telle serait pour lui la nation. Pour établir cette distinction, il convoque la mémoire de deux constantes sociologiques dont le rapprochement est censé jeter une vive lumière sur son propos.

Deux forces, nous dit-il, inclinent les hommes vers la vie sociale et donnent à celle-ci sa cohésion. La première procède de l'attrait entre des êtres différents en tant que cette différence engendre la complémentarité. Tel est l'attrait entre l'homme et la femme, les parents et les enfants, ou les rapprochements entre corps de métiers différents. Un tel attrait est rationnel parce que pénétré de finalité, il est confirmé par l'histoire et il est naturel, appartenant aux faits de nature. L'autre force procède de l'attrait entre êtres semblables, elle donne à la vie sociale sa cohésion. Marcel Clément illustre son propos de manière suggestive par l'exemple de réunions familiales pendant lesquelles les enfants se détachent du monde des adultes et se réunissent entre eux, quand les femmes se désintéressent des discussions entre leurs maris et se mettent à se regrouper entre elles pour parler d'affaires de femmes.

L'auteur interprète ce fait social et psychologique de la manière suivante : « Ainsi peut-on distinguer les sociétés fondées sur la complémentarité, très fortement pénétrées de finalité, et les communautés fondées sur la similitude, beaucoup moins rationnelles et en quelque manière plus instinctives et plus grégaires » (p. 150). Son propos est d'établir que la nation est une création de l'histoire, une réalité contingente, parce que seules les communautés fondées sur la complémentarité mériteraient d'être nommées naturelles et d'être tenues pour pénétrées de finalité, ainsi de rationalité. L'État, essence du Politique, est reconnu par lui telle une communauté naturelle, et il est fondé sur le principe de la complémentarité. Mais il n'en serait pas de même pour la nation qui, fondée sur le principe de la similitude, doit être tenue pour une réalité non politique. Adoptant avec Littré la définition du principe des nationalités, laquelle signifie le principe « d'après lequel les portions d'une race d'hommes tendent à se constituer en un seul corps politique », Marcel Clément livre sa pensée :

« Accepter de définir la nation comme État-nation, c'est-à-dire comme la légitime coïncidence d'une unité ethnique et d'une unité politique, c'est par le fait même sanctionner le principe des nationalités, reconnaître l'État nationaliste et légitimer la politique nationaliste. Agir ainsi, c'est aller contre le droit naturel, car c'est fonder la société politique non plus sur la complémentarité de familles qui peuvent être de nationalités et de classes diverses, mais sur la similitude religieuse, ethnique, linguistique ou culturelle » (p. 151). Il en déduit (p. 152) que le message de Pie XII de Noël 1954 était destiné à permettre à la vie nationale de rester dans les limites du droit naturel en se reconnaissant telle une réalité non politique.

La complémentarité exclut-elle la similitude ?

§ **50. 2.** Penchons-nous sur les données de cette démonstration. La question déterminante est de savoir si, oui ou non, la nation est une communauté naturelle, pénétrée de finalité et de raison, ou si elle n'est qu'un fruit contingent de l'histoire ; ce qui conditionne la réponse à cette question, c'est la réponse à une autre question : seules les sociétés fondées sur le principe de la complémentarité sont-elles naturelles, habitées par une finalité ?

Qu'un même État organise plusieurs nations, ou qu'une même nation soit répartie en plusieurs États, cela relève du fait historique, mais qu'une chose soit en fait n'implique pas qu'elle le soit en droit ; il existe en fait et depuis toujours des désordres subsistants (sociétés cautionnant l'avortement, la polygamie etc.). Si la première occurrence est selon nous possible et conforme à l'ordre des choses (nous nous en rendrons compte en évoquant la notion d'empire), la deuxième est beaucoup plus problématique. Il est au moins assuré que l'exhibition de cas historiques de nations disséminées en plusieurs États n'est pas une preuve de ce que la nation considérée dans son concept serait une catégorie non politique.

Au § 35. 6 du présent travail, fut évoqué le caractère conflictuel de la tendance naturelle qu'est l'amour. Pour aborder le sujet qui nous occupe à présent, il convient de se remémorer et de préciser ce que nous en avons dit. L'amour, quelles que soient ses formes, ainsi pris génériquement, est défini par l'Aquinate de la manière suivante : « vis unitiva et concretiva » (*Somme théologique*, Iª qu. 20 a. 1), force d'union et de concrétion. Il porte un sujet aimant vers un objet aimé ou appétible, en poussant l'aimant à faire un avec l'aimé. Cela suppose que, considéré en lui-même, l'aimant soit en état de conflit avec lui-même. S'il est un seulement avec l'autre, il n'est pas un en lui-même, il est en condition de manque, de privation de ce que sa nature le somme de posséder pour se rendre adéquat à elle ; dès lors, en tendant vers l'aimé pour faire un avec lui, il nie cette altérité par rapport à soi — altérité ignorée de lui-même aussi longtemps qu'il n'aimait pas — qui le caractérise en tant que solitaire. Or être en état d'altérité par rapport à soi, c'est — s'il est vrai qu'être un *être* consiste à être *un* être — être en condition de négation de soi-même ; aussi l'actuation de la tendance est-elle en elle-même une négation de négation, c'est-à-dire, comme mouvement circulaire, ainsi réflexif, un retour à l'origine. L'amant s'éprouve comme étranger à lui-même, en exil par rapport à soi, aussi longtemps qu'il n'est pas un avec l'autre, parce que c'est cette unité avec l'autre qui se révèle être son véritable soi. Aimer est toujours, sous ce rapport, devenir soi-même[11]. Si l'amour est manque, satisfaire ce manque, ainsi le combler, revient à le supprimer. Satisfaire la tendance aimante équivaut à la nier ; elle *s'achève* dans son terme. Et c'est bien ce que l'on conclut si l'on observe que l'amour est la qualité d'une relation entre aimant et aimé, et que la relation ne subsiste que par la dualité de ses termes. Quand les deux termes en viennent à s'identifier, la relation s'éclipse, et l'amour avec elle. Si l'objet aimé, telle une nourriture, est aimé au titre de bien que l'aimant rapporte à lui-même, ce dernier le consomme — au sens alimentaire du terme — et donc le supprime mais, apaisé un temps, le désir resurgit, tel un phénix qui renaît de ses cendres, dans une réitération indéfinie. Dans ce cas, on peut être assuré qu'un tel bien n'est pas le bien ultime de l'aimant, parce que le propre d'un bien ultime est de combler exhaustivement les vœux de l'aimant. On peut donc être assuré que le bien propre d'un aimant est un bien qu'il aime en tant qu'il lui est rapporté, un bien qu'il entend servir en lui voulant du bien, et pour lequel il est prêt à se sacrifier. Il fera un avec lui, mais au profit de l'aimé ; il tendra à renoncer à lui-même considéré dans sa différence exclusive qui le met à distance de l'aimé, pour s'identifier à l'aimé en lequel il se résorbera.

Mais en vérité il n'en sera pas ainsi, parce que l'amour est lui-même aimable[12].

---

[11] L'amour des amoureux n'est pas une maladie ; c'est l'avant de la condition d'amoureux qui révélait un état morbide, mais qui, comme tel, s'ignorait. Dans l'expérience de l'amour qui foudroie, on s'éprouve comme étranger à soi-même (en se révélant n'être soi-même qu'avec l'autre qui mobilise une puissance d'aimer dont on ne se savait pas dépositaire) et, tout autant, comme révélé à soi-même (puisque l'on accuse réception du fait que, avant cette épreuve, on ignorait que l'on était étranger à soi).

[12] Au chapitre 46 du *Compendium theologiae* (« L'amour en Dieu se nomme Esprit »), l'Aquinate, traitant du mystère trinitaire, nous explique que le pensé est dans le pensant et que l'aimé est dans l'aimant, mais selon deux manières différentes. L'acte de penser se fait par assimilation du penseur au pensé, et ainsi ce qui est pensé est dans celui qui pense selon qu'une similitude du pensé est dans l'intellect. Mais l'amour est produit selon un mouvement de l'aimant vers l'aimé (« amatum enim trahit ad seipsum amantem »). L'acte d'aimer n'est pas accompli dans une similitude de l'aimé, alors que l'acte d'intelliger est

Que l'amour soit aimable, cela signifie qu'il est lui-même un bien, sujet et objet ; il ne saurait aspirer à supprimer le bien qui l'éveille puisqu'il en procède ; il ne saurait donc, étant un bien pour lui-même, aspirer à se supprimer lui-même, en particulier à se supprimer (par destruction de la relation aimante) en s'accomplissant (par actuation de l'unité avec l'aimé). Sous ce rapport, l'amour se révèle être une unité d'attraction et de répulsion, unité contradictoire du bien et de l'amour du bien ; or ce qui est unité de l'attraction et de la répulsion est un mouvement réflexif à raison duquel l'éloignement de soi-même est retour à soi. Il est retour à soi autant qu'il est oubli de soi dans l'exercice de son aspiration vers l'autre. L'expérience et le raisonnement attestent que la contradiction lovée dans l'amour se surmonte par l'engendrement : être un dans un troisième (le rejeton) sans cesser d'être deux, sans compromettre cette dualité requise par le besoin de pérennité résultant de la réflexivité de l'amour.

Cela dit, si ce qui précède peut valoir analogiquement pour le domaine politique (l'amitié que se portent les membres d'un même État s'enracine dans le service d'un bien commun à la production et à la pérennité duquel tous collaborent : ils sont un en ce bien commun, tout en demeurant divers), on doit observer des différences importantes. D'abord, le rejeton de l'unité des concitoyens n'est autre que le bien commun lui-même, c'est-à-dire, concrètement, la société elle-même en tant qu'elle est dans son ordre ; le « rejeton » enveloppe ses géniteurs. De plus, au rebours de ce qui se produit dans l'amour entre deux personnes — amour selon lequel le principe de complémentarité est exercé par la dualité des aimants et le principe de similitude sur le mode de l'amour de soi de chaque aimant —, dans la vie sociale, c'est

***

accompli dans une similitude de l'intelligé dans l'intellect. Dès lors, la manière dont Dieu est en Dieu comme l'aimé dans l'aimant est exprimée par le fait qu'est posé l'Esprit qui est amour de Dieu (« modum quo Deus est in Deo sicut amatum in amante exprimimus per hoc quod ponimus ibi Spiritum, qui est amor Dei »). *Soit : l'aimé est dans l'aimant sur le mode de l'amour de l'aimant pour l'aimé.* **Et c'est pourquoi l'amour est aimable** : *objet d'amour, l'aimé est présent dans l'aimant sur le mode de cet amour même ; dès lors un tel amour est aimable.*
L'aimé en tant que connaissable est dans l'aimant en tant que ce dernier est intellect, et l'intellect meut la volonté ; mais l'aimé en tant qu'aimable est dans l'aimant comme amour.

sur les mêmes que s'exercent les deux principes de complémentarité et de similitude. L'aimant, avons-nous dit, aime l'aimé, se porte vers lui pour ne faire qu'un avec lui, mais non sans nourrir de manière concomitante un mouvement de retour vers soi qui l'éloigne de l'aimé que son unité avec l'aimant rendrait destructrice de l'amour. Au contraire, dans le domaine politique, l'unité des aimants complémentaires s'établit dans un rejeton qui, comme bien commun (ou bien du tout comme tout) enveloppant ses géniteurs, comprenant donc ceux qui le réalisent, est un bien qui est aussi le meilleur bien de chaque personne œuvrant à la production de ce bien commun ; l'unité réifiée des aimants est aussi immanente à chacun d'eux. Quand donc l'aimant tend à s'éloigner de son unité avec l'autre pour faire retour à soi en préservant sa différence, l'aimant s'oppose encore à lui-même. Mais dire qu'il s'oppose à soi revient à affirmer qu'il tend vers un autre. Il s'oppose à lui-même pour faire retour à soi. Autant dire qu'il tend vers l'autre comme tendant vers soi. Il exerce le principe de complémentarité comme exerçant aussi le principe de similitude : aimant le bien commun, chacun aime son « rejeton », à savoir l'unité de lui-même et de l'autre mais, intérieur à ce qu'il engendre, il aime, ce faisant, et lui-même et l'autre dans et par un même acte.

Nation et État, puissance et acte.

§ **50. 3.** Que tirer de ce déroutant résultat ? Ceci :

Les communautés fondées sur le principe de similitude sont aussi naturelles que les communautés fondées sur celui de complémentarité, pour cette simple raison que l'une n'est jamais sans l'autre. L'amour s'aime, le sujet aimant s'aime et aime dans l'autre non seulement ce qui diffère de lui et fait de l'autre son complémentaire, mais encore il aime en lui ce qui lui ressemble. Il vit la tendance à se détacher de l'autre et de l'amour de l'autre sur le mode d'une tendance à aimer l'autre dans ce qu'il a d'identique à lui. Tout homme doté d'une spécialité — professionnelle par exemple — voit sa curiosité éveillée par les talents d'autres hommes jouissant de spécialités différentes de la sienne, parce que ces spécialités sont complémentaires. Mais cela n'empêche pas le même homme d'être vivement intéressé par ceux qui exercent le même métier et disposent des mêmes talents que lui, eux dont il va se rapprocher selon un appétit aussi naturel que le précédent. Parce que la tendance vers lui-même est intrinsèque à la tendance vers l'autre, toute communauté fondée sur le principe de complémentarité doit nourrir en son sein une tendance concomitante à aimer son semblable. Les hommes de métiers différents (charpentier, couvreur, maçon, plâtrier…) s'unissent et s'identifient intentionnellement les uns aux autres dans le service de la production de la maison qui finalise leurs efforts. De même, les hommes de vocations et talents différents s'unissent dans la production du bien commun qui est l'État, forme — donc bien commun — de la Cité, qui les finalise. Dans le service de la cause finale de la Cité, le principe de la complémentarité et celui de la similitude s'identifient. Mais ils n'en restent pas moins, de soi, différents. Si des hommes, en tant que citoyens dotés de talents divers, tendent à s'unir dans le service d'une fin commune, c'est parce qu'ils sont déjà un dans leur nature civique commune. Et telle est la nation, prise comme communauté ethnique et culturelle. Quand deux êtres s'éprouvent comme complémentaires, tels des époux biologiquement géniteurs de progéniture, ils doivent être différents mais sur fond d'identité, parce que, s'ils tendent à faire un, c'est qu'ils le sont déjà dans leur nature commune. De même, si des citoyens aux talents différents tendent à s'unir pour faire société, c'est parce qu'ils sont déjà un dans leur nature civique commune, et cette nature civique, qui les prédispose à s'unir selon les exigences organisationnelles d'un État, n'est autre que la nation. Nous dirons donc que, dans une communauté politique, ainsi étatique, la dimension nationale est la réalité, sur le mode de l'être en puissance, de ce que, en tant qu'État, elle est sur le mode de l'être en acte. On voit bien que cette judicieuse évocation, proposée par Marcel Clément, des deux principes de similitude et de complémentarité entendus comme co-principes de toute société, loin de plaider en faveur d'une déconnexion entre nation et État, sont indissociables et relèvent plus à la limite de deux points de vue différents sur la même chose que de deux choses différentes. La nation se révèle bien appartenir au registre des réalités politiques. Dès lors, toute nation s'accomplit comme nationaliste, si l'on entend par nationalisme ce que Littré dit du principe des nationalités, à savoir le principe selon lequel des hommes d'une même nation tendent naturellement à se constituer en un seul corps politique. Toute puissance désire son acte qui la perfectionne ; or être, c'est d'abord être en acte ; de plus, l'être et l'un sont convertibles puisque l'un n'est autre que l'être en tant qu'il est indivis (rien ne peut diviser l'être parce qu'il n'est pas un genre, la divisibilité relève de la matière qui dit l'être en puissance, la puissance à être de l'être, ainsi un certain mode du non-être) ; donc l'actuation d'une puissance est ce qui, la perfectionnant dans son ordre de puissance, l'unifie, ce qui revient à dire qu'elle est tendance à s'unifier, appétit d'unité. Si l'État actualise la nation, il l'unifie, et elle est tendance à sa propre unification.

De fait, plusieurs nations ont été et demeurent historiquement éclatées en plusieurs États. Mais ce n'est pas dans l'ordre des choses. Il se peut qu'une portion de la nation issue d'un État d'origine se sépare de cet État pour intégrer un nouvel État, mais, dans cette situation, de deux choses l'une. Ou bien cette portion nouvellement intégrée renonce progressivement à son identité ethnique et culturelle et embrasse — dût-elle la modifier en l'embrassant — l'identité nationale de son nouvel État. Et cela peut être dans l'« intentio naturae » ; c'est même de cette façon que se sont historiquement constituées toutes les grandes nations, même celle des Grecs anciens. Ou bien, conservant la nostalgie de son État d'origine et bien décidée à ne pas renoncer à son identité, cette portion de la nation d'origine, transplantée dans un nouvel État, nourrira, fût-ce pendant des siècles, l'espoir de faire retour à cette communauté nationale en laquelle elle ne cessera de reconnaître sa communauté naturelle de destin. Dans ces conditions, sa présence dans le nouvel État sera un facteur de sempiternelles discordes, et c'est bien le triste spectacle que nous donnent aujourd'hui les exemples d'États multiraciaux et multiculturels.

Certains pensent que, dans une communauté régie par le principe de l'allégeance au prince, la question de l'identité nationale ne se pose pas, et que la nation est elle-même une construction artificielle et contingente. Il faut leur répondre deux choses.

Il faut leur répondre d'abord que le principe d'unification d'une communauté fondée sur la seule allégeance au prince et à sa dynastie n'est lui-même qu'un moment du processus d'avènement du principe de l'État actualisateur de la nation. Un même État peut actualiser plusieurs nations parce que cela est dans l'ordre quand une nation fait l'aveu de son incapacité à se gouverner elle-même ; c'est possible parce que l'État a raison d'être en acte, et que l'acte peut actualiser plusieurs puissances. *Mais une puissance porteuse de son aspiration à l'unité ne peut être actualisée par plusieurs États, parce qu'une telle puissance n'est pas strictement passive : la nation est certes principe matériel d'individuation de l'État, mais elle est aussi sous un certain rapport principe formel ; elle est principe d'explicitation et de concrétisation (une forme pure n'existe pas par soi dans le monde spatio-temporel) de cette forme universelle qu'est l'État, par les notes particularisantes qu'elle lui apporte et qui sont d'ordre formel, de telle sorte que la nation prolonge et actualise ce vœu de la nature humaine de s'« extra-poser » en État, obtenant en lui une réalisation en acte de ses potentialités plus parfaite que dans une seule personne humaine ; or nous avons montré que ce vœu est la raison d'être du Politique même.* Au reste, si l'acte est premier, selon la causalité, par rapport à la puissance, il est second du point de vue chronologique : il advient la plupart du temps quand une nation est déjà constituée, il lui advient comme sa forme ultime, et l'on peut dire qu'elle procède proleptiquement de lui ; l'éduction de l'État présuppose une vie nationale qu'en retour il actualise et enrichit, voire modifie au gré de ses besoins et des fins qu'il poursuit ; mais on ne saurait nier que l'objectivation de soi de la nature humaine, dans et par les hommes en lesquels elle habite et opère, son extériorisation en vue du déploiement d'une forme étatique totalisante destinée à faire, de ceux dont elle est l'extériorisation, ses propres parties, et pour se constituer en « homme en grand », est une extériorisation qui fait de l'État le terme ultime du processus générateur de la nation ; dès lors, présupposant la nation, il ne saurait en être dissocié.

Il faut leur répondre ensuite que l'État n'est pas une construction artificielle et contingente, et qu'il est de soi différent de celui qui le personnifie ; c'est ce dernier qui est contingent, il peut être remplacé : les rois passent, l'État demeure. Le roi n'est que le gestionnaire de la Couronne, comme l'avait, en contexte pourtant monarchique obéissant au principe dynastique, bien vu le juriste Jean de Terrevermeille au XVème siècle : la Couronne n'est pas le patrimoine du roi, elle symbolise la « Res publica » elle-même.

L'empire-concept.

§ **50. 4.** Il nous reste à aborder l'idée d'empire, en laquelle nous reconnaissons une catégorie politique essentielle, aussi essentielle que celle de nation. Parce que nous ne reconnaissons pas dans l'empire un mode accidentel d'organisation du Politique, nous ne pouvons que nous écarter de ces nationalismes exclusifs incapables de reconnaître l'existence d'un bien commun politique qui transcenderait les biens communs nationaux. Les Maurrassiens souscriraient probablement à l'idée de bien commun politique universel, mais ils n'y verraient qu'une politique dite d'« équilibres » entre Léviathans étatiques toujours plus ou moins hostiles les uns aux autres, et qui entendent bien rester tels ; ce qui permet aux disciples de Maurras, en refusant la pertinence du concept de Saint-Empire romain germanique, de nourrir en secret le vœu de lui substituer l'idéal d'une France louis-quatorzienne exerçant son hégémonie martégale sur toute l'Europe. D'autres aujourd'hui, adoptant le même point de vue que Maurras mais non attachés à son principe monarchique, et moins hostiles que lui à l'héritage de la Révolution française, continuent de rêver de faire exercer cette vocation louis-quatorzienne de la France par un nouveau Thésée issu spirituellement, sinon biologiquement, du courant des napoléonides. On veut bien de l'empire romain ressuscité contre la Carthage états-unienne, mais à condition que la France soit à l'Empire ce que César voulait être à Rome. Il est vrai que César préférait être le premier de son village que le deuxième à Rome. Encore faut-il avoir les moyens d'être le premier à Rome.

Si, comme nous l'avons établi, l'État mondial est intrinsèquement mauvais, quand on est par ailleurs contraint de reconnaître qu'un bien est d'autant meilleur qu'il est plus commun, c'est qu'il doit exister une médiation entre l'État et ce bien commun universel impossible à réaliser dans une forme politique. Mais si la réalisation concrète ou historique du bien commun immanent considéré dans son universalité, en sa dimension mondiale, mais dans une forme politique, ainsi étatique, semble impossible, alors, de ce fait même, le bien commun strictement national semble l'être lui aussi parce que partout où il y a de la diversité, il faut bien convoquer un principe d'unité pour faire tenir le tout ensemble ; ce principe d'unité, au reste, se préfigure naturellement dans la prétention de chaque nation, partie du tout du genre humain, à s'introniser principe d'unification du tout, c'est-à-dire empire, mais, dans cette condition inchoative et potentielle d'existence, il rend les nations rivales. Qu'en est-il des vertus attendues d'une telle unification des nations ?

D'abord, comme nous l'avons remarqué en faisant mémoire d'une dialectique entre quantité et qualité, l'universalisation du bien commun politique le fait changer de nature : il est, en tant que mondial, religieux et non plus politique, il est « catholique » ; quand il devient la catholicité même, il n'est plus État politique mais Église. Ensuite, s'il est vrai qu'il doit bien exister un bien commun politique transcendant les nations pour leur permettre de coexister pacifiquement nonobstant leur tendance naturelle polémique à développer chacune une aspiration impérialiste, il doit exister une instance qui n'est pas encore religieuse et qui n'est plus étroitement politique — c'est-à-dire étatique —, et tel est l'empire.

En retour, pour qu'une nation sache coexister pacifiquement avec les autres sans rien perdre de cette dynamique, qui fait sa vie et sa fécondité, et à raison de laquelle elle se veut l'incarnation adéquate de l'universel de la nature humaine, elle doit être une prétention à l'universalité qui sache paradoxalement se reconnaître des limites, ce qui suppose que chacune se pense telle la réalisation en acte d'un moment, subsistant sur le mode statique, du processus universel à raison duquel le genre humain s'accomplit en s'objectivant dans une culture et en se faisant culture : une communauté en attente de son organisation étatique *a* une culture, une communauté se donnant une existence politique *est* une culture hypostasiée, et c'est là une communauté de destin ; une culture, de manière générale, est l'objectivation de soi réfléchie de la nature humaine accédant à l'existence dans des personnes ; cette objectivation de soi de la nature humaine s'achève donc nécessairement, autant qu'il est possible, dans quelque chose qui aura raison de personne, d'hypostase universelle de la nature humaine, et telle est la personnalité nationale, le type paradigmatique d'homme qu'elle incarne : l'humanité est tout entière quoique non totalement en chaque type national d'homme. A cette condition (se penser tel un moment réifié du processus à raison duquel le genre humain s'objective une culture et s'identifie à ce en quoi il s'objective), chaque nation est expressive du tout du genre humain, elle est bien à portée universelle dans son intention, sans pour autant exclure les autres nations. Elle reconnaît dans une autre nation sa limite et se veut la limite d'une autre nation. Et c'est l'empire qui rend cela possible.

L'empire, médiation entre État et religion.

§ **50. 5.** En tant qu'il se veut une réalisation *possible* (nécessairement imparfaite) du bien commun universel, l'empire reste à vocation politique mais ne peut être à strictement parler un État, précisément parce que, à vocation universelle, il transcende les nations et les États qui leur sont liés. Mais en tant qu'il concourt à l'établissement d'un bien commun temporel, ainsi politique, il participe de l'État sans être une institution religieuse. C'est pourquoi l'empire, assumé par une nation que son histoire et ses moyens spirituels, guerriers et matériels destinent à cette fonction, unifie les nations qu'il subsume selon un mode d'unité beaucoup plus lâche que celui que leur confère l'État, et qui est le lien féodal ; ainsi peut-il en droit rassembler des nations-États respectés par lui dans leur constitution, à toute distance de ce que fut, dans les faits, le Saint-Empire romain germanique qui, ignorant le fait national et les aspirations nationales des peuples, fut incapable de ne pas démanteler les nations qu'il intégrait, ce qui suscita des réactions nationalistes fermées et jalouses de leur absolue indépendance en retour incapables de consentir à s'intégrer dans une fédération impériale ; ce qui les voue à une insatisfaction sempiternelle, à un destin de guerres incessant qui finit par les détruire parce qu'il les affaiblit, les rend amères et toujours plus intransigeantes, devenant le jouet de puissances extérieures profitant de leurs dissensions pour les pousser hors de l'Histoire. Telle fut la triste histoire de l'Europe qui vit pendant des siècles la France refuser le magistère débonnaire de l'Empire auquel elle entendait se substituer en francisant toute l'Europe — mais en s'appuyant sans vergogne sur les ennemis de l'Europe et de la catholicité, Réformés et Musulmans —, au point de s'achever dans l'effroyable tuerie de la guerre 1914-1918 qui détruisit définitivement le légitime magistère tant surnaturel que naturel de l'Europe sur le reste du monde. Ces mêmes nationalistes chauvins se sont mis ensuite à pousser des cris d'orfraie face à la montée de l'Allemagne national-socialiste, en redevenant — dans les mots — de fervents catholiques horrifiés par le « paganisme » des Germains ; pourtant, cette poussée de néo-paganisme (au reste expressive d'une partie minoritaire du gouvernement hitlérien) fut favorisée, au titre de réaction compréhensible, par le lamentable tournant du courant démocrate-chrétien inauguré par le Ralliement, structuré par l'Action Catholique et nourri par l'esprit surnaturaliste de trop de catholiques ; une telle poussée passionnelle de néo-paganisme traduisait l'angoisse, sourdement ressentie dans toute l'Europe, de l'imminence du suicide de la race blanche.

L'État-nation, ouvert à l'idée d'empire regroupant des nations, a légitimement supprimé les liens féodaux sur lesquels, parce qu'ils étaient fondés dans un contexte dynastique, reposait l'unité politique de la multitude ; mais ce lien féodal est réhabilité au-delà de l'unité nationale, comme principe impérial de regroupement des nations cousines, c'est-à-dire des nations issues biologiquement d'un même phylum et héritant d'un même patrimoine spirituel.

En tant que sujet récepteur de la forme de l'État, la nation est un principe passif ou négatif, elle individue l'idée de l'État ; en tant que porteuse de déterminations formelles explicitant, complétant la forme de l'État dont elles manifestent la richesse potentielle, la nation est un principe formel, par là actif, qui a raison de fin puisque, ainsi considérée, la nation est consubstantielle à l'État dont la forme est l'ordre de la Cité, lequel est le bien commun même. Dans le même ordre d'idée, l'empire est doué du pouvoir négatif d'exercer la fonction de « katechon » du spectre mondialiste ; en tant que doué du pouvoir de convertir les nations qu'il fédère à leur finalité commune inhérente au génie de leur commune origine qui les rend sœurs et cousines, l'empire a la fonction positive de faire cesser cet antagonisme structurel entre nations, qui procède de ce que chacune d'entre elles prétend incarner la plus parfaite manière typique d'être homme. Elles sont en relation d'antagonisme aussi longtemps qu'elles ignorent le fait d'être autant de moments statiquement réalisés du processus d'exposition du génie propre à la souche originaire dont elles sont issues. Par exemple, les nations d'Europe sont toutes issues du peuple indo-européen (le linguiste Jean Haudry l'a montré, en reconstituant l'indo-européen primitif, langue qui présupposait l'existence d'un peuple, et les progrès de la biologie moléculaire ont confirmé ses conclusions), et chacune d'entre elles expose ce génie selon le prisme de son originalité. De conflictuelles, elles deviennent, par l'empire, complémentaires. Et leurs différences résultent de la différenciation d'un même universel. Dès lors, tant l'empire que l'État comportent un aspect négatif et un aspect positif, chacun d'eux relève à la fois de la puissance et de l'acte, de la nation et de l'État, consiste en une unité de complémentarité et de similitude. L'empire n'est ni nation ni État, il est inchoativement État (il n'est que suzerain féodal des nations) et il est nation (au sens large, par son patrimoine biologique originaire qui est celui de toutes les nations qu'il fédère).

Le catholicisme, dimension de l'identité nationale.

§ **50. 6. 1.** L'empire romain était le fait d'une nation qui, par ses vertus militaires de conquête et d'organisation, s'est érigé en empire, et en empire incluant des *nations*. L'empire romain est, au moins pour la pensée occidentale — la seule qui soit capable de se penser elle-même et de penser toutes les autres en se pensant elle-même — le modèle de tout empire passé et à venir. Pourtant l'empire romain est tombé. D'un point de vue spéculatif (celui d'une philosophie de l'histoire) mettant méthodologiquement de côté toutes les raisons circonstancielles désignant des dysfonctionnements internes, qui peuvent être invoquées, il en est à notre avis deux qui doivent être prises en compte ici.

D'abord, l'état du monde et le développement culturel de l'humanité de ce temps n'avaient pas épuisé les potentialités intellectuelles de la nature humaine, de telle sorte que des nations, ainsi des cultures incarnées, attendaient de venir au jour, dans des processus qui supposaient que fût déconstruit l'ordre impérial romain. Ce fut ainsi le temps des invasions barbares et la lente genèse des nations nouvelles d'Occident. S'il est vrai que le terme idéel de réalisation du bien commun terrestre est à la fois l'empire qui conjure l'avènement de l'État mondial, à la fois la sublimation du Politique en Religion, c'est un fait corroborant cette thèse que l'empire romain s'est défait dans le moment même où la

Révélation chrétienne, fondatrice de l'Église catholique, supprimait en la conservant, l'assumant en la transfigurant, la religion naturelle des Anciens toujours pleine de déviations peccamineuses, de superstitions et de cruautés, mais pourtant inspirée par une tendance naturelle qui se fût manifestée même s'il n'y avait pas eu de Révélation.

Ensuite, l'empire romain, né dans le régime post-lapsaire du péché originel, ne pouvait pas accomplir de manière intègre les vœux d'une nature humaine non blessée, parce que la nature blessée sans la surnature qui la soigne (en l'élevant) ne peut plus se comporter de manière pleinement naturelle. Le César de Rome, qui en tant que païen était en même temps, légitimement, « pontifex » (selon les exigences de la vertu naturelle de religion), ne pouvait pas ne pas dénaturer sa fonction dans et par l'ivresse de l'exercice d'un pouvoir universel fasciné par lui-même qui en vint à déifier César. Cette pente était une marche vers l'entropie parce que la déification de César, conscience de soi de la réalité politique, avait logiquement tendance à déifier la communauté tout entière et chacun de ses membres par là devenu à soi-même sa propre fin, d'où — par hypertrophie de l'intérêt privé — l'éclipse du bien commun, cause finale du Politique, d'où par là la destruction de l'empire, puisque la nature d'une chose est sa fin. Ainsi, l'empire n'est fécond que s'il reconnaît l'existence d'un Dieu transcendant. Et puisqu'il y a eu Révélation, ce Dieu transcendant ne peut être que le Dieu des catholiques, et l'empire doit être catholique, ou bien n'est pas.

Par conséquent le catholicisme ne saurait se réduire — comme certains nationalistes français l'ont voulu et continuent à le vouloir — à une dimension de la vie nationale. Ce travers fut déjà la position des maurrassiens de l'Action française, position sur laquelle nous nous étendrons quelque peu ici pour dissiper des ambiguïtés liées au fait que le nationalisme, en France, ne se conçoit que difficilement hors de la sphère maurrassienne. Même ceux, parmi les militants d'un tel mouvement ou élèves d'une telle école, qui se trouvent être catholiques, admettent de facto, par leur engagement politique même, que leur religion puisse être réduite au statut d'élément d'une culture. Or cela les dispose lentement mais sûrement à procéder pour eux-mêmes à une telle réduction. Maints partisans de l'Action française et de ses enfants spirituels rétorqueront que cette disposition n'est qu'un trait de stratégie, afin de ne pas se priver du soutien efficace de bonnes volontés non encore ouvertes à la grâce, parce qu'il serait possible, en politique, de s'en tenir au niveau des exigences naturelles, ainsi sans en appeler à l'autorité d'une instance surnaturelle. La chose peut peut-être, jusqu'à un certain point, se discuter si l'on considère l'action politique au niveau de la seule nation, mais il se trouve que la reconnaissance du fait national comme fait politique, induisant le nationalisme, induit par là, médiatement, l'intervention de la fonction impériale qui, ainsi que nous avons essayé de le montrer, n'est pas concevable indépendamment de toute référence à la religion. Par conséquent le nationalisme lui-même ne saurait se tenir à l'extérieur de la sphère des préoccupations religieuses.

Les vœux de la raison politique s'abîment — se consomment, se pervertissent et se détruisent — dans l'État mondial ; mais ils se conservent et se satisfont pleinement à condition de consentir, à un certain degré de leur réalisation, à se sublimer en religion (qui sera « catholique » comme l'État serait mondial) ; toute « Aufhebung » (ou « sursomption ») conserve ce qu'elle nie, affirme ce qu'elle conteste, fait s'accomplir celui qui l'exerce par l'acte à raison duquel il consent à renoncer à lui-même ; l'Empire, en faisant renoncer les vœux du Politique à leur consommation mondialiste, les fait se sublimer au-delà de lui en vœux religieux, et inversement le surgissement de la religion universelle enjoint aux nations de se fédérer dans l'Empire.

§ 50. 6. 2. Réduire la religion à une réalité culturelle revient à reconnaître en elle un produit de l'activité intellectuelle des hommes, alors que, comme révélée, elle vient non des hommes mais de Dieu. Les catholiques d'inspiration maurrassienne sont donc en porte-à-faux ou bien avec leur foi ou bien avec leur engagement politique et, s'ils restent maurrassiens, c'est qu'ils ont tacitement renoncé à leur foi. Il résulte de ce constat que la religion est désacralisée par la politique, ce qui a pour effet en retour de sacraliser la chose politique, en l'occurrence la nation. Sacralisée, la France contracte la valeur d'un absolu moral, d'une déesse innocente de tout défaut, d'où la genèse et l'induration des travers du chauvinisme le plus réducteur et le plus stérile. Si, de manière générale, le catholicisme est réduit à une dimension culturelle de l'identité nationale, si même on accepte qu'il puisse être réduit à cela en se dévouant à la nation ainsi conçue, il faudra qu'il soit pensé comme relatif à elle et non l'inverse ; il sera exclu que certains aspects de la vie nationale ou certains éléments constitutifs de son passé puissent être critiqués par les exigences de la vision catholique du monde et de la vie, et c'est le catholicisme qui sera contraint de s'approprier aux exigences tenues pour normatives de la vie et de l'identité nationales. La surdétermination de l'exaltation patriotique fera sacraliser tous les aspects et moments de l'identité nationale, et corrompra le catholicisme ; la seule forme de catholicisme compatible avec le nationalisme français d'inspiration maurrassienne n'est autre, en fait, que le gallicanisme qui, en tant que conciliariste, fut condamné par Rome comme une hérésie.

Si la nation — en l'occurrence la France — devient un absolu qui réduit la religion à un aspect de son identité, elle exclut, de plus, de reconnaître l'existence d'un bien commun européen qui se subordonnerait (ainsi relativiserait) le bien commun national. Ce principe conditionne diverses choses.

D'abord, la vision de la politique extérieure de la France propre au nationalisme chauvin consiste à favoriser, de manière systématique, toute alliance qui pourrait servir le bien commun français, et à exclure toutes les autres. Dès lors, puisqu'il était dans l'intérêt apparent et immédiat de la France de gagner la guerre de 1914-1918, on devrait cultiver la mémoire de cette victoire française. Peu importe que cette guerre ait été suscitée par la franc-maçonnerie pour couler le dernier empire catholique d'Europe, pour faire subir à la jeunesse européenne une blessure démographique mortelle (Lyautey parlait de « boucherie »), pour rendre possible la montée de la mâchoire américano-soviétique, pour créer des États artificiels maçonniques, pour poser les bases d'un futur gouvernement mondial (la SDN). La France a recouvré l'Alsace-Lorraine et, selon Maurras, c'est la seule chose à retenir. Il fallait viser le bien commun de la France et négliger ce bien commun de l'Europe qui eût consisté à éviter la guerre, cette guerre que la France voulait passionnément et qu'elle préparait depuis 1870.

Le problème est qu'un bien est d'autant meilleur qu'il est plus commun, et que le bien le plus commun conditionne l'existence d'un bien moins universellement commun : quand l'organe d'un corps privilégie son intérêt au détriment du corps dont il est la partie, il fait dépérir ce corps et dépérit avec lui puisqu'il vit du tout organique dont il est la partie. De fait, la France victorieuse en 1918 a connu les « années folles », la décadence morale, le Front populaire, l'hédonisme, l'exode rural, les familles sans enfants, les déficits commerciaux sans fin (remboursement des dettes de guerre contractées auprès de la finance anglo-saxonne), puis la défaite de 1940 et la déchéance intellectuelle et ethnique presque irréversible que nous connaissons aujourd'hui. Un patriote raisonnable a donc quelques difficultés à vibrer, tremblant de respect, au souvenir de cette victoire à la Pyrrhus.

Ensuite, la France telle que conçue par Maurras est comme condamnée à déployer une politique belliqueuse à l'égard de tous ses voisins européens, et ne consentira à en finir avec cet esprit de compétition farouche que lorsqu'elle sera parvenue à unifier l'Europe à la manière des vœux de Napoléon réalisant ainsi, en version jacobine, l'analogue ou la caricature du Saint-Empire auquel la France aurait eu vocation à se substituer.

De tout temps, les préoccupations religieuses et celles d'ordre politique ont été liées de manière plus ou moins directe, pour cette raison que toute politique est porteuse d'une vision du monde et d'une conception de l'homme, lesquelles s'achèvent toujours en préoccupations religieuses (souci de se relier à l'absolu). Elles le sont aujourd'hui essentiellement parce que la laïcisation des États, prétendument neutre, fut une machine de guerre maçonnique et marxiste explicitement — quoique de manière non proclamée — anticatholique (servir une politique laïque — areligieuse — revient à épouser sa pente anticatholique) ; et il nous semble pour cette raison qu'il n'est plus possible de faire de la politique sans mettre le souci religieux au premier plan, sans tergiverser, en étant pleinement catholique de cœur et de raison, et catholique sincèrement pratiquant. Certains mouvements nationalistes ont eu le grand et rare mérite, entre autres nombreuses choses, de rappeler qu'il convient de ne pas céder devant les sirènes surnaturalistes et théocratiques d'un cléricalisme malsain, d'autant plus inopportun qu'il est démocrate-chrétien, ou se résout en cette forme dégénérée d'organisation politique. C'est ce qui fait leur séduction par rapport aux organismes plus religieux mais conçus dans le sillage de l'Action catholique, dont trop de membres sont entichés des idioties incapacitantes du « marquis de la Franquerie » et autres balivernes. Mais cet esprit anti-théocratique, éminemment bienvenu, n'a pas vocation à se muer en indifférence, voire en hostilité plus ou moins sourde, plus ou moins avouée à l'égard du catholicisme. On ne peut être « neutre » à l'égard du catholicisme, on est catholique ou on ne l'est pas et, quand on ne l'est pas, c'est qu'on est contre, parce que ce n'est pas l'homme qui choisit le catholicisme, c'est le catholicisme qui le choisit en exigeant son adhésion. Il est contre nature de refuser la foi (*Somme théologique*, IIª IIªᵉ qu. 10 a. 1). Il fut un temps où il était permis, voire souhaitable par accident, pour un homme politique, de mettre une sourdine à son engagement catholique, précisément parce que les détenteurs du pouvoir dans l'Église, par une illusion d'optique très humaine, ont confondu catholicisme et théocratie clérico-démocratique. Mais, en notre temps apocalyptique, ce n'est plus de mise. Aussi faisons-nous nôtre l'observation de Monsieur l'abbé Richard, cité par Marcel Clément dans son *Enquête* page 177 : « Un œil réaliste devrait voir que nous sommes arrivés à un stade de la vie de l'humanité <que dirait-il aujourd'hui ?...> où la référence implicite à Dieu ne suffit pas. A partir du moment où Dieu est nié ouvertement par beaucoup, la méthode de prétérition, le « ne pas en parler » joue dans le sens de la négation, et ne permet pas le redressement essentiel qui s'impose (…) ».

Au dessous de la Patrie du Ciel, qui n'est pas politique, notre grande patrie est la Chrétienté, notre patrie est l'Europe, notre « patria proxima » est la France, et c'est le bien commun de l'Europe — laquelle pour l'essentiel coïncide avec la Chrétienté — qui détermine et circonscrit le vrai bien commun de la France.

Impérialisme athénien, Saint-Empire, différence de nature.

§ **50. 7.** Une distinction importante doit être établie pour préciser ce qu'il convient ici d'entendre par empire. Il existe une grande différence entre une nation qui, obéissant à son naturel souci de représenter par sa culture et par ses mœurs l'expression la plus adéquate de la nature humaine, se subordonne les autres dans son intérêt exclusif, et ce que nous entendons par fonction impériale, qui vise un bien commun universel non réductible au bien commun de la nation hégémonique. Dans le premier cas, on a l'impérialisme athénien formulé dans le discours aux Méliens. Dans le deuxième cas, on a le Saint-Empire romain germanique mais, il est vrai, un Saint-Empire qui aurait sur fédérer des nations et non des provinces ou des fiefs. Un Empire des nations n'est pas l'impérialisme d'une nation, même si c'est souvent dans cette dernière configuration qu'il advient d'abord à l'existence.

Quand il s'agit d'un impérialisme du type athénien, du fait qu'il se tient pour l'incarnation achevée de ce qu'est l'homme en tant qu'homme, il s'intronise fin des nations soumises. De plus, pour se rendre supportable à elles en leur condition de servitude, il est mis en demeure de réduire à la sienne leur identité culturelle : il les colonise. Dans le contexte du Saint-Empire romain germanique, on a une nation qui se subordonne les autres dans l'intérêt du bien commun universel, ou de ce qui est accessible en ce dernier dont on a vu qu'il est, comme politique, nécessairement inachevé. Selon cette figure, l'empire supprime l'antagonisme entre nations non en les assimilant à la sienne, mais, sans exténuer la vitalité potentiellement belliqueuse qui palpite en chaque vie nationale, il fait en sorte que chaque nation s'éprouve tel un moment fixé et « extra-posé » du processus à raison duquel l'idée d'empire se développe, immanente à chaque nation comme le tout à ses parties ou le terme d'un processus à ses moments, ce qui a pour résultat que chaque nation, dans cette configuration, se vit comme le tout (des nations) lui-même « secundum quid ; le mérite de l'idée d'empire est de fédérer des nations sans prétendre à leur imposer celle de la nation impériale qui, se consacrant plus au bien commun universel qu'à son bien propre, en vient progressivement à relativiser son intérêt pour la préservation de sa propre identité, non sans d'ailleurs prendre le risque — un délicat équilibre en ce domaine est à respecter de manière prudentielle — de la dissoudre ; mais cet accomplissement de l'idée d'empire suppose la référence à une fin ultime qui est en dernier ressort religieuse et qui excède le Politique. Quand est oblitérée cette référence, on glisse dans le phénomène de la colonisation. Elle peut être légitime un certain temps pour certains peuples qui ont à gagner grâce à ce joug, parce qu'il leur permet d'abord d'apprendre à être pleinement humains (pensons aux sociétés anthropophages, aux sacrifices humains), et par là les dispose à développer par la suite une culture nationale originale enrichissant le concert des nations déjà constituées. Mais ce phénomène ne vaut pas pour une organisation impériale qui est d'une autre nature que la colonisation, parce qu'elle fédère des nations déjà constituées et nécessaires, en l'état, à l'économie de bien commun universel.

Quand une nation colonisatrice, au sens de non impériale, parvient à dominer les autres, elle fait d'elles autant de matières à transformer pour les convertir à elle-même, à l'universel national (qu'elle pense coïncider avec l'universel planétaire) qu'elle incarne : par exemple, et pour notre plus grand malheur, la France et l'Allemagne de l'OTAN sont autant de manières particulières d'être états-unien : la France de l'OTAN est, de fait, la manière française d'être américain[13]. Et cette appropriation au même universel fait, des nations vassales naguère libres et antagonistes, autant de réalités dessaisies de leur antagonisme originel, mais tout autant dessaisies de leur vitalité propre. On a alors des nations de consommateurs, des nations qui se « dénationalisent » pour se réduire à une poussière d'individus communiant par ce qu'il y a en eux de moins humain. Si la France part du principe qu'elle doit absolutiser son bien commun au détriment de celui des autres nations d'Europe, c'est, en vertu de ce qui précède, qu'elle a décidé de s'ériger en principe d'unité de l'Europe qui doit devenir, comme en rêvaient Louis XIV et Maurras, une Europe française[14]. Il faut déduire de ce raisonnement que le nationalisme fondé sur le principe de l'empirisme organisateur est une formation qui, napoléonienne malgré elle, se propose, au titre de fin, de dominer l'Europe, c'est-à-dire de faire coïncider son bien commun national avec le bien commun supranational de l'Europe elle-même.

Supposé, cela dit, que la France soit dotée d'un génie et d'une vocation ne l'habilitant pas à aspirer à de telles prétentions hégémoniques, alors tout l'office d'une politique inspirée par l'idéal du nationalisme chauvin se réduit au rôle d'empêcher une autre nation européenne d'actualiser cette unité continentale, et d'entretenir la zizanie, l'amertume et la faiblesse au milieu des

---

[13] Olier Mordrel, dans son ouvrage « Le Mythe de l'Hexagone » (Jean Picollec, 1981), fait observer (p. 348) : « Les États-nations sont vidés de leur raison d'être. Ils sont devenus de simples machines administratives qui gèrent des intérêts. Ils n'ont plus rien à proposer, et ne proposent rien. Ce qui reste de culture française a le parfum des vieux livres. Le flot insidieux de la civilisation du profit et de la quantité le recouvre un peu plus chaque jour. Et le seul style vivant, hélas, chez les jeunes, est celui de l' 'american way of life' ».

[14] Même référence, p. 346 : « N'est-ce pas Louis XIV — toujours lui — qui écrivait dans ses Mémoires : « Pour affirmer mes conquêtes vers ces pays-là et vers les Flandres, par une plus étroite union avec mes anciens États (…), je tâcherai d'y établir les mœurs françaises. Je changerai les conseils souverains en présidiaux ; j'en ferai ressortir les appels à mes parlements. Je veux des Français et, autant qu'il me soit possible, des gens de talent dans ces premières charges ». Mordrel ajoute, non sans raison sur ce point : « Un Français moyen qui lit ces lignes n'y voit rien à redire. Si le signataire en était le roi de Prusse, le pays visé l'Alsace-Lorraine et le mot 'français' remplacé par 'allemand', ce même Français moyen y verrait une preuve, s'il en était besoin, de l'insatiable et cynique appétit de conquête du pangermanisme ».

nations d'Europe ; ce qui ne peut que favoriser les intérêts des autres candidats non européens à l'empire, qu'il s'agisse des Russes, des Chinois, des États-Unis, des Turcs ou des Indiens. Telle fut au fond la politique de l'Action française passionnellement antiallemande, tels furent les résultats de cette politique, et l'on ne voit pas en quoi les maurrassiens d'aujourd'hui se distinguent substantiellement de l'Action française de jadis. De fait, la France n'est jadis parvenue à un semblant fragile d'hégémonie sur l'Europe qu'en nourrissant les maladies suivantes : islam et protestantisme, accompagnés de gallicanisme. Les nationalistes français, souvent nostalgiques de « l'empire français » élaboré sur la matière du Tiers-monde dans une perspective maçonnique, saint-simonienne et capitaliste, peuvent bien se dire antigaullistes ; selon leurs principes, ils devraient logiquement être gaullistes, et au reste certains le sont.

Vocation de la France.

§ **51.** Nous restons nationaliste français ; nationaliste parce que nous pensons que la catégorie de nation est une catégorie politique essentielle : la vraie raison du Politique, c'est, avons-nous dit, le déploiement exhaustif de toutes les potentialités de la nature humaine à l'intérieur d'une communauté nationale de destin. Et nous voulons demeurer français par piété filiale et par amour pour les beautés irremplaçables de notre pays qui, dans le concert des nations, et malgré les effroyables maladies qu'il s'est infligées et par lesquelles il a contaminé le monde entier, continue d'évoquer un type d'homme et une vocation nécessaires à l'équilibre de ce monde. Aimer son pays, c'est vouloir le meilleur pour lui. Vouloir pour lui le meilleur, c'est vouloir qu'il soit adéquat à son essence. Et l'essence d'une chose est définie par sa finalité, ainsi par sa vocation. Or la vocation de la France n'est pas d'exercer, selon nous, une hégémonie militaire, administrative et politique sur l'Europe. Elle est de cultiver une souveraineté morale et plus généralement spirituelle. Elle doit être militairement forte pour assumer ce rôle spirituel, mais elle n'a pas à prétendre exercer un rôle impérial, sinon avec ses anciennes colonies extra-européennes sur lesquelles il lui revient d'exercer un magistère moral, après avoir raté sous bien des rapports cette colonisation, et raté la menée de ces peuples vers l'autonomie. Par sa diversité géographique et ethnique, la France est comme le résumé de toute l'Europe, rassemblant des rameaux ethniques et des mentalités issus de toutes les autres nations d'Europe mais procédant toutes racialement du même phylum indo-européen primitif (comme l'établit Jean Haudry, confer ici notre § 50.5) ; en tant que synthèse de toutes les formes du génie indo-européen, la France est ce lieu physique et humain en lequel l'Europe prend la pleine conscience d'elle-même et donne à chacune de ses nations les clés de discernement de la singularité de sa vocation. Ce sont ces dispositions *naturelles*, à toute distance de la référence aussi prétentieuse et dangereuse que niaise à l'idée de « peuple élu du nouveau Testament », qui font de la France un instrument de la Providence pour se faire, moyennant l'économie de la grâce, le moyen tant de l'explicitation de l'intelligence de la foi que de l'apostolat catholiques en Europe et dans le reste du monde ; « la vraie force de la France est dans les valeurs spirituelles » (Pie XII, Allocution du 17 août 1946 à des journalistes français). Par ailleurs, ni elle ni aucune nation n'a vocation à voir sa valeur l'emporter sur toute autre chose. On ne saurait sans la rendre malade l'adorer, la substituer à Dieu et substituer le culte de la nation à celui de Dieu. Dans cette inversion des valeurs, qui la fait singulièrement ressembler à la nation juive (qui fait s'identifier nation et Église et qui en vient à déifier le peuple juif), une nation périt d'intumescence.

Il fallait qu'il y eût en Europe, pour le bien commun de sa civilisation, un peuple qui fût chargé de réaliser la synthèse de tous les aspects du génie indo-européen, afin que fût rendue visible cette unité dans la diversité révélatrice d'une même origine et d'une même fin ; telle est au fond l'unique légitimation de l'existence de la France.

La France tire son nom — ainsi son identité — d'un peuple germanique conquérant ; ce peuple s'appropria en retour, sur le plan spirituel, aux talents, à l'héritage et aux vertus gréco-latins intériorisés par les Gallo-romains (Latins, Celtes, Ibères, Ligures), tout comme les conquérants romains s'approprièrent aux vertus spéculatives supérieures des Grecs conquis. Cela nous dispose à penser que la France est à l'Allemagne ce que la Grèce fut à Rome. Les conquis militairement, conquérants spirituels, furent eux-mêmes enrichis par certains caractères moraux de leurs vainqueurs militaires. Nous voulons parler de cette aptitude typiquement germanique, en plus de leur force, de leur esprit d'organisation et de leur goût pour l'action, que possèdent les ressortissants tudesques, à chercher leur félicité individuelle dans le service de la communauté, ou encore à faire de la vie de la partie un moment de la vie du tout : disposition spéciale à se complaire pratiquement et spéculativement dans l'harmonie qui régit l'Un et le Tout, génératrice d'organicité sur le plan politique, et de systématicité sur le plan spéculatif ; harmonie entre l'Un et le Tout qui rend possible le maintien de la vitalité du devenir au sein de l'immobilité de l'être achevé. Si la France est bien effectivement ce en quoi se réfractent toutes les facettes du même esprit indo-européen accédant à la conscience de lui-même — de son unité, ainsi de son existence effective — dans et par cette réfraction, quand elle nourrit en son propre sein cette conjugaison de vocations de conquis et de conquérant, c'est que ce dont elle est la synthèse, à savoir l'Europe entière, obéit à cette règle qui veut que la France soit, au sein de l'Europe, à la fois conquis et conquérant : la France est bien à l'Allemagne ce que la Grèce fut à Rome. La réhabilitation d'un Saint-Empire romain germanique enfin respectueux des identités nationales qu'il intègre, et dont un Troisième Reich vainqueur aurait pu être la préfiguration, constitue cette vraie communauté supranationale des nations et des États que Pie XII appela de ses vœux et qu'il crut, pour le malheur de l'avenir du monde, reconnaître dans les instances maçonniques internationales du camp des vainqueurs anglo-saxons et soviétiques.

Modernisme et surnaturalisme politiques, les contraires d'un même genre.

§ **52.** Le naturalisme du modernisme se caractérise par un désir d'édulcorer le plus possible le poids du péché originel, pour se livrer à une surdétermination du thème de la dignité de l'homme. Ce naturalisme, et le surnaturalisme choyé par l'esprit théocratique réactionnaire des milieux catholiques traditionalistes, communient dans une commune aversion pour le nationalisme. Pour ces derniers, le nationalisme serait nécessairement, en lui-même et non dans ses déviations, l'expression du principe de la souveraineté populaire qui fait procéder toute autorité de l'homme et non de Dieu ; on se serait, explique-t-on, mis à évoquer la nation pour la substituer à l'autorité du roi lieutenant du Christ. Pour les premiers, le nationalisme serait l'expression lamentable d'une reviviscence du paganisme, c'est-à-dire la nostalgie empoisonnée d'un monde brutal et passionnel, en proie à la tyrannie des mauvais anges. Le réflexe intellectuel inavoué du surnaturaliste est de considérer qu'il ne peut pas ne pas y avoir quelque chose de peccamineux dans cet hypothétique état de pure nature qui se révèle — comme nous en avons parlé ici dans notre § 18. 5 (*Somme contre les Gentils* IV 52) — être en conflit originaire et constitutif avec lui-même. Ce n'est certes pas ce qu'enseignera ex professo le surnaturaliste, mais c'est bien ce qui se pense en lui et qu'il n'ose formuler. Il ne conçoit pas la paix autrement que comme une situation innocente de toute tension interne, de toute inquiétude, rassurante en sa représentation statique intangible qui serait signe de sa perfection. L'ordre dit en effet l'intelligible, le formel, l'être en acte, ainsi l'être tout court puisque être, c'est être en acte. Et seul ce qui est en ordre est pérenne. Par conséquent seul existe et subsiste ce qui est en ordre. Dès là qu'un état de pure nature semble exclure cet ordre à cause de la puissance répulsive qui l'habite en se conjuguant à sa puissance interne d'attraction à l'égard de soi-même, on en déduit qu'un tel état ne saurait exister. Le surnaturaliste n'en reste pas moins attaché au dogme de la gratuité de la grâce, qui lui enjoint de tenir un état de pure nature comme quelque chose qui eût été possible. Mais il y verra un mystère, une contradiction « quoad nos », quelque chose qu'il est périlleux d'approcher, devant quoi l'on est en demeure de s'incliner sans prétendre comprendre. Si l'on creusait plus avant dans l'inconscient des postulats inavoués du surnaturaliste, ou bien s'il était possible de le pousser dans ses derniers retranchements, on trouverait peut-être ceci : se payer le luxe d'exister hors de Celui dont l'essence est d'exister, cela ressemble déjà à une espèce d'usurpation, et il en résulte que tout ce qui est un acte d'exister fini doit déjà, parce que fini, être considéré comme mauvais ; on est invité à épouser la formule de Calderón de la Barca : le plus grand crime de l'homme, c'est d'être né. Par conséquent Dieu ne tolère de tels actes d'exister, ou ne condescend à les poser, que pour autant que ces créatures sont destinées à se faire féconder par la grâce qui, comme principe de déformation, les « altère » dans leur être, et c'est là chose excellente puisqu'ils sont tenus pour mauvais. En bref, le surnaturaliste tient toute forme de négativité, ainsi d'opposition et de conflit ontologiques, pour un effet du péché.

Parallèlement, le naturaliste moderniste abhorre la violence, il nourrit une inavouée et épidermique aversion pour la force en général qui dit domination, parce que la dignité de la personne humaine exclurait qu'il pût être jamais contraint ; aussi le moderniste auquel la « dignité de la personne humaine » donne seule dans la vue, considère qu'il ne se peut pas qu'il n'y ait pas quelque chose d'inachevé dans cette nature combative et pétrie d'irascible. Et c'est la grâce qui accomplit l'achèvement attendu, selon une logique de l'amour tenue pour plus profonde que la logique de la raison, logique de l'amour qui pourra, pense-t-il, faire admettre comme nécessaire et exigible ce que la logique de la raison peut maintenir comme contingent et gratuit.

Dans les deux cas, il existe un refus haineux du négatif. Une raison circonstancielle dispose à un tel refus : c'est l'aversion au reste compréhensible pour la dialectique marxiste qui, matérialiste, pose — pour dire les choses en termes aristotéliciens, et contre Aristote — que l'être en puissance n'est pas dépendant de ce qu'il conteste, mais que, tout au contraire, c'est l'être en puissance qui, émancipé de cette sujétion, serait le principe premier et souverain de l'être en acte. Cette inversion des rapports de causalité entre être en puissance et être en acte trahit non seulement Aristote, mais encore Hegel lui-même que Marx travestit en lui ravissant son vocabulaire ; pour Hegel, dans la figure de ce qu'il nomme l'Idée, c'est l'Esprit qui pose la matière et non la matière qui poserait l'Esprit. Posé comme principe originaire (infrastructure) de la réalité formelle et/ou spirituelle (superstructure), la matière du marxiste, étoffe de l'être en tant qu'être, est pensée tel un être en puissance tourmenté par des contradictions fécondes dont l'autodépassement nécessaire est son actualisation progressive, et au vrai infinie.

Il y a donc, pour le moderniste et pour le théocrate, un refus de la légitimité du négatif œuvrant dans la pensée et dans le réel, ce négatif ne pouvant attester que de l'imperfection.

Négatif non peccamineux, déficit ou surcroît d'être ?

§ 53. A la question 92 (article 1 ad 2) de la Prima Pars de la *Somme théologique*, saint Thomas se demande si l'homme, au paradis terrestre, dominait les animaux. Il se fait, entre autres, l'objection suivante : « il n'est pas bon de réunir sous une même domination des êtres en discorde. Mais il y a beaucoup d'animaux qui par nature sont en discorde, tels la brebis et le loup. C'est donc que tous les animaux n'étaient pas englobés sous le pouvoir de l'homme ». Voici sa réponse : « Certains disent que les animaux qui maintenant sont féroces et tuent d'autres animaux auraient été, dans cet état <paradisiaque>, pacifiques, non seulement avec l'homme, mais aussi avec les autres animaux. Mais cela est tout à fait déraisonnable. En effet, la nature des animaux n'a pas été changée par le péché de l'homme au point que ceux qui maintenant, par nature, mangent la chair d'autres animaux, comme les lions ou les faucons, eussent alors été herbivores. D'ailleurs, la Glose tirée de Bède ne dit pas à propos de la Genèse

(1, 30) que les fruits et l'herbe aient été donnés en nourriture à tous les animaux et oiseaux, mais à certains d'entre eux. Par conséquent *l'hostilité eût été naturelle entre certains animaux* <nous soulignons>.

Pour autant, ils n'auraient pas été soustraits à la domination de l'homme, pas plus qu'ils ne le sont maintenant à la domination de Dieu, par la Providence de qui tout cela est disposé. L'homme eût été l'exécuteur de cette Providence, comme cela se voit encore maintenant pour les animaux domestiques ; en effet, les hommes fournissent des poules aux faucons domestiques pour leur nourriture ».

Il y a bien, pour saint Thomas, du négatif non peccamineux dans l'univers créé.

Il n'est même pas interdit de déclarer à ce sujet, avec Joseph de Maistre, que la guerre est divine puisqu'elle est la loi du monde : la nature si belle toujours identique à elle-même à vue d'homme est un équilibre fait de déséquilibres contraires et permanents, parce qu'elle n'est peuplée que de prédateurs et de proies. Il existe bien du négatif non peccamineux. Plus encore : qu'il ait du négatif dans l'être, loin d'attester un déficit de perfection, est la condition obligée d'un surcroît d'être. En effet, il eût été au pouvoir de Dieu de créer des vivants qui n'eussent pas eu besoin de s'entre-dévorer pour subsister, et pourtant Dieu ne l'a pas fait, jugeant que les choses, images ou vestiges de Dieu faits pour Sa gloire, l'honoreraient plus avec des violences sanglantes que sans elles. De plus, quand une chose atteint son entéléchie, la puissance actualisée est régénérée par son acte dans son ordre de puissance : plus et mieux l'homme pense, actualise sa puissance de penser, mieux et plus il jouit du pouvoir de le faire. Quand donc une chose atteint son entéléchie moyennant un changement substantiel qui la convertit en une autre (la chrysalide et le papillon), cette chose ne peut subsister dans son identité d'origine qu'en demeurant en-deçà de sa perfection ; mais corrélativement, et surtout, cela signifie que la puissance immanente à cette chose à atteindre son entéléchie est régénérée comme puissance par la position d'une entéléchie qui, la supprimant, ayant raison de « terminus a quo » d'une réalité ontologiquement meilleure qu'elle, relève d'un degré de perfection supérieur à celui auquel une telle puissance est proportionnée. Et cela même n'est possible que si la puissance à atteindre une perfection déterminée, et à elle proportionnée, s'enracine dans une puissance à être quelque chose de plus parfait que ce à l'égard de quoi elle est naturellement en puissance. Et un tel résultat n'est concevable, ainsi possible, que dans la mesure où telle puissance à être telle perfection est assumée par telle autre puissance à être une perfection supérieure à la première. Ce qui équivaut à déclarer que le plus puissant n'est tel qu'à proportion de son pouvoir de vivre en son propre sein, sans cesser de posséder sa perfection, tous les degrés inférieurs à celui de cette dernière ; autant dire que l'identité d'un être est toujours acte de s'identifier à lui-même, parce qu'il a toujours la forme d'une négation de négation ; il n'est lui-même qu'à vaincre ce moins que soi auquel il est en demeure de s'identifier pour le surmonter. Tout bien est victoire, non sur le mal en acte qui serait alors nécessaire au bien et qui, par là, ne serait pas du mal, mais sur la possibilité du mal. Force est de se rendre à cette idée que le négatif n'est pas par soi mauvais. Mais qu'il y ait du négatif dans un être, une béance qu'il assume et surmonte, une répulsion à l'égard de soi qui le fait se rapprocher (par amour) de ce qui n'est pas soi, mais qui, comme attraction à l'égard de soi-même, le fait se repousser (par aversion et haine) de ce qui n'est pas lui, cela implique qu'il y ait lutte au moins potentielle entre les êtres, que la concorde ne soit pas sans le risque de la discorde, et que, au cours de cette épreuve de la lutte, la « personne humaine » enivrée par les effluves capiteux de sa qualité de « belle âme », prenne le risque, dans ses relation avec autrui, d'être bousculée sans ménagement. Pour les uns, l'épreuve du risque du mal suscite l'effroi ou l'indignation, et toujours aussi la suspicion parce que, du point de vue de l'imaginaire qui se nourrit de mots sans prendre le soin de distinguer les concepts, l'idée de risquer le danger du mal évoque des représentations liées au gnosticisme. Pour les autres, elle évoque la relativisation de la dignité de la personne, le réveil du paganisme, le refus de la charité qui devrait bien sûr dissoudre tout reliquat de puissance irascible, etc.

Ceux qui tiennent à une philosophie du bien commun entendu comme « diffusif de soi », intrinsèquement supérieur au bien particulier, mais qui éprouvent de l'aversion pour l'idée de négatif, se feront assez naturellement démocrates. On aura là les démocrates-chrétiens modernistes. Si en revanche on est fermé à l'idée de négatif tout en nourrissant une aversion compréhensible pour l'esprit démocratique, on embrassera l'idéal théocratico-surnaturaliste : il n'y a lutte, coercition, domination de l'homme sur l'homme, que comme conséquence du péché, au titre de châtiment. Et telle est la position de saint Augustin (*Cité de Dieu* XIX 15), inspirateur d'un augustinisme politique servant de fondement à l'esprit théocratique ; on continuera à parler de bien commun, mais il ne s'agira plus que de l'ensemble des conditions d'acquisition de la vertu et des moyens de gagner le Ciel ; la Politique est pour la Morale, et l'ordination du pouvoir politique au pouvoir ecclésiastique est immédiate.

Retour sur l'argumentaire antinationaliste.

§ **54. 1.** Il est intéressant de constater — ce qui confirme la complicité ici évoquée entre réactionnaires théocrates partisans de l'augustinisme politique et démocrates-chrétiens modernistes — que l'argumentaire destiné à fustiger le nationalisme dont use le démocrate-chrétien Marcel Clément est directement emprunté à la panoplie des idées théocratiques. Montrons-le en commentant le contenu de la page 151 de *l'Enquête* de Marcel Clément.

« La nation, au sens que ce mot a pris en Europe dans les premières années du dix-neuvième siècle avec les 'Discours à la nation allemande' de Fichte, est une création de l'histoire. Le Moyen âge occidental, qui n'était pas incapable de concevoir l'idée d'une communauté de langage, ne connaît rien qui ressemble à des nations. La communauté de langage elle-même est sans rapport avec la société politique. La France de cette époque en est une vivante illustration ».

Manifestement, Marcel Clément retient de Fichte — pour la condamner — l'idée selon laquelle les hommes d'une même nation ont vocation à vivre dans un même État parce que la nation est une catégorie politique. Lorsqu'il déclare exclure qu'une communauté de langage puisse former une nation, Marcel Clément en donne la raison en annonçant qu'une communauté de langage est sans rapport avec la société politique. Sa démarche n'a de sens que si l'on comprend qu'en parlant ici de nation, il signifie une nation-État. C'est donc bien cette conception de la nation que condamne Pie XII en la désignant comme nationalisme. On pourrait aussi, dans ce texte, comprendre, il est vrai, de manière plus radicale, que les nations sont des réalités fondamentalement contingentes, qui auraient pu être autres, qui sont des résultats non préconçus, des fruits de l'entrechoquement des libertés et des convoitises, des intérêts et du hasard, et que, du fait de cette contingence intrinsèque (elles auraient pu être tout autres) aussi bien qu'extrinsèque (elles auraient pu ne pas être du tout), une nation n'est pas le fruit d'une « intentio naturae » ; on retrouverait là l'idée qu'elle n'est pas comme l'État un fait de nature, mais qu'elle est simplement un produit de l'art humain, « résultant de faits historiques contingents » (p. 150). Afin d'illustrer ce point de vue, il est permis d'évoquer la position provocante d'Olier Mordrel (o. c. pp. 23 et 30 de son livre) exprimée avec vigueur en termes suggestifs :

« (…) les nationalistes enseignent volontiers qu'après 1429 (l'entrevue de Chinon), grâce à elle <sainte Jeanne d'Arc>, les Français ont pris conscience qu'ils formaient une nation différente de la nation anglaise… Le principal résultat de la guerre de Cent Ans a été ainsi la naissance du sentiment national ou, comme on l'a dit aussi, du patriotisme français'.

C'est ce que disent les manuels. En réalité, si Jeanne d'Arc fut un être d'exception, doué d'extraordinaires presciences, et s'il est possible qu'elle ait eu, entre autres révélations, celle de la future nation française, il n'en reste pas moins qu'à son époque une bonne moitié des Français se considéraient comme loyaux sujets d'Henri VI, roi de France et d'Angleterre ; que Jeanne fut faite prisonnière par des 'Français' (n'étaient-ils pas Bourguignons ?), jugée et condamnée par des juges français, parisiens pour la plupart ; que l'autre roi de France, Charles VII, celui de Chinon, qu'elle avait fait sacrer à Reims, ne leva pas un doigt pour la racheter, alors qu'il en avait la possibilité. Un certain nombre de faits, en somme, qui ne confirment pas la thèse soutenue et dont les manuels préfèrent ne pas parler.

Dire que Philippe VI, au début du XVème siècle, ne pouvait pas renoncer 'aux plus belles provinces françaises', Guyenne et Gascogne, c'est encore un point de vue rétrospectif. Ces provinces avaient été franques un moment, mais n'avaient, par la suite, gardé qu'un titre de vassalité nominale vis-à-vis du roi de France. Elles formèrent des entités politiques diverses, indépendantes de la couronne. Quand Aliénor, duchesse d'Aquitaine, épousa Henri II, tout le pays passa très légalement sous la domination des rois Plantagenêts d'Angleterre. Curieuses provinces 'françaises' que les troupes royales durent conquérir, en croisant le fer avec les Gascons, qui luttaient épaule contre épaule avec les Anglais pour conserver leurs libertés ».

Et Mordrel d'ironiser à propos de Bainville (qui par « un petit trucage » fait un comte de Bretagne de Pierre Mauclerc alors qu'il était duc souverain) fustigeant ce « capétien qui avait mal tourné », alors qu'il s'était contenté de défendre les libertés bretonnes contre les ambitions françaises en appelant l'Anglais à son aide, et finissant par écrire : « Quelle tâche longue et malaisée que de faire la France ! ». Ce qui revenait en effet à confesser que, au XVème siècle, la France était encore à faire et n'existait pas.

En vérité, et de l'avis de maints historiens non du tout démangés par le « prurit » nationaliste, il exista une conscience nationale inchoative en France dès Bouvines (1214), conscience qui fut accusée par la guerre de Cent Ans. Qu'une identité nationale accède à la conscience d'elle-même de manière progressive, au sein de luttes internes et de remises en cause, dans le doute et dans l'adversité, cela ne signifie pas que la nation ne serait pas dans l'« intentio naturae » ; cela ne signifie aucunement qu'elle ne serait pas « première en intention », ou qu'elle n'aurait pas raison de cause finale. Il en est d'une nation comme d'une œuvre d'art ; il nous plaît fréquemment d'évoquer la manière dont

Paul Valéry définit les premiers matériaux de l'inspiration de l'artiste : ce sont « les débris d'un futur » ; on ne saurait, en eux, et avant que l'œuvre ne soit produire, reconnaître ou discerner — tout au plus peut-on le pressentir — la figure achevée qui est censée s'annoncer en eux ; l'œuvre est non déductible et, considérée dans tel ou tel moment de sa genèse, elle donne l'impression d'être un fruit du hasard, plus précisément un effet de la fortune, un résultat sans cause réelle, sinon comme effet d'une conjugaison fortuite de causes ayant visé chacune un résultat qui n'avait rien à voir avec l'œuvre elle-même nouvellement éduite d'un matériau disparate. Il n'en reste pas moins que l'artiste confesse volontiers avoir été convoqué par une inspiration qui venait de plus loin que lui, qui le sommait de couver son œuvre et de la produire, cependant qu'il ne savait ce qu'il visait qu'à mesure qu'il le faisait. L'artiste reconnaît dans son œuvre existant en acte une réalité qui se cherchait dans la confusion de ses tourments de créateur ; il reconnaît même a posteriori que si, inconsciemment, il a thésaurisé les éléments d'un tel matériau, c'est parce que son œuvre lui intimait silencieusement de le faire ; comment pourrait-il être insatisfait — comme il l'est si souvent, au point de les détruire rageusement — par les ébauches qu'il en a produites, s'il n'était habité par une finalité — le chef-d'œuvre lui-même — à l'aune de laquelle il peut mesurer l'écart entre ce qu'il a fait et ce qu'il est en demeure de faire ? Il en est de même pour la genèse d'une nation. La France du XVème siècle n'était pas encore la France, mais en cette France non encore française se cherchait la France consciente de sa vocation spécifique, et c'est selon des opérations et des actes volontaristes d'essence *politique* — luttes guerrières de pouvoir, annexions forcées, ambitions territoriales et prétentions étatiques — qu'elle se frayait un chemin vers l'existence en acte. Comment peut-on encore, dans ces conditions, prétendre que la nation serait, de soi, une réalité étrangère à la chose politique ? C'est ce que ne voit pas Olier Mordrel[15] hostile aux prétentions de l'État de se subordonner des nations, parce que pour lui, comme pour Pie XII avec lequel il est sur ce point en paradoxal accord, la vie nationale est une réalité non politique, au sens de non étatique. Mais les persiflages de Mordrel ont le mérite de nous rappeler que la France ne fut pas un « peuple élu » « programmé » pour revendiquer la position hégémonique que lui aurait méritée sa pseudo-élection. L'« élection » de la France, comme de toute autre nation, n'est rien d'autre que son éduction déposée dans l'histoire de sa genèse, la voix de la nature humaine exprimant, dans une configuration humaine adéquate, son désir de s'actualiser au mieux, de s'extérioriser selon un mode paradigmatique, et de s'actualiser d'une manière qui n'est jamais exhaustive mais qui tend à l'universalité.

Notre réponse à ces arguments.

§ **54. 2.** Poursuivons notre analyse du propos de Marcel Clément. Il nous assure que la Réforme, opposant la souveraineté de la raison humaine à la souveraineté de l'Église et à celle de l'État, affirma de manière implicite ce qui deviendrait la souveraineté de la nation. Il convoque pour conforter son propos le jugement du juriste et politologue Pierre Vergnaud pour lequel la Réforme est à l'origine du principe des nationalités. C'est la Réforme qui, avant la doctrine de la souveraineté du peuple, substitue l'autorité de la conscience individuelle à celle de l'Église. Et Marcel Clément d'ajouter : « Voilà pourquoi historiquement, la réalité de la nation s'est développée à la faveur d'une similitude ethnique en réaction contre l'autorité politique comme principe

---

[15] Une nation est expressive d'une manière idéale d'être homme, et la région exprime au mieux une particularisation d'une certaine manière idéale d'être homme ; la région ne définit pas un type, mais une manière accidentelle de réaliser ce type. Substituer une fédération formée de régions à un empire constitué de nations, comme en rêvaient Olier Mordrel et Heinrich Himmler, c'est exténuer la valeur archétypale de la communauté politique, et c'est à terme tendre vers une poussière d'individus agglomérés dans l'État mondial.

formel de l'unité civile, et au-delà, en réaction contre l'autorité divine comme principe formel de l'unité de la famille humaine ».

De telles considérations nous inspirent les remarques suivantes.

D'abord, nous voyons mal que le protestantisme ait affirmé la souveraineté de la raison humaine, si l'on se souvient que l'inspirateur de la Réforme est ce Luther qui, passionnément fidéiste, volontariste et anti-intellectualiste, tenait la raison pour la prostituée du diable. Le protestantisme est probablement à l'origine d'une inflation de l'usage technique et commercial de la raison, au détriment de son usage métaphysique, mais l'insurrection luthérienne contre l'Église catholique n'a pas pour essence une revendication de la raison. Mais il est vrai que la Réforme opéra une substitution, celle de la conscience individuelle à la raison spéculative ou métaphysique d'une part, d'autre part celle de la conscience ou du témoignage de la subjectivité à l'autorité de l'Église. Que cette même Réforme, de par ce dérèglement de la volonté corrélatif de sa révolte, ait cultivé un goût pour la liberté générateur du droit des peuples à disposer d'eux-mêmes, et aussi de la démocratie assise sur le principe de la souveraineté populaire, c'est encore une déclaration que nous comprenons et approuvons. Mais un problème se pose, qui est de savoir s'il est légitime de lier de manière nécessaire le principe des nationalités entendu comme droit des peuples à disposer d'eux-mêmes, et le principe des nationalités tel que défini par Littré (ce dont Marcel Clément fait mémoire à la page 151 de son *Enquête*) : « celui d'après lequel les portions d'une race d'hommes tendent à se constituer en un seul corps politique ». Que la définition qu'en propose Littré soit solidaire de ce que Pie XII et Marcel Clément entendent par « nationalisme », c'est-à-dire la doctrine faisant de la nation une catégorie politique, par là rendant la nation intrinsèque à l'État (le Politique étant tout entier contenu dans le concept d'État), cela n'est pas douteux. Or précisément, nous ne voyons nullement en quoi la tendance d'une ethnie à se constituer en État devrait nécessiter l'adhésion au principe du « droit des peuples à disposer d'eux-mêmes ». Qu'un peuple incarnant une culture et réalisant un destin, vivant comme nation la vision du monde qu'il développe comme culture, « extra-pose » une manière idéale d'être humain dans la forme d'un État développé par les caractères particularisants d'une identité nationale, c'est là, assurément, une communauté ethnique répugnant à être dispersée en plusieurs États. Mais cela n'implique nullement qu'un tel peuple adopterait le principe de la souveraineté populaire, ou qu'il exclurait d'être organisé par un État qui pourrait en même temps organiser une autre vie nationale. Revenons-donc aux définitions évoquées au début de cet ouvrage :

Est *nationaliste* une conception du Politique qui fait de l'idéal national une explicitation obligée de la forme universelle de l'État, qui donc fait de la nation une catégorie politique, et qui prône le devoir d'un peuple de demeurer lui-même — entendons : de conserver ce qui fait son essence et définit sa fin, à savoir sa vocation. Précisément parce qu'il se reconnaît le devoir de respecter une vocation qui lui échoit sans qu'il l'ait choisie mais dont il hérite, un nationaliste ne saurait être démocrate ou partisan de la souveraineté populaire ; il reconnaît l'existence d'une nature humaine et, au moins implicitement, celle d'un Dieu pour la penser ; il sait, dès lors, que l'autorité procède de Dieu et non de l'homme, qu'il existe un ordre des choses qu'il n'invente pas, et que ce qui fait son identité nationale ne mérite d'être retenu qu'à proportion de son aptitude à dévoiler et à promouvoir un tel ordre. Et du fait même qu'il existe des nations et une seule nature humaine à l'aune de laquelle il est possible de les comparer et de les hiérarchiser, il sait que les nations sont inégales en perfection, et il admet même que certains peuples ne jouissent pas de la maturité et des qualités morales et psychologiques requises pour trouver en son propre sein les ressources l'habilitant à se donner un chef.

Est *nationalitaire* la conception du Politique soutenant le principe du droit des peuples à disposer d'eux-mêmes, par là celui de la souveraineté populaire.

Nous avions parlé d'une espèce de nationalisme relevant des deux acceptions précédentes, que nous avions nommée « nationalisme nominaliste ». Nous l'avions caractérisé de la manière suivante : devoir de fidélité à son identité historique et ethnique (raciale et culturelle), dans une forme de gouvernement qui n'est pas nécessairement démocratique, mais qui s'écarte du nationalisme tel que nous l'entendons par le fait qu'il ne reconnaît pas l'existence d'une nature humaine universelle intangible normative des cultures. Dès lors, le nationaliste nominaliste peut fort bien être athée ou panthéiste, il niera l'existence de quelque valeur universelle que ce soit, il sera relativiste et, tout en prêchant le principe de la relativité des valeurs, il décidera souverainement de faire de la nation à laquelle il appartient le fondement dernier des valeurs universelles, en même temps qu'il décidera d'absolutiser (absolutisation subjective) la valeur de sa nation, c'est-à-dire qu'il se fera un devoir d'être inconditionnellement fidèle à son identité nationale tout en la sachant ultimement injustifiable ; en termes sartriens : étant ce par quoi les valeurs existent, la nation se révèle elle-même injustifiable. Il s'agira donc d'un volontarisme qui trouvera ses justifications dans le traditionalisme métaphysique et religieux, ou bien dans l'invocation d'une volonté de puissance créatrice de valeurs. Il va de soi que ce nationalisme nominaliste est un subjectivisme qui appelle de lui-même à plus ou moins long terme l'exigence, gravide d'esprit démocratique et de souveraineté populaire, de la souveraineté du Moi singulier. Se résout aussi dans cette figure décadente le nationalisme à saveur panthéiste consistant à faire de l'identité nationale l'expression collective et l'extériorisation de l'immanence du divin dans l'homme, d'un « divin-chose en soi » impersonnel se personnifiant en une conscience collective.

Nationalitarisme jacobin.

§ **54. 3.** La forme la plus achevée du nationalitarisme est le jacobinisme, l'esprit de la Révolution française. Pour le jacobin, le principe de toute souveraineté réside dans la nation. Mais sa

« nation » n'est pas une identité nationale particulière forgée dans l'Histoire et révélatrice de l'esprit d'un peuple, parce qu'il fait de son pays, la France, cet État pour lequel le critère d'appartenance à cette nation est l'adhésion à la philosophie des droits de l'homme (Assemblée constituante, décret du 16 août 1790). Or la philosophie des droits de l'homme définit la liberté comme le droit de faire tout ce qui ne nuit pas à autrui, sans référence à une nature humaine normative. Il en résulte que, pour lui, l'homme se donne sa nature par ses actes, se forge son identité communautaire par les lois qu'il se donne et les décrets qu'il se fixe ; les contenus de ce que l'on entend par le vrai et le bien sont des objets de choix et non des principes de choix. Le jacobin n'est pas du tout celui qui, tel le nationaliste nominaliste, absolutiserait la valeur de son identité nationale en sachant qu'elle est elle-même contingente, qui donc par un coup de force volontariste universalise la valeur de sa nation et lui reconnaît tous les droits. Le jacobin est celui qui se reconnaît le droit de donner à sa communauté l'identité qu'il juge bon de lui donner. Il n'y a pas, pour lui d'identité nationale, fors l'idée selon laquelle il appartient à tout homme et à tout peuple de créer son essence. Autant dire que le jacobin ne reconnaît pas l'existence de la nation entendue comme communauté de destin, communauté dotée d'une culture qu'elle s'efforce à hypostasier. Il se fait là une pure subjectivité sans nature, le sujet d'une liberté pure génératrice d'universalité abstraite, de telle sorte que le nationalitaire conséquent devrait finir par récuser le principe national lui-même. Il est pourtant historiquement l'homme d'une nation, d'une communauté qui eut des caractères déterminés avant qu'elle ne fît la révolution par laquelle l'homme entend se construire ex nihilo. Il se trouve qu'il est français. Alors il en vient à reparler de nation au sens non constructiviste du terme, et à faire de sa nation le vecteur d'une révolution politique universelle consistant à répandre dans le monde la philosophie des droits de l'homme. Ce qui est bien d'une certaine façon ce que condamne Pie XII : « *La vie nationale ne devint un principe dissolvant pour la communauté des peuples que lorsqu'elle commença à être exploitée comme moyen pour des fins politiques, à savoir quand l'État dominateur et centralisateur fit de la nationalité la base de sa force d'expansion* ». Et en effet la France qui avait été celle de saint Louis, des Valois et des Bourbons, a fait de son identité nationale désormais définie par l'adhésion aux droits de l'homme le moyen de fins politiques et la base de sa force d'expansion. Mais elle subit le contrecoup de son délire universaliste d'une part en suscitant la réaction de rejet des nations traditionnelles, d'autre part, comme l'annonçait pour s'en réjouir Victor Hugo, en se dissolvant dans un magma métissé qui n'est plus uni que par le ressentiment et le consumérisme, que l'on peut aujourd'hui symboliser par l'alliance des kebabs, du rap, et des smartphones.

On conviendra tout de même qu'il est abusif, voire malhonnête, de réduire le nationalisme au nationalitarisme, ou, ce qui revient au même, de conférer le même sens au mot « nation » quand il s'agit de deux choses aussi différentes qu'une idéologie individualiste exclusive de toute racine d'une part, et d'autre part un peuple particulier enraciné dépositaire d'une vocation définissant un destin communautaire.

Il n'est pas besoin d'être grand clerc pour comprendre qu'il existe une affinité indubitable entre esprit démocratique, individualisme, subjectivisme, nationalitarisme, souveraineté populaire, internationalisme, égalitarisme communisant, et esprit de révolte contre toute forme d'autorité, c'est-à-dire ultimement déification de l'homme. Le nationalisme entendu comme devoir des peuples de demeurer eux-mêmes, et refus de l'internationalisme, c'est-à-dire du mondialisme, est bien ce qui s'oppose au nationalitarisme et qui entend le vaincre et en libérer tous les hommes de la Terre. Il est *naturel* — c'est donc là une exigence incontournable — que l'homme aspire à faire se déployer de la manière la plus exhaustive les richesses de la nature dont il est porteur et qu'il individue, parce que ses appétits procèdent de sa nature et ramènent à elle qui se veut en lui. Il est ainsi naturel que l'individu ou la personne (elle désigne l'individu doté de raison), en tant qu'incarné et non angélique, s'excède en direction de l'actualisation d'une totalité concrète communautaire dont il sera un membre et qui aura pour fin de signifier une manière d'être homme qui s'approche au mieux de cette exposition exhaustive de l'essence humaine, mais de manière asymptotique parce que l'homme n'est pas un ange, et que la prétention à faire l'ange se solde par le mondialisme qui s'est révélé satanique. Cette manière d'être homme exemplaire est la vie nationale. Admettre que la vie nationale est constitutive du Politique, intrinsèque au bien commun qui le finalise, c'est consentir que la subjectivité soit mesurée par une nature sociale et nationale qu'elle ne se donne pas ; c'est donc conjurer le subjectivisme, au lieu que le nationalitarisme émancipe la personne de la mesure d'une nature et la réduit à sa liberté créatrice de sa nature. Le nationalisme ainsi compris est la condition obligée pour conjurer la forme communautaire que prend le subjectivisme.

Il reste qu'un danger subjectiviste sui generis demeure attaché au nationalisme, et c'est peut-être à lui que pensaient aussi Pie XII et Marcel Clément, dont l'unique tort est de faire de ce risque l'essence de ce dont il n'est que la déviation possible. Il nous reste à parler d'un tel risque.

Nationalisme subjectiviste.

§ **54. 4.** Ce que l'homme exprime et investit dans la vie nationale qui est sienne, dont il est — en tant qu'individu, et sous des rapports différents — le produit, le support et la cause, c'est ce qu'il pense devoir être en tant qu'homme et non seulement en tant qu'homme de cette nation.

En effet, il accède à la conscience de sa condition d'homme par ce conditionnement culturel qu'il reçoit de la vie nationale en laquelle il est immergé ; sans la vie sociale, qui est toujours nationalement qualifiée, l'homme n'est viable ni physiquement ni spirituellement ; c'est elle qui actualise son humanité ; c'est elle qui, à ce titre, donne à l'homme qu'elle conditionne d'actualiser ses puissances intellectuelles d'objectivation qui l'habilitent de surcroît à se mettre à distance de ses propres conditionnements sociaux et culturels ; or rien ne passe à l'acte que par ce qui est en acte ; par conséquent cette vie sociale, principe actualisant, est la réalité en acte de ce que le petit d'homme n'est encore qu'en puissance ; c'est donc qu'elle est, dans sa particularité même, lestée de la pesanteur de toute la nature humaine qui se dit tout entière en elle, quoique non totalement. Une culture particulière solidaire d'une vie nationale donnée est la projection du tout de la nature humaine qui se dit en elle, bien que cette nature ne parvienne pas à s'y dire totalement. On doit retenir de ces rappels que la vie nationale est chargée d'une prétention à l'universalité qui la met en compétition avec les autres et qui induit nécessairement la tendance au nationalisme impérialiste. Cette tension polémique dangereuse est le prix à payer pour qu'une vie nationale ne se réduise pas à la gestion d'intérêts matériels caractéristique des sociétés consuméristes. Et, comme nous l'avons vu, une telle tension potentiellement belliqueuse n'est dépassée sans perdre son poids d'énergie et de spiritualité que par l'instauration de l'empire. Chaque nation aspire à incarner le tout de la nature humaine, mais elle est incapable de s'objectiver sa valeur de manière véritablement objective (impartiale), parce que le sujet est une même chose avec l'objet ; seul un sujet capable de s'objectiver comme sujet, ainsi de poser face à soi mais dans soi-même une représentation de soi objectivée qui soit aussi objectivante en prenant ce qui l'objective comme objet de sa propre objectivation, — seule, disions-nous, une telle objectivation de soi d'un sujet peut être véritablement objective, parce qu'elle se reconnaît dans soi-même en tant qu'autre et se fait reconnaître par l'autre en tant qu'il est soi-même, de sorte qu'elle se connaît et connaît sa connaissance de soi dans un même acte, par là vérifie immédiatement la parfaite adéquation du savoir et de son objet ; mais se faire objectiver par l'objectivation de soi-même, c'est l'apanage exclusif du divin en sa Vie trinitaire (le Père se dit et se reconnaît dans un Verbe *personnel* comme le Père, qui le connaît et qui l'aime). C'est pourquoi un sujet, individuel ou communautaire (une nation), n'accède, comme le montre Hegel, à la connaissance objective de soi, que par la conquête d'une reconnaissance opérée par un autre : le sujet se reconnaît dans l'objectivation de lui-même que l'autre lui renvoie, mais pour autant qu'il lui impose de l'objectiver (car alors tout se passe comme si c'est lui qui s'objectivait), de sorte que la reconnaissance de l'autre est un substitut efficace de l'accès direct à la connaissance de soi. Mais s'il le lui impose, c'est qu'il y a lutte. Chaque nation, comme une personne, est nativement habitée par le souci de s'imposer aux autres afin de se faire reconnaître par elles, telle la manière la plus adéquate d'exprimer le tout de la nature humaine. Et la reconnaissance devient réciproque, sublimant la relation conflictuelle qui régit les nations, les rendant complémentaires au lieu de s'éprouver comme exclusives les unes des autres, à partir du moment où, du sein de leur lutte, surgit un tout qui les intègre et fait d'elles ses moments ; et c'est là l'empire. L'empire réalise au niveau des États-nations ce que l'État, ce « Moi qui est un Nous et ce Nous qui est un Moi », cette réalité en acte hypostasiée de la volonté objective du peuple, rend possible au niveau des personnes.

Il reste qu'une telle invitation à la lutte, définitionnelle de la vitalité des vies nationales, peut se vivre par des nations refusant d'aller jusqu'au bout de la logique d'un tel conflit et, plutôt que de faire surgir l'empire réconciliateur, ces nations, ivres de leur particularisme, s'enorgueillissent de leurs victoires et réduisent les peuples conquis à des esclaves en freinant l'avènement de l'empire. Tel est le subjectivisme de certaines dérives du nationalisme. Nous faisions observer plus haut (§ 50. 7) qu'un Empire des nations n'est pas l'impérialisme d'une nation, même si celui-là peut s'anticiper en celui-ci qui, mû initialement par l'appétit de se faire — par la force — reconnaître par les nations dominées, s'aperçoit, ce faisant, et selon une ruse passionnelle de la raison, que cette reconnaissance, par laquelle il accède à la connaissance de lui-même, lui révèle une vocation de fédérateur qui transcende sa particularité nationale ; encore faut-il que cette dernière soit assez riche spirituellement pour avoir la grandeur morale de s'excéder elle-même en se mettant au service d'un bien commun impérial qui soit le meilleur bien de toutes les nations qu'il intègre. Ce ne fut pas le cas de la France qui, victorieuse de l'Allemagne avec les traités de Westphalie, ne s'affirma elle-même, ne s'acheva qu'en ruinant l'Allemagne et en la divisant en trois cent cinquante petits États et en favorisant la diffusion du protestantisme ; ce fut encore moins le cas des États-Unis d'Amérique, qui ne s'affirment en dominant aujourd'hui le monde — qui plus est par les moyens[16] les plus déloyaux — qu'au prix d'une conception de l'homme avilissante. Carthage n'est pas Rome.

Autorisons-nous une observation avant d'illustrer, par sa réalisation concrète la plus actuelle, le concept de nationalisme subjectiviste. Un ami auditeur et lecteur fort perspicace nous fit, sur le sujet du sens universel dont se veut doté un idéal national, l'opportune objection suivante :

Si tel est bien le caractère dangereux et fécond de l'idée nationale que de la vouloir expressive de l'homme en tant qu'homme, c'est que chaque nation est en fait, livrée à elle-même, hantée par la supposition d'une vocation à s'introniser État mondial, en se rendant victorieuse des autres visions nationales à l'égard desquelles, par sa prétention à incarner la nature humaine universelle, elle entretient naturellement un rapport polémique : s'étant substituée à ses rivales, une vision nationale du monde et de la vie finit par devenir malgré elle, si elle parvient à ses fins, cet État mondial dont elle entendait, en tant que nation particulière coexistant avec d'autres, conjurer l'avènement mortifère. Ne faut-il donc pas se ranger à l'avis de Pie XII et de Marcel Clément soucieux de préserver la vie nationale en la déconnectant de la réalité politique, ainsi en désamorçant son instance polémique ?

Nous répondons que la différence essentielle entre vie nationale à prétention hégémonique et visée mondialiste est que l'État mondial vise une organisation politique de la communauté humaine à raison de laquelle l'homme pourra se faire créateur et

---

[16] « L'antagonisme économique <entre « l'Ouest » et le « reste du monde »> découle du fait tout simple que la globalisation s'est révélée n'être qu'une recolonisation du monde par l'Occident, cette fois sous direction américaine plutôt que britannique. L'exploitation des peuples moins avancés (l'extraction de la plus-value, diraient les marxistes) a été plus discrète mais beaucoup plus efficace que dans les années 1880-1914 » (Emmanuel Todd, *La Défaite de l'Occident*, Gallimard 2024, page 310).

maître de son essence, puisque l'État mondial, nous l'avons vu, est solidaire de la réduction de l'essence humaine à l'ensemble des rapports sociaux. En revanche, ce résultat terminal idéel et jamais réalisé — mais inscrit dans l'essence de la nation — de l'instance polémique définitionnelle de toute vie nationale, n'a nullement pour contenu de faire advenir une essence humaine qui serait le fruit de la volonté terroriste de l'homme déifié. Si les Grecs de l'Antiquité avaient vaincu tous leurs ennemis et maintenu leur hégémonie, le monde entier eût été hellénisé, mais l'identité grecque fût demeurée cet idéal normatif des mœurs et des pensées, ainsi un modèle pour la pensée et la volonté de chaque homme, sans qu'il fût jamais possible de le réduire à une sécrétion de la volonté humaine démiurgique. Quelque appauvrissant pour l'humanité que puisse être le projet, fomenté par une nation, de réduire le reste du monde à l'identité de celle-là, il ne se confond pas avec les prétentions de cet État mondial qui aspire non à substituer une nation à toutes les autres, mais à supprimer toutes les nations, toute vie nationale, tout idéal normatif, en réduisant chaque homme à sa subjectivité.

Une vie nationale à prétention hégémonique peut certes devenir une visée mondialiste, mais cela ne survient que lorsque la nation concernée n'est déjà plus nationale. Qui dit nation dit enracinement et identité à vocation normative. Les États-Unis ne sont pas une nation à proprement parler, pour deux raisons qui sont essentiellement liées. D'une part, c'est un pays d'immigration, qui se définit pas son immigration incessamment renouvelée, par là qui se pose dans une manière d'être excluant qu'il puisse jamais se constituer des racines ; né de masses d'immigrés, il est l'opérateur de la dénationalisation de ceux qu'il intègre pour les réduire à des subjectivités, à des individualités pures actualisant cette absence de déterminations — qui leur tient lieu de détermination — en activités hédonistes ; d'autre part, le constitutif formel de la « nation » américaine est l'adhésion aux droits de l'homme (c'est un point qui lui est commun avec la « nation jacobine » ou République française), qui donc définit le membre d'une telle nation par sa liberté, par son pouvoir de se choisir et de s'inventer, de se produire lui-même par son agir et par son faire : son essence est de n'en pas avoir ; aussi cette projection à vocation paradigmatique de l'essence humaine qu'est la vie nationale a-t-elle, dans ce cas, pour contenu quelque chose de foncièrement informe en perpétuel devenir, quelque chose d'instinctuel propre au degré animal et non spirituel de la vie, mais conjugué à quelque chose de mécanique (l'exaltation du progrès et de la prouesse techniques) expressif de cette mentalité constructiviste induite par la réduction de l'homme à sa liberté.

Les États-Unis d'Amérique, type achevé du nationalisme subjectiviste.

§ **54. 5.** Commençons par quelques rappels.

Les nations sont par essence en compétition actuelle ou virtuelle les unes avec les autres. Donc, selon les exigences d'une logique seulement abstraite, il doit se produire une ascension aux extrêmes des forces de chacune jusqu'à la genèse, au travers des luttes qui les opposent, d'un État capable de les intégrer toutes à une réalité organique qui, leur assignant leur limite sans les frustrer du souci du bien commun universel, leur confère le statut d'organes d'un tout planétaire, c'est-à-dire d'un État mondial. Un organe est en effet ce qui ne prétend pas à être le tout et qui est limité par les autres organes mais qui, vivant de la vie du tout, est finalisé par le bien du tout et satisfait ainsi aux réquisits de son aspiration à être le tout d'une certaine façon. Il est dans la nature des peuples de nourrir cette ascension aux extrêmes, et en même temps il est dans leur nature de refuser le terme de cette ascension, à savoir la réalité en acte de l'État mondial, parce que ce dernier est satanique, et que la vérité du Politique est la Religion en laquelle il se sublime au lieu de prétendre à sa réalisation exhaustive planétaire ; au reste, un État mondial, ayant pour propriété de consacrer la déification historique de l'homme, érigeant ainsi l'individu au statut de monade absolue, détruit l'organicité à laquelle la logique de son inchoative genèse l'assujettissait encore.

Il reste donc que les nations cousines, différenciations d'un même rameau ethnique originel et globalement porteuses d'une même manière de penser, ont vocation à se faire subsumer par un principe impérial, et que la fin de l'Histoire — son sens et son but, mais aussi son terme idéal — est la diffusion mondiale du catholicisme, seule vraie religion, et l'instauration de quelques empires (et non d'un seul) politiques unifiant les nations qui appartiennent à leurs sphères culturelles et ethniques respectives. S'il est permis, sans ridicule, de se prononcer sur ce sujet, et en se référant à l'Histoire, on peut rappeler qu'il existe, en droit, deux empires identifiables : l'Empire romain d'Occident prolongé en Saint-Empire romain germanique, et l'Empire romain d'Orient, destiné à unifier les mondes slave et byzantin (inclusifs du monde turc lui-même suzerain du monde arabe), et le monde extrême-oriental. Les Amériques sont destinées par nature à rentrer dans le giron colonial de l'Empire romain d'Occident. Peut-être existe-t-il, dans les flancs de l'Histoire, un troisième et un quatrième empires destinés à unifier le reste du monde (indien, océanien, extrême asiatique), à moins qu'aux nations de ce reste ne soit dévolu le statut d'anciennes colonies des nations d'Occident, mais ayant accédé à l'autonomie. Aussi longtemps que le monde ne tendra pas à quelque chose d'analogue à cet équilibre ayant raison d'idéal mondial, de bien commun mondial possible qui se dispense de contracter la forme d'un État mondial, notre monde sera chaotique et fera dépérir ses nations en exacerbant vainement leurs prétentions qui les épuisent. De fait, aujourd'hui, les États-Unis d'Amérique forment une nation qui, par sa force militaire et son pouvoir de nuisance planétaire, s'efforce à dominer le monde dans son propre intérêt, et représente ainsi le type achevé de ce nationalisme corrupteur parce que subjectiviste :

L'impérialisme états-unien réduit la France, l'Allemagne et les autres nations vassales d'Europe à une manière française, allemande ou autre d'être états-unien, parce que cette suzeraineté est inavouée et inavouable, ne visant que le bien privé des États-Unis, de sorte que les maîtres de ce pays sont contraints de convertir leurs vassaux en états-uniens pour se faire accepter d'eux ; ils sont contraints de les vider de leur substance pour les mettre à leur niveau humainement très pauvre, afin de désamorcer leur hostilité. S'il existait un Saint-Empire romain germanique reconnu par les nations d'Europe, il n'aurait pas besoin, en revanche, de germaniser ces dernières, parce qu'il viserait un authentique bien commun à toutes les nations, auquel la nation germanique serait elle-même ordonnée ; en retour il accepterait volontiers de se faire culturellement franciser. De plus, si la France avait fait cause commune avec le Saint-Empire, la perfide Albion n'aurait pas eu le loisir de faire s'exciter la France contre l'Allemagne et vice-versa, afin de s'émanciper de l'Europe ; le couple franco-allemand, moelle épinière de l'humanité indo-européenne, aurait vaincu définitivement l'Angleterre dont la vocation naturelle et historique est de remplir la fonction de vassal de la France dont elle n'est en fait qu'un surgeon rebelle. C'est l'Angleterre, par son tour d'esprit propre et par l'appui de la France entichée de rêves impériaux, qui est à l'origine de l'esprit protestant et démocratique, avec John Wycliffe, presque un siècle avant Luther.

Ce qu'il peut y avoir d'opportunisme vraiment très regrettable — qui rend difficile à honorer l'invitation des papes à leur obéir dans les domaines qui ne relèvent pas directement du dogme — dans la condamnation papale du nationalisme subjectiviste, c'est que Pie XII ait cru bon d'incriminer d'un tel travers l'Allemagne hitlérienne et non les États-Unis. Churchill, ce criminel fauteur de guerre[17], avoua, après l'instauration du « rideau de fer », que lui et

---

[17] Henri de Fersan rappelle (journal *Rivarol* n° 3627 du 11 septembre 2024, page 9) les propos suivants de Churchill :
« L'Allemagne devient trop puissante » (novembre 1936, cité dans D. Irving, *Churchill*, Focal Point Publications, 2001). « (…) nous acculerons Hitler à la guerre, qu'il le veuille ou non » (cité dans U. Walendy, *Vérité pour l'Allemagne*, VVZ, 2002). « Cette guerre est une guerre anglaise et l'objectif est l'extermination de l'Allemagne » (novembre 1939, allocution à la BBC, cité par H. Grimm, dans *Woher, warum — aber wohin*, Klosterhaus, 1954). « Vous devez comprendre que cette guerre n'est pas contre Hitler ou le nazisme, mais contre la puissance du peuple allemand, qui doit être écrasé une fois pour toutes, peu importe qu'il soit entre les mains d'Hitler ou d'un père jésuite » (cité par Emrys Hughes, Winston Churchill, dans *His Career in War and Peace*).
Selon nous, le vrai cochon à tuer, c'était les « Alliés ».

ses amis anglo-saxons et soviétiques avaient tué « le mauvais cochon » ; ce qui est évidemment l'inversion accusatoire la plus ignoble, parce que si Staline fut indubitablement un cochon sanguinaire méritant l'abattoir, Churchill et Staline furent en vérité les deux cochons complices faisant passer Hitler pour l'agresseur criminel qu'il ne fut pas. Depuis 1945 le monde, à direction anglo-saxonne, se précipite, selon un mouvement accéléré, vers la domination de l'antéchrist. Et l'obscurcissement des esprits, auquel contribua Pie XII, est tel que plus personne ne comprend qu'Hitler était, sinon le « katechon » (τὸ κατέχον), à tout le moins le véritable général Monck du « katechon » (« ce qui retient »), c'est-à-dire de ce que le Carl Schmitt du « Nomos de la Terre » reconnaissait dans l'idée du Saint-Empire romain germanique[18].

L'homme est ainsi fait qu'il ne peut persister dans le mal sans essayer de se donner bonne conscience, ainsi sans se mentir afin de se persuader qu'il vise et accomplit le bien. Les États-Unis développent un nationalisme subjectiviste, c'est-à-dire sordidement égoïste et matérialiste, mais ils ne peuvent s'empêcher de croire et de faire croire qu'ils œuvrent, ce faisant, pour le bien de l'humanité, en se considérant eux-mêmes comme la réalisation effective de la fin de l'Histoire et donc comme le modèle de l'humanité présente et à venir destinée à se conformer à lui en se faisant exploiter par eux. Or ce modèle est celui de l'esprit individualiste subjectiviste invitant chacun à se prendre pour fin en déployant de manière infinie toutes les exigences de sa singularité ineffable, ou différence insubstituable. Il en résulte ceci :

Radicaliser des différences, c'est en venir à les exclure pour cette raison que le constat de toute différence suppose une

---

[18] Un crime, rapporté par Henri de Fersan (mêmes références) illustre bien, tel un symbole, le caractère dramatique des prises de conscience qui arrivent trop tard : « Dans son livre *Berlin et les murs de braise*, Michel Herubel raconte la fin tragique d'un membre du réseau chrétien de la Rose Blanche à Berlin en mai 1945, jeune fille de 18 ans qui se suicida après avoir été violée par 60 soldats soviétiques et dont les derniers mots sur sa lettre d'adieu déclaraient : 'Goebbels avait raison !' ».

comparaison, par là présuppose une identité *secundum quid* entre les choses qui diffèrent l'une de l'autre ; le culte de la différence, maximisé en refus de toute communauté entre les différents, en vient à s'exténuer en s'absolutisant, ce qui produit, dans toutes les sociétés américanisées, le monde homogène des constructions architecturales sans âme et du primat de l'utilitaire en général, substitué à toute authentique culture, avec pour terme — spéculativement prévisible quoique non dévoilé à l'imagination — l'uniformité de la grisaille soviétique. Celui qui se prend pour fin se déifie, aussi veut-il épuiser en lui-même la richesse de tout être, par là entend-il être tout ; pour qu'au moins un semblant caricatural de ce projet délirant soit susceptible de voir le jour, il est expédient de réduire l'être de l'homme à son avoir, non sans l'inviter à cultiver la prétention à avoir tout ; par le communisme ou suppression de la propriété privée, l'individu, n'ayant rien de déterminé ou de circonscrit, ainsi de limité, a tout, tout ce qui est contenu dans la société elle-même devenue — par le travail — possesseur de la nature entière ; et chacun peut y prétendre en même temps que tous les autres puisque, sur de telles données, l'essence commune à tout homme se révèle être la société même, société qu'il forge et qui l'habilite par là à se déclarer cause de soi et divin. Il est dans la logique du subjectivisme de se consommer dans le communisme planétaire, et c'est bien là ce que nous promettent les maîtres du mondialisme bancaire sévissant dans l'État profond des grandes puissances politiques contemporaines. La Fédération de Russie, dont les contempteurs actuels des États-Unis font grand cas, peut-elle inverser le sens devenu insane de cette Histoire ?

Vladimir Volkoff, qui savait de quoi il parlait, enseignait, comme défenseur enthousiaste du schisme orthodoxe, que l'essence de l'âme russe est « l'explosion des différences » ; une telle explosion est objectivement corrélative du déchaînement des passions souligné jadis par Joseph de Maistre à propos de cette même âme russe et de l'âme slave en général. Si l'on veut bien prendre acte de cette solidarité conceptuelle entre subjectivisme, culte de la différence, et communisme, on ne peut pas ne pas être quelque peu perplexe, pour le moins, face à la prétention du monde russe actuel, en dépit de sa rupture au moins à divers égards (mais pas à tous[19]) avec le communisme stalinien, à se poser en modèle et principe de réfection et de salut de tous les peuples de la Terre tous plus ou moins gangrenés par le mode de vie et la vision du monde états-uniens. Le nationalisme russe aujourd'hui animé et exacerbé par Vladimir Poutine, porteur du mythe de la Troisième Rome et d'un œcuménisme traditionaliste (au sens guénonien — c'est-à-dire gnostique — du terme) est à l'évidence un produit du subjectivisme, lequel, en Russie, ne pourrait se faire dissoudre que par une conversion de la Russie au catholicisme. Un tel nationalisme est-il à tous égards, en tant que sécrétion de la maladie subjectiviste (selon le gnostique, Dieu ne se connaît lui-même qu'en et par l'homme), l'antidote adéquat de l'internationalisme communiste ? Ou bien ces deux figures du subjectivisme politique, illustrées par l'opposition entre l'empire

---

[19] Vladimir Poutine « aurait marié ses deux filles à la synagogue. A signé l'autorisation de construire celle de Saint-Pétersbourg. Il a raconté à cette occasion comment, enfant pauvre et seul, il avait été pris en amitié par une famille juive avec qui il faisait shabbat. Plus tard, il est devenu sioniste et plusieurs de ses conseillers sont juifs. Vladimir Soloviev, le journaliste de télé dont il a fait son propagandiste numéro 1, a une mère juive et joue dans l'équipe du congrès juif russe de foot. Le patron du Kremlin est très proche des Loubavitchs. Il punit les révisionnistes qui émettent des doutes sur la Shoah et la pureté de la grande guerre patriotique de Staline, dont il ne permet plus au peuple de déboulonner les statues, pas plus que celles de Lénine. En 2023 il a inauguré une statue du Guide à Volograd (ex-Stalingrad) et de Félix Dzerjinski, le fondateur de la Tchéka, copiée sur celle qui avait été abattue par les Moscovites en 1991. Bref, il remet à l'honneur le judéo-bolchevisme de ses grands ancêtres. On recommande son discours à Yad-Vashem à l'occasion du 75ème anniversaire de la *'libération d'Auschwitz par l'Armée rouge'* en 2020. Il vaut se pesant de falafel et renseigne mieux que dix rapports sur la personnalité du chef de l'Etat russe. *The Times of Israël* l'a diffusé en ligne (…). Le thème en est : l'URSS et Israël doivent partager les dividendes de la Seconde Guerre mondiale. Il y a des passages particulièrement émouvants. En voici un : *'nous avons tous la responsabilité de veiller à ce que les terribles tragédies de cette guerre ne se reproduisent plus, à ce que les générations à venir se souviennent des horreurs de la Shoah, des camps de la mort et du siège de Leningrad — le Premier ministre Netanyahu vient de dire qu'aujourd'hui un monument aux victimes du siège a été inauguré ici à Jérusalem — , Babi Yar, et le village incendié de Khatyn, rappelez-vous que nous devons rester vigilants et ne pas oublier quand les premières graines de haine, de chauvinisme et d'antisémitisme prennent racine, ou quand les gens commencent à se livrer à la xénophobie ou à d'autres manifestations similaires'*. De la pensée impeccablement correcte, libérale mais arc-en-ciel. Et du grand art ! Ce *'village incendié de Khatyn'* négligemment jeté est une pure merveille. On travaille sérieusement au FSB » (*Rivarol* n° 3637 du 20.11.24, article d'Hannibal).

slave (post-soviétique, mais non guéri de la tentation collectiviste) et l'empire anglo-saxon (post-capitaliste), ne sont-elles que l'expression d'une même entreprise luciférienne de déification de l'homme ? Ne mettent-elles pas aux prises deux entités encore nationales mais aspirant chacune au rôle d'accoucheur de l'État mondial consommant la fin de l'Histoire ? Ces questions méritent au moins d'être posées, à défaut d'être tranchées ici.

Bien commun universel sans État mondial.

§ **54. 6.** La reconnaissance (au sens hégélien) vaut pour les personnes jeunes (et par analogie pour les nations jeunes et/ou en phase de formation). La jeune fille, même humble et honnête, intelligente et lucide, a besoin d'éprouver l'authenticité de ses charmes, promesse d'une vocation au mariage, en reconnaissant leur existence dans le regard admiratif d'autrui, et même dans le jugement de son père. Il va de soi que, reconnue et désormais rassurée, elle n'a plus besoin d'autrui pour se connaître ; la reconnaissance est un substitut de la connaissance de soi, et se réduit à un moment dans le processus d'accession à la connaissance de soi. S'atteignant sans médiation au moment de la maturité, l'homme ou la femme apprend à s'aimer et/ou à s'accepter sans qu'il lui soit besoin de se mesurer et de se comparer.

Il en est de même pour les nations parvenues à maturité. Cela dit, dans les choses humaines, il y a toujours de la contingence, des possibilités de régression, et en vérité une nation même vieille ne sait jamais de manière définitive, livrée à elle-même, si elle est parvenue à sa complète maturité ; de plus, même si chacune des nations d'une même sphère de civilisation est satisfaite de ce qu'elle est et est émancipée de tout souci fébrile de reconnaissance, cet ensemble de nations qui coexistent appelle de lui-même un fédérateur (dont se charge une de ces nations) ayant vocation à assumer le bien commun de toutes, et sans qu'il lui soit besoin de les identifier ou de les réduire à lui-même, c'est-à-dire à sa propre identité nationale, sinon en leur communiquant ce qu'il a d'effectivement universel et qui, à ce titre, loin de détruire le génie particulier des autres, le féconde : la philosophie et la science grecques ont été intériorisées par les peuples arabe et iranien, sans détruire leurs génies respectifs (alors que les Arabes n'appartenaient même pas à la sphère indo-européenne de civilisation). C'est sous ces deux rapports que le recours à l'empire demeure nécessaire : stabilisation du souci de reconnaissance, et souci d'éviter les travers de la démocratie exercée entre nations.

Mais, en droit et dans l'absolu, ou de manière idéale, la relation polémique entre les peuples en quête de reconnaissance n'a ou ne devrait avoir qu'un temps, et n'est pas — fort heureusement — le type ultime de relation entre les nations. Si l'on se souvient que la nature humaine se dit tout entière en chaque peuple, *quoique non totalement*, cette aspiration à l'universel, qui fait la fécondité de chacun (mais qui nourrit aussi sa tendance agressive), a vocation à faire se muer la pulsion belliqueuse en souci pacifique de complémentarité, ou au moins en pulsion d'émulation pacifique et non sanglante. La reconnaissance réciproque entre nations, qui requiert un moment de conflit, ne sert au fond qu'à permettre à chaque nation de comprendre que son aspiration à l'universel peut être respectée sans être ablative de l'identité des autres, c'est-à-dire, en d'autres termes, ne sert qu'à permettre à chaque nation de comprendre qu'elle n'a pas vocation à incarner totalement la nature humaine, même si elle l'incarne et l'illustre tout entière. A partir du moment où une nation est parvenue à cette maturité l'habilitant à se savoir expressive de toute la nature humaine sans l'être totalement, cette même nation, en droit sinon en fait, s'est rendue capable de comprendre qu'être non totalement expressive de la nature humaine (pourtant tout entière investie en cette expression) lui confère un degré fini de perfection qui est nécessaire à la perfection de l'ensemble planétaire ; par là une telle nation en vient à plébisciter sa finitude, et le caractère polémique de sa relation à autrui se dissipe. Le désir primitif de l'emporter sur toutes les autres nations, qui est désir de reconnaissance, se mue, dans l'exercice du conflit avec les autres au cours duquel la nation est tour à tour vainqueur et vaincu (ou le dominant et le dominé, sous tel ou tel rapport), en reconnaissance mutuelle ratifiée par la conscience du fait que chaque nation est l'expression de toute la nature humaine sans l'être totalement, et que le caractère partiel de la perfection de chacune est nécessaire à l'économie du bien commun universel, se révélant à ce titre désirable par tout homme de bonne volonté. Et l'empire est en quelque sorte la réalité en acte de ce bien commun supranational qu'il faut comprendre telle cette perfection dont le mondialisme est la corruption.

Récapitulons :

Chaque nation en relation native de conflit avec les autres reconnaît les autres et est reconnue par elles au travers de l'actualisation de tels conflits. Du seul fait qu'il est devenu clair aux yeux de toutes qu'il existe *plusieurs* nations reconnues, ainsi confortées chacune dans la conscience de sa légitimité et pourtant habitées chacune par une aspiration à l'universel, toutes comprennent, ou disposent des moyens de comprendre que chacune d'entre elles est l'expression communautaire et ethnique, culturelle et politique de la nature humaine tout entière, quoique non totalement. Surgit alors l'idée nécessaire d'un bien commun des nations, et, avec ce souci de bien commun supranational, vient au jour celui d'un empire fédérateur de telles nations. Une pluralité de nations fédérées par l'empire garant du bien qui leur est commun, c'est l'attestation de la vacuité et du caractère nocif de l'État mondial, lequel vise à substituer, aux nations historiques, une seule nation artificielle obtenue par miscégénation systématique destructrice de toutes les races et de toutes les identités nationales ; l'existence d'un bien commun à diverses nations suppose cette diversité même. Et l'idée d'empire, analytiquement contenue dans le concept même de la raison politique, est corrélative de celle de religion comprise comme vérité du Politique en général : le Politique donne à chaque peuple d'exprimer l'essence humaine « tota sed non totaliter », et de reconnaître en lui son meilleur bien immanent prolongé, garanti et comme couronné par le bien commun supranational mais non universel de l'empire ; c'est là confesser que la réalisation idéale de l'essence humaine « tota et totaliter » excède l'ordre du Politique, par là celui de l'immanence mondaine, pour renvoyer à un Bien commun transcendant et séparé qui relève du domaine religieux : l'essence humaine contracte en Lui sa manière d'être originelle et parfaite, intemporelle et incréée, comme Idée divine, Origine et Fin du genre humain. Et le souci religieux, désir absolu d'absolu, a pour effet, en son éclosion, de relativiser l'aspiration politique primitivement belliqueuse au travail en chaque peuple. Il est vrai, en retour, qu'à la lutte des peuples pour l'hégémonie politique fait suite, se subordonnant le Politique, la lutte des religions porteuse du risque de conflits plus sanglants encore que les autres. Or il n'y a pas d'au-delà de la religion, en quoi cette dernière pourrait se sublimer et qui la relativiserait, puisqu'elle est l'expression ultime du souci de l'absolu ; donc un tel conflit des religions est indépassable. Il n'est pas d'organisation politique du monde productrice de paix *universelle* — ainsi « catholique » — qui puisse se dispenser de consommer la victoire de la religion catholique, une, sainte, apostolique et romaine. Nation, État, Empire, Église logiquement hiérarchisés se révèlent ainsi liés de manière nécessaire. Aussi toute tentative de promouvoir la souveraineté planétaire de l'Église en se dispensant de satisfaire aux réquisits des moments intermédiaires de son avènement, est vouée à l'échec, se dénaturant en court-circuitant les exigences de l'ordre naturel. En retour, toute prétention de la raison politique à s'incarner en se tronquant de l'exigence catholique et surnaturelle de souveraineté de l'Église est elle aussi vouée à l'échec, se défaisant faute de viser plus haut qu'elle, faute de comprendre qu'il ne lui est donné de s'accomplir qu'en s'excédant.

Conclusion.

Nous nous étions proposé, dans notre introduction, de mettre en évidence, à l'aune de ce que nous comprendrions des ressorts théologiques du surnaturalisme illustré par le point de vue de l'abbé Calderón, la prémisse dissimulée, d'essence surnaturaliste, du raisonnement antinationaliste de Pie XII repris et commenté par Marcel Clément.

En fait, les points de vue surnaturaliste de celui-là et démocrate-chrétien de ceux-ci se sont révélés n'avoir pas directement de prémisses augustiniennes communes.

Au passage, nous avons observé que l'antinationalisme de Pie XII est un antinationalisme de circonstance dissimulant à peine l'antifascisme que les autorités vaticanes crurent bon d'afficher après la victoire judéo-américaine et judéo-soviétique, en fonction de l'idée qu'elles se faisaient des besoins de l'apostolat.

Au terme de notre double investigation portant sur l'esprit théocratique et sur l'antinationalisme, nous sommes parvenu à la conclusion suivante : ce n'est pas directement le surnaturalisme de Pie XII qui est en cause, c'est son personnalisme ; et c'est le personnalisme latent des présupposés de la théocratie qui fait se rapprocher deux courants que l'on serait au premier abord tenté d'opposer l'un à l'autre parce que l'un se veut ostensiblement théocentriste quand l'autre serait volontiers plus anthropocentriste. Pour Pie XII et Marcel Clément, il existe un souci thomiste — ainsi non augustinien — du bien commun et une reconnaissance du caractère naturellement politique de la condition humaine. Mais dans leur optique, c'est la nature humaine qui est pour la personne, ce n'est pas la personne qui est pour la nature humaine. Souvenons-nous en effet :

« (…) le mariage, la famille, l'État, la propriété privée tendent, par leur nature, à former et à développer l'homme comme personne, à le protéger, et à le rendre capable de contribuer, par sa collaboration volontaire et sa responsabilité personnelle, au maintien et au développement, personnels également, de la vie sociale » (Pie XII, évoqué ici dans notre § 44).

« Nous n'avons pas reçu l'être et la vie pour autre chose <la gloire de Dieu et la sanctification des âmes>. La poursuite de ces deux fins se traduirait, plus concrètement, dans les deux principales fonctions de tout gouvernant : diriger son peuple de façon à ce qu'il rende au Créateur le culte public qui lui est dû, et promouvoir chez ses subordonnés l'accroissement de la vertu. Le culte divin et la vie vertueuse, voilà les deux préoccupations principales d'un gouvernant qui mérite ce nom » (L'abbé Calderón, cité ici dans notre § 24. 1) ; soit : le Politique est subordonné à la Morale dont il devient l'appendice, ce qui revient à dire que le Politique, immédiatement et intrinsèquement finalisé par le ministère ecclésiastique, est privé de toute finalité spécifique. Si le Politique n'est que l'appendice de la Morale, alors, perdant toute finalité propre, il se résout dans le statut de moyen de la moralisation *individuelle* de la *personne*. De ce que, dans l'optique où la personne est pour la nature, la raison d'être de la société est le déploiement collectif — communautaire pour être aussi exhaustif que possible — des potentialités positives de la nature humaine, quand l'ordre de ce déploiement est le bien commun lui-même, fin de la société, inversement une subordination de la nature à la personne conditionne une subordination de la société à la personne, laquelle est corrélative d'une subordination du bien commun social au bien particulier vertueux de la personne. Et l'on débouche derechef en plein personnalisme.

Dès lors, en dépit d'une revendication de l'autorité de saint Thomas tant chez l'abbé Calderón que chez Marcel Clément, l'actualisation de toutes les potentialités de la nature humaine doit se résoudre non dans un « homme en grand » ayant raison de fin, mais en épanouissement des personnes se subordonnant l'État.

Cela dit, que la formalité de personne soit placée au-dessus de la causalité de la nature humaine résulte de l'intervention de la surnature qui, dans leur optique à tous deux, oriente l'homme singulier vers un destin qui transcende la nature humaine elle-même en *substituant sa fin à celle de la nature*. Dès lors, la surnature court-circuite le vœu de la nature considérée dans les modalités immanentes totalitaires ou holistiques de son accomplissement.

C'est donc pour refuser de comprendre que l'intromission de la surnature ne met la personne au-dessus de l'État qu'en commençant par exiger d'elle qu'elle s'y subordonne tout entière (quoique non totalement), que le personnalisme démocrate-chrétien et moderniste rejoint malgré lui l'austérité du surnaturalisme théocratique, lequel, en retour, dépréciant le Politique au profit de la personne, dispose lui aussi au personnalisme et, par ce biais, de manière inattendue, à l'esprit démocrate-chrétien objectivement solidaire du modernisme.

Nous sommes donc au regret de conclure que l'esprit furieusement réactionnaire — supposé conjurer le modernisme — des thèses théocratiques est l'allié objectif de l'esprit démocrate-chrétien des nouveautés conciliaires, de sorte que, loin de servir les vrais intérêts de la Tradition catholique, il l'emmène sur une voie de garage.

Quant à la clé de compréhension de l'exigence qui vient d'être évoquée, à savoir que la personne humaine recréée par la grâce ne transgresse sa subordination à l'État qu'en consentant à plébisciter une telle subordination, c'est dans le traitement du problème d'un « point de suture » entre nature et grâce qu'une telle clé peut être découverte. Et les champions de la Tradition ne semblent guère pressés de se confronter à un tel problème.

DU MÊME AUTEUR :

• *Fascisme et Monarchie : Essai de conciliation du point de vue catholique*, (préface de Claude ROUSSEAU), Éditions Vincent Reynouard, 2001/Reconquista Press, 2018.
• *Nihilisme, subjectivisme et décadence* (2 tomes), Samizdat, 2009.
• *Présentation de l'institut Charlemagne sous le patronage de l'archange saint Michel*, Éditions Dominique Martin Morin, 2016.
• *Pour une contre-révolution révolutionnaire*, Reconquista Press, 2017.
• *Désir de Dieu et organicité politique*, Reconquista Press, 2019.
• *Paganisme versus catholicisme : Le conflit non surmonté du nationalisme*, Reconquista Press, 2020.
• *Comme un agneau muet…*, Reconquista Press, 2021.
• *Pour un fascisme du jour d'après*, Éditions Chrysalide, 2022.
• *L'Essence de Dieu est-elle seulement d'exister?*, Éditions Chrysalide, 2022.
• *De l'erreur personnaliste et de la vérité qu'elle tient captive*, Éditions Chrysalide, 2024.

Collaboration aux ouvrages :

• *Serviam : La Pensée politique d'Adrien Arcand* (Anthologie), Reconquista Press, 2017. (Essai)
• MISCIATTELLI (Piero), *Le Fascisme et les Catholiques*, Reconquista Press, 2018. (Postface)

Sous le pseudonyme de Jean-Jacques STORMAY :

• *Manifeste pour le salut de la vraie Droite*, Éditions Vincent Reynouard, 2002 (en collaboration avec Vincent REYNOUARD).
• *L'Universalité du danger gnostique, vrai ou faux?*, Éditions Vincent Reynouard, 2004.

• *Réflexions sur le nationalisme : En relisant 'Doctrines du nationalisme' de Jacques Ploncard d'Assac*, Samizdat Publications, 2005/Reconquista Press, 2019 (enrichi d'une préface d'Yvan BENEDETTI).
• *Antidote : Pour une pensée libérée de la tyrannie judéo-maçonnique* (préface de Jérôme BOURBON), Reconquista Press, 2018.
• *Abécédaire mal-pensant : Manuel de combat du traditionalisme révolutionnaire*, Reconquista Press, 2019.
• *Une réponse nationaliste au mondialisme : Doctrine élémentaire du bien commun*, Reconquista Press, 2020.
• *Idées portraiturées et fantaisies quodlibétales*, Éditions Chrysalide, 2023.
• *Citations choisies et fantaisies quodlibétales*, Éditions Chrysalide, 2023.
• *Doctrine du Fascisme Catholique, en abrégé*, Éditions Chrysalide, 2023.
• *Le combat d'aujourd'hui et l'État de demain*, Éditions Chrysalide, 2024.

Sous le pseudonyme de STEPINAC :

• *De quelques problèmes politico-religieux contemporains*, Samizdat, 2011.
• *Du problème du rapport entre nature et grâce dans le thomisme et le néo-thomisme, et de ses enjeux politiques contemporains*, Samizdat, 2011.
• *Éléments de philosophie politique* (préface de Claude ROUSSEAU), Éditions Franques, 2013.
• *Politique et Religion, Immanence et Transcendance : Amour difficile et mariage de raison*, Reconquista Press, 2021.

———————

Réflexions sur le nationalisme : En relisant 'Doctrines du nationalisme' de Jacques Ploncard d'Assac, Samizdat Publications, 2005/Reconquista Press, 2019 (préface d'Yvan BENEDETTI).

Passant en revue chapitre après chapitre de nombreuses Droites historiques toutes aussi intéressantes qu'inachevées, l'auteur nous amène à considérer les fondamentaux de la philosophie politique issus de la vraie pensée appelée par lui pensée de Droite.

Les œuvres d'Edouard Drumont, de Maurice Barrès et Paul Bourget, de Charles Maurras, du Maréchal Philippe Pétain, d'Enrico Corradini, de Benito Mussolini, d'Adolf Hitler, de José Antonio Primo de Rivera, de Ramiro Ledesma Ramos et Onesomo Redondo ainsi que d'Antonio Sardinha et Antonio Salazar sont exposées et commentées avec l'œil d'un vrai penseur catholique aristotélico-thomiste.

Comme l'annonce la 4e de couverture, il sera ici question d'une assomption et d'un dépassement. Ce n'est pas qu'il faille reproduire ces actions ou mouvements passés ; il faut bien plutôt comprendre ce qu'ils ont été par rapport aux principes intangibles de la philosophie politique ; ce qu'ils ont mis en œuvre et ce qui leur manquait.

Sa lecture est aisée et son apport à la compréhension de l'histoire et des hommes est enrichissant. La doctrine est sûre et les jugements pondérés. Il peut effectivement selon le mot du préfacier devenir un livre de référence pour les nationalistes et à ce titre un livre d'avenir. Les bons principes (Bien Commun, Organicité, Totalité, Nation, etc) sont vus à travers des incarnations historiques. C'est ce qui rend ce livre attrayant et vivant.

On y trouvera en outre un chapitre sur la question juive, un autre sur l'islam et les enjeux de sa présence en France et en Europe, et un troisième sur l'Église et le nationalisme.

ANTIDOTE, Pour une pensée libérée de la tyrannie judéo-maçonnique, Reconquista Press 2018 (préface de Jérôme Bourbon).

« Il faut rendre grâce à Jean-Jacques Stormay qui, dans ce livre d'analyse et de combat d'excellente tenue intellectuelle, dans cet essai de haut niveau à la fois politique et philosophique, *Antidote : Pour une pensée libérée de la tyrannie judéo-maçonnique*, s'emploie, avec le talent, l'érudition, la compétence et l'aisance qu'on lui connaît et qu'il a déjà manifestés dans nombre de publications et travaux antérieurs, à doter la droite nationale d'un corps de doctrine, de principes clairs, solides et immuables, d'une pensée forte, cohérente et radicale – au sens étymologique du terme : qui va à la racine des choses, qui ne se contente pas de naviguer à la surface mais qui va au fond, qui approfondit le sujet, qui ne recule pas devant les difficultés, qui ne les contourne pas mais qui les traite avec courage, avec méthode, avec discernement, avec esprit d'analyse et de synthèse. » (Extrait de la préface).

Pour l'homme de droite, il existe un ordre des choses dont la liberté ne décide pas et auquel elle a vocation à se conformer. Il existe donc une manière propre à l'esprit de droite de résoudre les différentes questions de philosophie générale à partir de la philosophie traditionnelle, ainsi de la « *philosophia perennis* » et notamment de la scholastique aristotélico-thomiste.

Afin d'illustrer la manière dont un homme de droite s'efforce à penser quand il ne fait pas directement de la politique, l'auteur s'est plu ici à traiter, dans un climat libéré de toute contrainte académique — c'est-à-dire, concrètement, du joug de la « *political correctness* » — quatorze sujets en autant de 'devoirs' qui se succèdent : Nul ne peut voir par-dessus soi (Schopenhauer), La religion, berceau du despotisme (Sade), Raison et sociabilité (Marc Aurèle), La philosophie, une affaire sérieuse (Hegel), La notion de nature est-elle une notion claire ?, Peut-on critiquer la démocratie ?, Que veut-on dire quand on dit « c'est beau » ?, Suis-je celui que j'ai conscience d'être ?, Qu'est-ce que la vérité ? (Kierkegaard), Qu'attendons-nous de la technique ?

***Abécédaire mal-pensant : Manuel de combat du traditionalisme révolutionnaire*, Reconquista Press, 2019**

« C'est un pavé » voilà le qualificatif qui lui est le plus souvent attribué. Ce n'est pas faux. Mais ses 660 pages constituent toute une bibliothèque.

Le lecteur s'aperçoit très vite par la consultation de l'index des thèmes, par celui des noms ou tout simplement par la Table des matières, de la richesse et de la diversité de son contenu. Formé de 88 parties (ou articles) de taille très variable allant du simple paragraphe à la vingtaine de pages, sa lecture ludique s'accommode aisément de courtes consultations comme d'études plus prolongées.

Les matières reportées au titre courant sont multiples et variées : Art, Amour, Avenir, Bonheur, Culture, Désir, Dieu, Ecrivain, Famille, Journalisme, Science, Temps, Vivant, mais aussi, Ancien Régime, Athées, Bien Commun, Canonisation, Chasteté, Droits de l'homme, Féminisme, Hitler, Justice, Mondialisme, Réussite sociale, Sédévacantisme ou Thomas d'Aquin.

Tout est soutenu par la saine philosophie et l'auteur s'en explique dès le préambule : « *Libéré depuis peu de mes obligations professionnelles, j'ai essayé ici de rédiger ce que j'aurais aimé dire à mes élèves si nous vivions dans un pays libre, sans censure intempestive. […] L'Éducation nationale n'est pas faite pour forger les intelligences et pour apprendre quelque chose, elle est faite pour formater des citoyens du monde, des démocrates antiracistes et hédonistes pétris d'esprit judéo-maçonnique. Je fais ainsi hors d'elle, sans entraves, ce que j'ai fait en elle avec mille difficultés en luttant contre l'institution à mes risques et périls.* »

Les angles sont multiples, mêlant citations d'auteurs variés, faits historiques et commentaires. L'humour lui-même n'est pas absent, se dévoilant ici ou là – en témoigne le choix du titre de l'article *Arithmétique*.

Après ces considérations, on comprend que ses 900 grammes puissent être considérés comme légers. Ce volume contient vraiment une bibliothèque. Et une bonne bibliothèque de combat politique et culturel.

Politique et Religion, Immanence et Transcendance : Amour difficile et mariage de raison, **Reconquista Press, 2021.**

Ce livre est jolie petite somme de 356 pages qui, pour exposer et tenter de résoudre le problème essentiel du Politique – à savoir le rapport entre politique et religion et donc Église et État – traite progressivement de nombre de sujets aussi passionnants qu'utiles.

Pour le catholique, tout passe et seuls Dieu et sa grâce le justifient pour le salut. Alors à quoi bon un accomplissement de soi, naturel et immanent, par la culture des talents naturels, par le service des causes terrestres telles que la recherche du Bien Commun, par là tel l'établissement d'un ordre politique cohérent ?

La philosophie est ici requise. Il est question du bonheur, de la lutte pour le bonheur mais aussi du bonheur de la lutte.

Bien qu'ancrée dans la tradition aristotélico-thomiste – à laquelle il consacre d'ailleurs deux chapitres intitulés 'le thomisme en quelques paragraphes' – l'auteur utilise sans complexe le concept de réflexion ontologique pour expliquer l'union de la matière et de la forme. Ce concept, solidaire de celui de négatif non peccamineux, pose que l'être en tant qu'être a la structure d'une réflexion, ainsi d'une négation de négation.

A cette lumière sont vus la nation et le nationalisme, le mondialisme et le surnaturalisme, le subjectivisme et le fascisme – véritable antithèse du personnalisme.

Mais la philosophie est-elle encore à l'ordre du jour ? Il faut le croire, parce que l'auteur conclut que le plus urgent et le plus efficace du combat politique contemporain consiste d'abord dans un effort de nature doctrinale et spéculative, avant que de s'investir dans l'action politique.

L'Essence de Dieu est-elle seulement d'exister ?
Éditions Chrysalide, 2022.

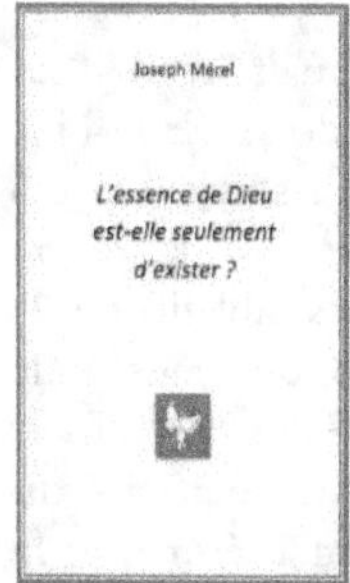

La philosophie moderne est née dans le terreau de la Scolastique dont elle fut le prolongement et la trahison. Pour expliquer que la philosophie moderne ait nié ce dont elle se nourrissait, on peut convoquer diverses explications unilatérales : ou bien il n'y aurait eu de trahison qu'apparente et la philosophie moderne serait ce dans quoi la Scolastique aurait vocation à reconnaître sa vérité immanente ; ou bien il n'y eut de conservation que de surface et la philosophie moderne, révolutionnaire dans son principe, serait étrangère à la Scolastique qu'elle aurait supplantée.

Il est plus rationnel d'accepter l'idée selon laquelle la Scolastique fut tourmentée par des tensions internes qu'elle ne parvint pas à dépasser dans son propre élément, de telle sorte que la philosophie moderne, en se retournant contre ce dont elle procédait, ne fit qu'accomplir le destin de la Scolastique déjà en partie insurgée contre elle-même.

Ainsi en est-il du thomisme lui-même développé tantôt dans la ligne d'un réalisme de l'acte d'être, tantôt dans celle — rationaliste et essentialiste — d'un réalisme de l'essence en acte.

Ce qui est ici proposé, c'est d'abord la mise en évidence au moins de certaines des tensions intérieures au thomisme. C'est ensuite, par l'intromission d'un concept qui n'est pas thomiste mais fruit de la philosophie moderne en son acmé rationaliste, l'exposé d'une tentative de conciliation rationnelle des deux grands courants directeurs déployés dans et par l'Ecole thomiste. Parce que la philosophie moderne est fille infidèle de la Scolastique, contribuer à faire se réconcilier le thomisme avec lui-même est peut-être aussi contribuer à révéler le thomisme ainsi repensé telle la vérité de la philosophie moderne elle-même, son avenir et son accomplissement.

Joseph Mérel nous a habitués à des ouvrages où se mêlaient l'histoire, la politique et bien sûr la philosophie. Ici c'est cette dernière qui prend volontairement toute la place. Ces 300 pages exposent la métaphysique qui est à la racine de la pensée de l'auteur.

Justification de sa fidélité à la philosophie de saint Thomas au-delà des tensions intestines au thomisme, avancée certaine dans la conception de l'hylémorphisme aristotélicien, ce texte est d'une grande richesse.

Doctrine du Fascisme Catholique, en abrégé.
Éditions Chrysalide, 2023.

L'État fasciste catholique reconnaît à tous ses membres le même *devoir* : celui de servir le bien commun et de reconnaître en ce service ce qui constitue le sens de sa vie terrestre et sa raison d'être. Un tel service n'est pas ablatif de la recherche d'une finalité éternelle, qui transcende l'ordre politique et concerne le Salut tel qu'il est défini par le catholicisme, mais **la spécificité du fascisme catholique est de considérer que la recherche du Salut passe obligatoirement par le service du bien commun immanent ayant raison de cause finale de la vie temporelle**. Ce *devoir* doit être tenu pour la définition de la vraie liberté ; on est d'abord libre *pour* quelque chose, être libre *de* quelque chose est accidentel à l'essence de la liberté ; liberté n'est pas d'abord libération. Une telle authentique liberté est donc l'unité du sens du service ou don de soi, et de la responsabilité ou aptitude à supporter les conséquences de ses engagements. Toute autorité est un service rendu, et elle n'est légitime qu'à ce titre.

L'homme est ainsi tout entier ordonné à sa nature, quoique non totalement, et tout entier ordonné au Bien absolu, mais aussi totalement. Il en résulte que l'homme s'ordonne d'autant plus adéquatement à la recherche du Bien absolu qu'il se soumet plus radicalement aux exigences de sa nature.

Le « principe du chef » (Führer Prinzip) a vocation à être étendu à tous les niveaux de la société. Tout succès, tout échec, toute victoire, toute défaite trouvent leurs responsables identifiables, au rebours du pouvoir impersonnel et irresponsable des masses, par là dépourvu de toute autorité.

En tant qu'il se veut *catholique*, le fascisme fait siens tous les dogmes de l'Église de Rome, inconditionnellement ; mais le fascisme catholique insiste, à l'intérieur de l'Église, sur la rationalité de la religion catholique, sur les méfaits du surnaturalisme et de l'esprit théocratique qui en est le corollaire obligé, sur ceux du cléricalisme, de l'esprit démocrate-chrétien, et il dénonce sans restriction toutes les balivernes de la fausse mystique « apparitionniste » lourde de dérives sentimentales ruineuses tant pour la vraie foi que pour la puissance de l'État.

TABLE DES MATIERES

CHAPITRE TROISIEME : **L'ANTINATIONALISME, REJETON MALADE DE L'AUGUSTINISME POLITIQUE.**